A Música e o Inefável

COLEÇÃO SIGNOS/MÚSICA

DIRIGIDA POR
livio tragtenberg
gilberto mendes (1922-2016)
augusto de campos
lauro machado coelho (1944-2018)

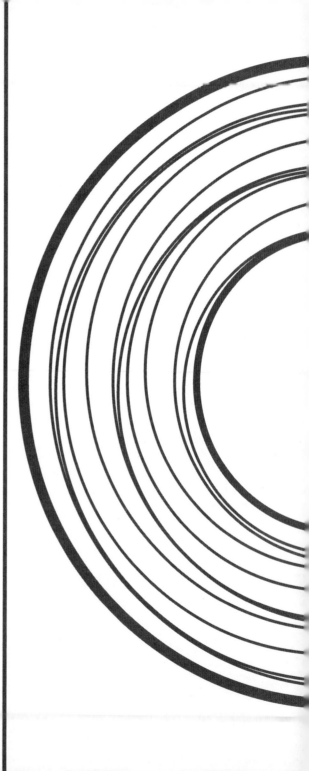

COORDENAÇÃO TEXTUAL
luiz henrique soares e elen durando

EDIÇÃO DE TEXTO
geisa oliveira

REVISÃO DE PROVAS
lia n. marques

PROJETO GRÁFICO
lúcio gomes machado

PRODUÇÃO
ricardo w. neves, sergio kon
e lia n. marques

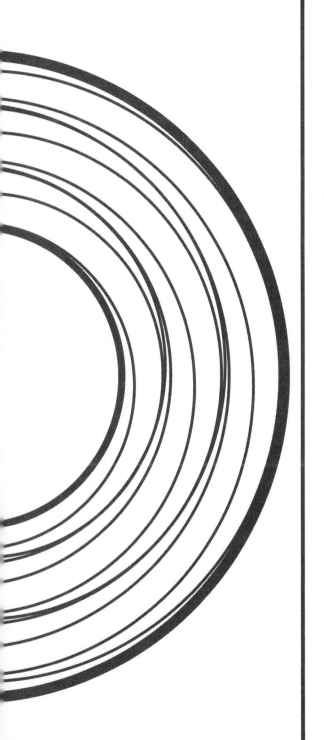

A MÚSICA E O INEFÁVEL

VLADIMIR JANKÉLÉVITCH

TRADUÇÃO E PREFÁCIO
CLOVIS SALGADO GONTIJO

PERSPECTIVA

Título do original francês
La Musique et l'ineffable
Copyright © Éditions du Seuil, 1983

CIP-Brasil. Catalogação na Publicação
Sindicato Nacional dos Editores de Livros, RJ

J34m
    A música e o inefável / Vladimir Jankélévitch ; tradução Clovis Salgado Gontijo. – 1. ed. – São Paulo : Perspectiva, 2018.
    256 p. ; 21 cm. (Signos música; 18)

    Tradução de: La musique et l'ineffable
    Inclui Bibliografia.
    ISBN 978-85-273-1140-3

    1. Música - Filosofia e estética. I. Gontijo, Clovis Salgado. II. Título. III. Série.

18-52886   CDD: 780.1
                             CDU: 78.01

Leandra Felix da Cruz - Bibliotecária – CRB-7/6135
01/10/2018   05/10/2018

1ª edição

Direitos reservados em língua portuguesa à

EDITORA PERSPECTIVA LTDA.

Av. Brig. Luís Antônio, 3025
01401-000 – São Paulo – SP – Brasil
Telefax: (011) 3885-8388
www.editoraperspectiva.com.br

2018

Para Béatrice Berlowitz.

Sumário

Nota de Tradução 11

Nota Biográfica Sobre Vladimir Jankélévitch –
Enrica Lisciani-Petrini e Françoise Schwab 15

PREFÁCIO: Jankélévitch e a Música: Uma Reflexão Movida Pelo Amor –
Clovis Salgado Gontijo 21

A MÚSICA E O INEFÁVEL 45

A ÉTICA E A METAFÍSICA DA MÚSICA 49

Orfeu ou as Sereias? 51

O Rancor Contra a Música 55

Música e Ontologia 57

O *ESPRESSIVO* INEXPRESSIVO 63

A Miragem do Desenvolvimento. A Repetição 63

A Miragem da Expressão 72

Impressionismo 76

O Inexpressivo e a Objetividade 79

A Violência 87

Nada Exprimir: Indiferença Afetada 90

O Contrário, Outra Coisa, Menos: Humor, Alusão e Lítotes 95

Descrever, Evocar, Contar em Linhas Gerais 99

Sugerir Retrospectivamente 108

Exprimir o Inexprimível ao Infinito 110

Séria e Frívola, Profunda e Superficial. A Ambiguidade Musical 112

O Indizível e o Inefável. O Sentido do Sentido 120

O ENCANTO E O ÁLIBI 125

A Operação Poética 125

Fevrônia ou a Inocência 132

A Miragem Espacial 138

A Temporalidade e o Noturno 141

A Divina Inconsistência. Kitej, a Invisível 146

O Encanto Bergamasco. Melodia e Harmonia 152

Allegretto Bergamasco, Pianissimo Sonoro, Forte Con Sordina 158

Sabedoria e Música 167

Lætitiæ comes 173

MÚSICA E SILÊNCIO 179

Bibliografia 205

Índice de Compositores 211

Índice de Exemplos Musicais 213

Nota de Tradução

Esta tradução, prefaciada e anotada, pretende por um lado divulgar a obra de Vladimir Jankélévitch, ainda pouco estudada nos países de língua portuguesa, e por outro ampliar a bibliografia relativa à área da Filosofia da Música, que vem despertando crescente interesse no cenário acadêmico brasileiro nos últimos anos.

Tais objetivos não poderiam se concretizar sem algumas participações fundamentais, que, contribuindo para confecção e publicação deste volume, merecem ser aqui recordadas. Agradeço inicialmente à estudiosa italiana Enrica Lisciani-Petrini, primeira tradutora de *A Música e o Inefável*, que me acompanha a distância desde 2007, ajudando-me a distinguir os fios sutis com os quais se tece a polifônica trama filosófica jankélévitchiana. Agradeço a ela, neste momento em particular, por esclarecer eventuais dúvidas de tradução e por autorizar a reprodução de sua nota biográfica sobre o filósofo, escrita a quatro mãos com Françoise Schwab. Agradeço também "ao infinito" – para usar uma expressão cara à "filosofia do inefável" – à professora e pianista Celina Szrvinsk, por se empenhar com a mais sincera gratuidade pela causa desta tradução. Graças a Celina, incansável incentivadora da música de qualidade em nosso país, estabeleceu-se contato com a agência turística Certa Viagens, empresa patrocinadora desta publicação. À agência agradece não só o tradutor, mas todos os leitores de língua portuguesa que ora terão acesso a esta obra singular e poética, cuja riqueza e profundidade vão se revelando e confirmando, à semelhança do processo de audição musical, a cada nova leitura exercida no transcurso do tempo. Além do referido patrocínio, a edição contou com o inestimável apoio da Editora Perspectiva, que, ao incluir esta tradução em sua coleção "Signos Música", valorizou significativamente o trabalho realizado. Como bem sabemos, tal casa editorial se destaca, entre outros motivos, pela rara atenção concedida, no decorrer de sua trajetória, ao pensamento judaico, à filosofia contemporânea e à teoria da arte, campos que se interceptam em *A Música e o Inefável*. Vale recordar que, já na década de 1970, a Editora Perspectiva publicou duas obras decisivas para a reflexão estético-musical, a saber: *Filosofia em Nova Chave* e *Sentimento e Forma*, ambas de Susanne Langer.

Expresso igualmente meu agradecimento a Marília Salgado e a Iara Ramos Tribuzzi, pela revisão do texto, assim como por diversas sugestões de termos e estilo. Obrigado a João Lucas Ulhoa, pela leitura atenta da versão final, a Tiago Santos Pinto pelas preciosas observações ao longo da última revisão e ao professor Hugo Mari (Programa de Pós-graduação em Letras/PUC Minas), pelo constante incentivo à divulgação de minhas pesquisas. Finalmente, agradeço àqueles que me assistiram nas línguas estrangeiras: à professora Elisabeth Guesnier, pelos aportes pontuais em língua francesa; a Douglas Silva, pela transcrição e tradução dos termos gregos; e à irmã Zuleica Silvano, pela revisão das passagens bíblicas em grego. Cabe ressaltar que, em alguns casos, foi necessária a correção ou a complementação das citações gregas apresentadas pelo filósofo contemporâneo.

Além dos agradecimentos, deixo aqui registradas algumas opções desta tradução. Dados a erudição do texto e o grande número de referências não só a conceitos filosóficos, como a temas poéticos, musicais e místicos, incluí uma série de notas capazes de aproximar o leitor do universo da obra, constituído por uma confluência de estradas que nem sempre nos são igualmente familiares. Também com o intuito de tornar a leitura mais acessível, foram transliteradas as passagens em grego inseridas no corpo do texto, deslocando-se, assim, as citações no alfabeto original para as notas de rodapé. Ao lado de tais citações, acrescentei suas respectivas traduções, sempre que não se encontrem no texto traduzido ou não tenham sido previamente mencionadas. Em certos momentos, localizei e adicionei as referências de citações gregas cujas fontes não são inteiramente especificadas pelo filósofo.

Quanto à denominação das composições musicais, optei, aos moldes da tradução espanhola, por traduzir os títulos das obras francesas e alemãs somente quando suas versões em português já estejam consagradas, como ocorre com os *Prelúdios* de Claude Debussy, as *Valsas Nobres e Sentimentais* de Maurice Ravel e a *Sinfonia Alpina* de Richard Strauss. Por outro lado, os títulos citados por Jankélévitch em francês, mas que originalmente aparecem em idiomas mais remotos, como em obras de Béla Bartók, Nikolai Rimski-Korsakov e Modest Mussórgski, foram traduzidos para o português. Excepcionalmente, manteve-se o título francês de certas obras, ainda que o original se encontre em idioma vizinho, como no caso de "Fête-Dieu à Séville", da suíte *Ibéria* de Isaac Albéniz. Isto porque, no referido contexto, o autor acentua a dimensão festiva da experiência musical, que não se evidenciaria de modo tão explícito no título espanhol: "Corpus Christi en Sevilla". Além disso, busquei padronizar as referências a obras musicais de acordo com o seguinte critério: suítes, ciclos, coletâneas e títulos de *opus* virão grafados em itálico, enquanto títulos de movimentos, partes ou números de um mesmo *opus* virão grafados entre aspas. Para tanto, efetuei uma conferência das obras, o que repercutiu em eventuais correções e complementações das peças citadas pelo filósofo. Também optei por especificar em notas as obras musicais cujos títulos são mencionados de forma mais desconectada no corpo do texto, sem qualquer alusão a seu respectivo autor.

Por fim, gostaria de sublinhar que as referências bibliográficas fornecidas por Jankélévitch se encontram, em sua maioria, incompletas. Números de páginas são colocados sem a informação quanto ao ano de publicação da obra, por exemplo. Diante desta lacuna, recorri à tradução espanhola, em que tais dados foram supridos. Como pude constatar, os anos de publicação adicionados na tradução de Rosa Rius e Ramón Andrés tendem a coincidir com a primeira edição das respectivas obras. No entanto, infelizmente não tive acesso a todas as obras listadas a fim de verificar se os números de páginas sempre correspondem às primeiras edições. De qualquer modo, pareceu-me relevante montar uma bibliografia final com o objetivo de facilitar o reconhecimento e a localização das principais influências e referências do autor. Na bibliografia, conservei os títulos na edição original quando citados com número de páginas e os apresentei em edições mais recentes, e até mesmo em língua portuguesa, quando identificados pelo filósofo apenas por capítulos, parágrafos ou linhas, como na menção a textos clássicos. Assim, a bibliografia foi intencionalmente pensada como ferramenta de estudo para o discente e o pesquisador brasileiro.

Nota Biográfica Sobre Vladimir Jankélévitch

Vladimir Jankélévitch nasce, em 31 de agosto de 1903, na cidade francesa de Bourges, de pais judeus russos, ambos médicos. Seu pai, também humanista e erudito, é o primeiro tradutor de Sigmund Freud na França, tendo traduzido igualmente Georg Hegel, Friedrich Schelling, Benedetto Croce, Walter Pater, Vladimir Soloviev, entre outros. Após os estudos primários do filho, em Bourges, a família transfere-se para Paris e o jovem prossegue seus estudos secundários no Lycée Montaigne e, em seguida, no Lycée Louis le Grand.

Em 1922, ingressa na Escola Normal Superior, na qual se destacam como seus mestres Émile Bréhier e Léon Brunschvicg. O encontro inicial com Henri Bergson acontece em 1923, marcando o início de uma série de entrevistas e correspondências. Uma ligação fecunda instaura-se entre o jovem discípulo e o aclamado mestre.

Em 1924, obtém o Diplôme d'Études Supérieures, a partir de sua monografia, *De la dialectique: Ennéades I, 3 de Plotin*, sob a orientação de Émile Bréhier (editado postumamente, em 1998, pelas Éditions du Cerf). No mesmo ano, aparece seu primeiro artigo: "Deux philosophes de la vie: Bergson et Guyau", na *Revue philosophique de la France et de l'étranger*, n. 49. Após a *agrégation*[1], em 1926, na qual obtém a primeira

---

[1] Concurso interno da educação nacional francesa que concede ao acadêmico o título de *professeur agrégé*, habilitando-o a lecionar, sobretudo, nos liceus (segundo ciclo de estudos secundários), bem como nas classes preparatórias às grandes escolas (ensino superior) e nas universidades. (N. da T.)

colocação, é convocado para o serviço militar. O jovem normalista dedica-se, entre 1923 e 1927, à escrita de numerosos e relevantes artigos (publicados, em sua maior parte, em *Primeiras e Últimas Páginas*²).

Em 1927, transfere-se para Praga, nomeado professor no Instituto Francês local. Aí permanecerá por cinco anos, participando da vida musical da cidade e concluindo a redação do livro *Henri Bergson* (publicado em 1931), que logo obtém grande êxito, e de suas duas teses, defendidas ao retornar à França, em 1933. São elas *L'Odyssée de la conscience dans la dernière philosophie de Schelling*, sua tese principal, e *La Signification spirituelle de la mauvaise conscience*, sua tese complementar.

Entre 1933 e 1939, leciona no Lycée du Parc, em Lyon, e, mais tarde, nas Faculdades de Letras de Besançon, Toulouse e Lille (na qualidade de Maître de Conférences). Diversos livros são publicados ao longo desses anos: *L'Ironie ou la bonne conscience* (1936); *Gabriel Fauré et ses mélodies* (1938), seu primeiro sobre música; além de *Ravel* (1939). Alterna, assim, com o mesmo prazer, temas de música e filosofia. A partir de 1934, aproxima-se do Front Populaire (associação de esquerda).

Em 1939, instala-se em sua residência de Quai aux Fleurs, no quarto *arrondissement* de Paris, onde permanecerá por toda a vida, salvo no período da Ocupação. Essa moradia encantadora, recoberta de livros e partituras musicais até o teto, é frequentada por poetas e músicos: Jean Cassou (cunhado do filósofo), Edmond Fleg, Alexandre Tansman, Federico Mompou e muitos outros.

A Segunda Guerra Mundial lança o acadêmico promissor nas trevas mais escuras, e os traços do jovem filósofo esboçados antes do conflito se forjarão, durante tal prova, de modo indelével. Convocado em 1º de setembro de 1939 como tenente de infantaria, é ferido em Sauvetat de Guyenne, em 20 de junho de 1940, e em seguida hospitalizado em Marmande até 1º de agosto. É nesse período que redige seu ensaio *Le Malentendu*. Nessa circunstância, inteira-se de que fora banido, em 18 de julho, de seu posto na Faculdade de Letras, em

---

2   Esta coletânea póstuma, assim como *O Paradoxo da Moral* (1991) e o *Curso de Filosofia Moral* (2008), já se encontra traduzida para o português e publicada no Brasil (1995). (N. da T.)

Lille, como consequência da promulgação das leis "para os filhos de estrangeiros" (de fato, leis raciais) de Vichy. Já em dezembro de 1940, por não possuir a nacionalidade francesa "a título originário", é destituído pela segunda vez, em virtude do "estatuto de judeu". Adotando diversas identidades, entra na clandestinidade, em Toulouse, onde passará os anos da guerra. Como membro da Resistência, vincula-se, de início, ao grupo clandestino Les Étoiles, ligado simultaneamente ao MNCR (Mouvement National Contre le Racisme) e ao Front National Universitaire. A partir de 1941, ensina clandestinamente na cidade e ministra seu primeiro curso sobre a morte, no Café du Capitole. Sua reflexão filosófica e seus escritos estampam a marca desse período: *Le Malentendu* (1942), *Du Mensonge* (1942) e *Le Nocturne* (1942) são alguns dos textos que emergem das sombras de sua vida subterrânea. Sua recusa a compactuar com os "doutores da indeterminação"[3] deve-se, justamente, a tal experiência dilacerante.

Após a desocupação da França (1944-1945), aceita assumir a direção, por um ano, dos programas musicais da Rádio Toulouse-Pyrénées. Em janeiro de 1945, é reintegrado à Faculdade de Letras, em Lille, como professor de Filosofia Moral, e, em junho, torna-se professor titular.

Em 1947, ensina no Collège Philosophique, fundado por Jean Wahl, em Paris, lugar de encontro com outros filósofos, como Emmanuel Lévinas, e publica o livro *Le Mal*. No mesmo ano, ocorre seu casamento, em Argel, do qual nascerá uma filha, Sofia, em 1953.

Publica, em 1949, o magistral *Traité des vertus*, obra iniciada antes mesmo da Segunda Guerra, e completada em 1946. Do mesmo ano é *Debussy et le mystère*.

Em 1951, sucede René Le Senne na cadeira de Filosofia Moral, na Sorbonne, ocupando o posto até 1979. Marcou diversas gerações de estudantes não só com suas disciplinas de moral e metafísica,

---

[3] "A expressão 'doutores da indeterminação' refere-se, de modo irônico e até mesmo sarcástico, àqueles que não foram capazes de tomar uma posição clara, unívoca, frente à questão gerada pelos crimes de guerra, preferindo uma posição ambígua, oscilante, ou seja, indeterminada. Inclui igualmente os filósofos e intelectuais que explicaram (ou melhor, tentaram recobrir) com pretensos argumentos sua indeterminação." (Esclarecimento dado por Enrica Lisciani-Petrini ao tradutor.)

mas também com sua personalidade iluminada, vibrante, calorosa e humana. Esse "encantador", no sentido socrático do termo, fascinava seu auditório com uma eloquência brilhante e com a profundidade de uma fala ao mesmo tempo modesta e fulgurante.

Os anos de 1953-1963 testemunham intensa atividade intelectual e a publicação de numerosos textos, dentre os quais a presente obra: *Philosophie première* (1953), *L'Austérité et la vie morale* (1956), *Le Je-ne-sais-quoi et le presque-rien* (1957), *Le Pur et l'impur* (1960), *La Musique et l'ineffable* (1961) e *L'Aventure, l'ennui, le sérieux* (1963). O tempo – no rastro bergsoniano – é o tema fundamental da meditação desse período: é ele que consagra a existência ao "quase-nada" (*presque-rien*), conferindo-lhe seu caráter irremediável, irreversível. Desse ponto também nascem obras ulteriores: *La Mort* (1966), fruto de dois cursos públicos oferecidos na Sorbonne, transmitidos pelo rádio, de 1955 a 1957, e *L'Irréversible et la nostalgie* (1974). A partir de uma nova noção de tempo, Jankélévitch elabora suas reflexões sobre o papel da ética.

Entre 1962 e 1963, leciona durante um ano na Universidade Livre de Bruxelas, como professor visitante, e, em 1965, recebe o título de *doctor honoris causa* pela instituição. As anotações tomadas na ocasião darão origem ao *Cours de philosophie morale* (*Curso de Filosofia Moral*), publicado pela editora Seuil, em 2006.

Após a guerra, contribui para que a lembrança da Resistência francesa seja devidamente guardada no coração da Union Universitaire Française, da qual foi presidente. Prestando vibrantes homenagens a homens como François Cuzin, Jean Cavaillès, Jacques Decour, publica textos políticos de teor polêmico, destinados a manter vivas as lembranças desse período obscuro. Nos anos de 1960, Jankélévitch toma posição incisiva frente às questões deixadas em aberto após a guerra, referentes aos crimes nazistas. Expressa, desde o início, posição bastante clara: não é possível prescrever o que constitui um crime "ontológico", isto é, contra o próprio ser do homem. Em 1965, com o artigo "L'Imprescriptible"[4], publicado no jornal *Le Monde*,

---

4 Postumamente publicado em livro sob o título *L'Imprescriptible: Pardonner ? Dans l'honneur et la dignité*, Paris: Seuil, 1986. (N. da T.)

"define como imperativo categórico o caráter imprescritível dos crimes contra a humanidade. O filósofo se apresenta como garantia da memória daqueles que se foram, posto que cada um de nós, pelo fato de estar vivo, possui a enorme responsabilidade de ser, com consciência, o sujeito da história. Nascem a partir daí os textos sucessivos sobre o perdão – *Le Pardon* (1967), *Pardonner?* (1971) – centrados na impossibilidade de se aceitar o inominável. O livro *Sources* (publicado em 1984) testemunha igualmente seu profundo interesse pelo judaísmo, sintetizado em belas páginas por meio de "sua fidelidade longínqua, mas jamais esquecida como origem, a seu estado judaico que comporta tantas dores", segundo as sugestivas palavras do caro amigo Jacques Madaule. Jankélévitch também se posiciona quanto ao problema da constituição do Estado de Israel, todavia nunca sob a perspectiva sionista. Portanto, se Jankélévitch em nenhum momento escreveu um texto propriamente político, toda sua obra moral alude ao político, pelo simples fato de que ela não cessa de explorar o elo ontológico existente entre os seres humanos e confirma a preocupação do filósofo com a unidade de sua constante defesa de todas as minorias.

O ano de 1968 marca uma data significativa: nele, ocorrem os eventos de "maio de 1968", quando Jankélévitch – caso raro entre os professores da Sorbonne – escolhe engajar-se ativamente com os estudantes, participando de suas assembleias e passeatas.

No rastro do engajamento "militante", defende, em 1975, o ensino da Filosofia nos colégios e participa dos États Généraux de la Philosophie, com Michel Foucault, Michel Serres, Jacques Derrida. Aposenta-se no mesmo ano, mas conserva, até o fim de 1979, um seminário de doutorado.

Os últimos anos o veem ainda consagrado a uma intensa atividade reflexiva, sempre dividida entre música e filosofia. Assim comprovam os títulos: *Debussy et le mystère de l'instant* (1976), *Quelque part dans l'inachevé* (livro-entrevista em colaboração com Béatrice Berlowitz, 1978), *Liszt et la Rhapsodie* (último volume da série *De la musique au silence*, 1978), *Le Je-ne-sais-quoi et le presque-rien* (reeditado em três volumes, 1980), *Le Paradoxe de la morale*

(*O Paradoxo da Moral*) (sua última obra filosófica, 1981), *La Présence lointaine: Albéniz, Séverac, Mompou* (sua última obra dedicada à música, 1983).

Morre em 6 de junho de 1985, em sua residência parisiense, e é enterrado no cemitério de Châtenay-Malabry (Hauts-de-Seine), onde repousam também seus pais.

Enrica Lisciani-Petrini e
Françoise Schwab[5]

---

5 Texto publicado no volume bilíngue dedicado ao filósofo: E. Lisciani-Petrini (a cura di/sous la direction de), *In dialogo con/En dialogue avec Vladimir Jankélévitch*, p. 359-364. Reproduzido com a autorização da organizadora italiana. (N. da T.)

PREFÁCIO:
Jankélévitch e a Música:
Uma Reflexão Movida Pelo Amor

"O homem não ama a música. [...] São raríssimos os homens que amam profundamente, verdadeiramente a música, que a amam por si mesma e não por outra coisa."[1] É o que afirma, não sem certo tom de pesar, a voz do filósofo francês Vladimir Jankélévitch em um de seus vários programas radiofônicos. Mais que nunca, essas palavras se confirmam em nossos dias, quando a escuridão das salas de concerto é insistentemente interrompida pelo salpicar de luzes emitidas por quem prefere capturar uma imagem, filmar um excerto ou, até mesmo, comunicar-se com alguém distante a experimentar o presente e irrepetível evento musical.

No primeiro capítulo de *A Música e o Inefável*, sua principal obra no campo da filosofia da música, Jankélévitch recorda proeminentes autores, pilares de nossa cultura, que se sentiram intensamente tocados pelas experiências poética e musical: Platão, Friedrich Nietzsche e Levi Tolstói. Nesses, no entanto, a propensão aos encantos do *melos* nem sempre foi suficiente para assegurar sua valorização. O amor também pode ser uma das faces de uma relação ambivalente. Ultrapassando os exemplos fornecidos pelo filósofo, lembramo-nos de santo Agostinho que, no livro x das *Confissões*, sintetiza, de maneira emblemática, o misto

---

[1] V. Jankélévitch, Le Prélude (Chopin, Scriabin, Debussy, Fauré), disponível em: <https://www.youtube.com/watch?v=YHYED_ErlpM>.

de admiração e suspeita tantas vezes provocado pela audição musical. O mesmo Agostinho que, em seus *Comentários aos Salmos*, prenunciaria a inefabilidade do júbilo, uma espécie de "canção sem palavras".

Assim, não é qualquer amor à música que garantirá sua plena fruição. Recorrendo à célebre querela religiosa do século XVII, tantas vezes citada pelo filósofo francês, talvez seja preciso um "puro amor" à música, livre de conflitos e segundas intenções, para verdadeiramente ouvi-la. Um amor que não a reduza a algo de outro, mas que a respeite e a acolha no que há nela de irredutível. Acreditamos que esse tenha sido justamente o amor de Jankélévitch pela música, do qual estão embebidas as páginas não só desta e de outras obras estético-musicais, mas de todo seu *corpus* filosófico, em que a arte sonora aparece como uma espécie de baixo contínuo.

Já se tornou lugar-comum dizer, seguindo Pascal, que o amor possui razões misteriosas, imprecisas. De fato, deve-se desconfiar daqueles que tentam explicar em excesso seus supostos afetos. Também Jankélévitch sustenta algo similar ao inserir o amor no rol das realidades que, como a rosa de Angelus Silesius, floresce porque floresce, sem porquê[2]. Quando se ama, deve-se responder simplesmente como a criança, à qual basta um *parce que* sem complemento ou, na linguagem infantil brasileira, um "porque sim".

No entanto, como ocorre com a interpretação da música e da vida, torna-se possível descobrir *retrospectivamente* razões e sentidos para o amor, embora só estes não bastem. Para se amar será sempre indispensável um "algo mais", *un certo incanto*[3], assim como a beleza, para ser efetiva, requer a presença da graça, *je-ne-sais-quoi* que a vivifica[4]. Conscientes do limite das razões, sobre o qual nos alerta o próprio pensamento jankélévitchiano, caber-nos-ia ainda visitar alguns dos motivos desse raro amor que conduz um professor de

---

[2] "A rosa é sem porquê. Floresce porque floresce. / Em si mesma não presta atenção, não pergunta se é vista." A. Silesius, *O Peregrino Querubínico*, I, 289. Dístico citado em diversas obras do filósofo.

[3] Passagem do dueto "Un soave non so che", *La Cenerentola* (I), música de Gioachino Rossini, libreto de Jacopo Ferretti.

[4] Cf. V. Jankélévitch, *Le Je-ne-sais-quoi et le presque-rien*, v. 1, p. 90-93; *Le Je-ne-sais-quoi et le presque-rien*, v. 2, p. 113.

Filosofia Moral às veredas da Filosofia da Música. Motivos que nos permitem rever aspectos fundamentais não só da arte em questão, segundo a interpretação do filósofo, como de *A Música e o Inefável*.

Em primeiro lugar, como já anunciamos, há motivos não só para amar, mas também para se desconfiar da música, quando se acredita que ela é capaz de desestabilizar o ouvinte, privando-o do uso da "razão viril"[5]. Certas organizações modais amolecem o guerreiro; o aulo, instrumento dionisíaco, favorece a inconsciência das mênades; o canto das sereias desvia o herói. Se essas concepções filosóficas e míticas soam hoje como caricatos preconceitos, Jankélévitch sabe ler nelas, com perspicácia, o reconhecimento de uma diferença de "registro". Diferença que concerne, sobretudo, às particularidades da música frente ao *lógos* demonstrativo, caracterizado por outros efeitos, exigências e modo de operação. Contudo, nem sempre o que se distingue do brilho irrecusável dos argumentos, dos conceitos estáveis e unívocos, do autodomínio do sentir, do encadeamento coerente e localizável das causas e efeitos equivale à irracionalidade.

Neste ponto, Jankélévitch afasta-se de Nietzsche: embora destoe da luminosidade própria à razão discursiva e às formas apolíneas, a música não pertence necessariamente ao polo dionisíaco. Permanece noturna, pois seus significados não se manifestam a nós com a mesma precisão e clareza dos vocábulos, mas a noite musical não é somente o lugar da embriaguez e da hipnose. Como "a noite transparente"[6] e "as trevas mais que luminosas"[7] descritas pelos místicos, se a música não se desvenda por completo aos "olhos da inteligência"[8], isto ocorre antes por um excesso que por uma deficiência. Excesso que também repercute em nossas tentativas de verbalizar seja a essência da arte sonora, seja o teor expressivo de uma composição musical específica.

Detectamos, neste momento, o primeiro e talvez o principal motivo da estima de Jankélévitch pela música, a saber, sua inefabilidade. Leitor dos Padres da Igreja e dos místicos cristãos, o filósofo

---

5 Ver infra. p. 50.
6 Ver infra, p. 121.
7 Pseudo-Dionísio Areopagita, *Teologia Mística*, capítulo I. Imagem citada infra, p.197.
8 Platão, *A República*, Livro VII, 516b.

agnóstico aplica o Sumo Inefável, relativo ao imperscrutável divino, a experiências que, apesar de mergulhadas na imanência, superam, a seu modo, o princípio da não contradição, as categorias do entendimento e as limitadas molduras dos conceitos. Assim, destacam-se como inefáveis, além do "insondável mistério de Deus"[9], o ser humano[10], certa manifestação do silêncio, o encanto, a poesia, a música e o "inesgotável mistério do amor, que é mistério poético por excelência"[11]. Sugestivamente, o objeto de amor do filósofo e seu sentimento em relação à música se encontram. Ambos se mostram inexprimíveis, não por impedirem expressamente o discurso, como se dá com tudo o que, por se situar aquém da experiência possível e até mesmo da inteligibilidade, nada oferece a ser dito. Ao contrário da morte, exemplo máximo do *indizível*, a música e o amor são *inefáveis*, ou seja, dizíveis ao infinito. Por conseguinte, enquanto o *indizível* é absoluta esterilidade, derradeira expiração, a inefabilidade fertiliza, inspira: não é por acaso que o amor semeia poemas e canções nos corações humanos de todos os tempos[12]. É o que nos ensina a seção "O Indizível e o Inefável. O Sentido do Sentido", na qual se localiza, provavelmente, o clímax filosófico e poético da obra aqui apresentada[13].

A impossibilidade de se expressar a música com exatidão torna-se, pela descoberta da inefabilidade, motivo para seu louvor. A privação contida no inexprimível positivo não diz respeito, como já anunciamos, a uma insuficiência verificada no "objeto", mas à insuficiência ou simples disparidade dos meios empregados para interpretá-lo, decodificá-lo. Para começar, o inefável não se decodifica, não se fraciona, não se disseca... É atmosfera totalizante, pássaro

---

9 Ver infra, p. 120.
10 A inefabilidade do ser humano – consciente da efetividade de seu ser, mas desconhecedor de sua vocação específica – pode ser sintetizada por outro dístico de Angelus Silesius, ao qual também recorre muitas vezes o filósofo francês, como, por exemplo, na presente obra (p. 136): "O que sou eu não sei. O que sei eu não sou. / Uma coisa e uma não coisa, um pontinho e um círculo" (*O Peregrino Querubínico*, I, 5).
11 Ver infra, p. 120.
12 "Enfim, o amor é inefável por ser inexaurível, por tornar, com frequência, os homens silenciosos e algumas vezes eloquentes, por fazer de todo amante um poeta." V. Jankélévitch, *La Mort*, p. 78.
13 Sobre a distinção entre o indizível e o inefável, consultar também: *La Mort*, parte I, capítulo I, seção 5, "Silence indicible, silence ineffable".

que, rebelde ao *lógos*, não se captura. Portanto, é, de certo modo, *carmen*, *charme*, tema proeminente do pensamento jankélévitchiano, ao qual é dedicado o terceiro capítulo desta obra. Mas, atenção: tal rebeldia não impede a reflexão, caso contrário toda estética musical estaria interditada. Legado de Orfeu e não das sereias, a música humana é fruto da cultura. Seu *charme*, assim, é mais encantamento (*enchantement*) que feitiço (*envoûtement*; *incantation*) infralinguístico ou infrarracional, aspecto que afasta, uma vez mais, o encanto musical jankélévitchiano do dionisíaco nietzschiano.

Se a arte sonora é estimada por se colocar no plano do encanto e do inefável, conceito que, para a espiritualidade cristã, pressupõe uma transcendência em relação às realidades mais objetivas capturáveis pelo discurso, ela também pode ser valorizada por oferecer novos "recursos", não necessariamente superiores, porém ausentes em outras "linguagens". Nesse sentido, o amor à música aparece motivado por sua ampliação de possibilidades, que enriquece de maneira significativa nossa condição antropológica. Comparando-a com a linguagem verbal, Jankélévitch afirma que a música "alivia o peso do *lógos*, desfaz a opressora hegemonia da palavra: impede que o humano se identifique exclusivamente com o falado"[14]. Conclusão decisiva que, expressa no último capítulo desta obra, demonstra a afinidade do filósofo com o neoplatonismo, para o qual a vida humana igualmente é capaz de incluir experiências inabarcáveis pelo discurso. E, curiosamente, para Plotino e quiçá para Jankélévitch, situa-se, nessas experiências, o ápice da vocação humana.

Assim, abordemos de início algumas possibilidades que, segundo Jankélévitch, descortinam-se especificamente com a arte dos sons. Como nos mostra o texto aqui traduzido, a música proporciona uma simultaneidade harmoniosa de linhas melódicas, que não poderia ser satisfatoriamente obtida pelo discurso. Embora também a este tenha sido aplicado o conceito de polifonia[15], a superposição concreta de falas

---

14 Ver infra, p. 190.
15 A aplicação da polifonia à linguagem verbal é encontrada na obra de Mikhail Bakhtin, que reconhece, na fala das personagens de Dostoiévski, uma trama plurivocal, composta não só pelo comando unilinear do autor, mas pela interação de memórias, referências externas e discursos alheios. ▶

não produz uma resultante coesa e organizada, mas pura cacofonia[16]. Tal possibilidade musical aponta para uma característica propriamente subjetiva: retrata a interioridade composta de múltiplas camadas, por vezes contrastantes entre si. Desse modo, ao evocar "um estado de alma ambivalente e para sempre indefinível"[17] ou, como escreve em outra obra, a "compenetração íntima dos estados de alma"[18], a música preserva, para Jankélévitch, certo potencial representativo. E tal representação se torna possível, no que concerne à polifonia, graças à estrutura semelhante compartilhada entre a via de representação e o motivo representado (nesse caso, a textura deste "motivo"), aspecto explorado mais diretamente por outras estéticas musicais, como da estadunidense Susanne Langer. É provavelmente neste sentido que a poesia – e poderíamos acrescentar ainda a música – aparece, no livro-entrevista *Quelque part dans l'inachevé*, em nítido contraste com a linguagem em prosa, cujo teclado "não possui número suficiente de teclas para exprimir os matizes infinitamente diversos do pensamento e da paixão"[19]. Passagem que sugere não só uma diferença, mas, sim, a eventual superioridade do *melos* inefável em relação ao *lógos* meramente dizível.

Além do contraponto, a música e também a poesia permitem outros procedimentos inaplicáveis à linguagem em prosa, ao veicularem um sentido constituído mais por atmosferas – o "sentido do sentido, que é encanto"[20], no registro poético, e o "encanto do encanto"[21], no registro musical – que pela concatenação de núcleos de significação[22]. Entre esses procedimentos, o filósofo cita refrões, ritornelos e ornamentações que seriam simplesmente redundâncias, excrescências ou *nonsenses* se transpostos pelo matemático na

---

▷ Contudo, é provável que Jankélévitch não estivesse familiarizado com o emprego deste termo pela teoria literária durante a escrita de *A Música e o Inefável*, uma vez que as obras de Bakhtin começam a ser publicadas na França apenas na década de 1970.

16 Ver infra, "A Miragem do Desenvolvimento. A Repetição", p 63.
17 Ver infra, p. 122.
18 V. Jankélévitch, *Bergson*, p. 6.
19 V. Jankélévitch; B. Berlowitz, *Quelque part dans l'inachevé*, p. 210.
20 Ver infra, p. 102.
21 Ver infra, p. 102, 158.
22 Ver infra, "Descrever, Evocar, Contar em Linhas Gerais", p. 99.

explanação de sua teoria, ou pelo jurista no Código Civil[23]. Assim, Jankélévitch mostra-se em sintonia com o esteta inglês William Hazlitt (1778-1830), que, referindo-se ao revolucionário poema de Samuel Coleridge (1772-1834), "Kubla Khan", afirma: "Poderíamos repetir para nós mesmos suas linhas iniciais, não com pouca frequência, por não conhecer o significado delas."[24] E, como mostra Jankélévitch, a repetição não só no *interior* de uma obra de arte, mas de uma *mesma* obra de arte, torna-se especialmente possível pela infinita renovação do prazer garantida por uma realidade inefável, capaz de ser degustada e interpretada cada vez sob um novo ângulo. A ideia, já presente em Horácio e no abade Jean-Baptiste Dubos, para quem "o espírito não poderia fruir o prazer de aprender a mesma coisa duas vezes; mas o coração pode gozar duas vezes o prazer de sentir a mesma emoção"[25], intensifica-se no filósofo contemporâneo, para quem a própria emoção, nos diferentes contatos entre um mesmo receptor e uma mesma obra, "muda de cor sem cessar"[26].

É também pelo desconhecimento, ou melhor, pela inexistência de significados determináveis no "texto" musical, que a arte sonora talvez permita a mais plena realização, no âmbito estético, de uma possibilidade irrealizável nos âmbitos teórico, religioso e político. Se a adesão a um sistema filosófico, a uma religião ou a uma ideologia implica necessariamente a exclusão de opções que contradizem seus fundamentos, as afinidades artísticas proporcionam múltiplas combinações. Observa Jankélévitch, "não é possível professar, ao mesmo tempo, dogmas contraditórios, mas é possível se deleitar com qualidades dessemelhantes e gêneros de beleza inconciliáveis"[27]. Isto porque, retoma o filósofo, não faria sentido, para a apreciação estética, a busca de um "sistema de prazeres"[28] coerente, ordenado e unificado. Contudo, se as artes plásticas figurativas, o cinema e a

---

23 Ver infra, "A Miragem do Desenvolvimento. A Repetição", p. 63.
24 C. Rosen, *The Romantic Generation*, p. 77.
25 J.-B. Dubos, *Réflexions critiques sur la poésie et sur la peinture*, I, 67, apud E. Gilson, *Introdução às Artes do Belo*, p. 36.
26 Ver infra, p. 72.
27 Ver infra, p. 68.
28 *Quelque part dans l'inachevé*, p. 257.

poesia, dotados de contextos, argumentos e motivos, ainda poderiam nortear, de acordo com a visão de mundo do receptor, escolhas guiadas por critérios excludentes, a obra musical, criadora de um universo próprio, "não está, portanto, submetida a uma coerência ideológica"[29]. Como o poeta Manoel de Barros afirma: "Tem hora leio avencas. / Tem hora, Proust. / Ouço aves e beethovens. / Gosto de Bola-Sete e Charles Chaplin",[30] Jankélévitch constata: "tenho o direito de ao mesmo tempo gostar de Isaac Albéniz e de Alexander Scriabin, sem experimentar o sentimento de me contradizer nem a necessidade de me justificar; sem precisar prestar contas a quem quer que seja"[31]. Esta particularidade da música, retomada mais recentemente pelo compositor canadense Murray Schafer ao sugerir certa abertura, por parte do filósofo francês, para acolher obras musicais provenientes de variados estilos, origens e poéticas[32]. Ainda que Jankélévitch se restrinja, como veremos, à análise de composições pertencentes a um período histórico bastante delimitado, seu interesse pela rapsódia lisztiana, pela improvisação e pelos movimentos nacionalistas da primeira metade do século XX acaba por aproximá-lo, em certa medida, do universo da música popular.

Retomando o tema condutor de nosso ensaio, a abertura, a renovação e a riqueza trazidas pela sensibilidade – e, sobretudo, pela sensibilidade musical – só poderiam reforçar o amor de Jankélévitch à música. Como não amar a arte que viabiliza, em tempos mais recentes, uma experiência como a da West-Eastern Divan Orchestra, regida por Daniel Barenboim, na qual jovens instrumentistas judeus e palestinos ultrapassam as diferenças políticas e religiosas quando congregados pela máxima harmonia da música?

Ao visitar as possíveis motivações para o destaque concedido à arte sonora no *corpus* jankélévitchiano, identificamos alguns pontos basilares da Filosofia da Música. Um deles, segundo Eduard Hanslick em seu clássico *Do Belo Musical*, é justamente a relação entre a

---

29 Ver infra, p. 68.
30 *Livro Sobre Nada*, p. 45.
31 *Quelque part dans l'inachevé*, p. 257.
32 *O Ouvido Pensante*, p. 20-24.

música e a linguagem[33], explorada em detalhe por Jankélévitch no segundo capítulo da presente obra. Outro ponto fundamental da disciplina é a legitimidade de se aplicar parâmetros provenientes de outras artes ao fenômeno musical. Portanto, a Filosofia da Música pode se questionar em que medida o conceito de forma, tão presente no léxico dos musicistas, adequar-se-ia a uma obra privada de delimitações plásticas.

Como observamos no terceiro capítulo, em particular na seção "A Miragem Espacial", o autor é categórico ao denunciar o emprego de metáforas eminentemente visuais à música. Isso porque, assim como ocorre quando confrontamos a arte sonora à linguagem verbal, a percepção auditiva possui "dinâmica" própria, distinta da "dinâmica" visual. Destarte, Jankélévitch constata estreito paralelismo entre o *lógos* e a visão em nossa cultura de matriz platônica. Ambos se tornaram meios privilegiados, seja na apreensão, seja na expressão da realidade, ofuscando e contaminando outras percepções e linguagens. Portanto, do mesmo modo que há "ídolos da retórica" na música, como a simulação de "diálogos", "exposições" e "desenvolvimentos", também se verificam nessa arte "ídolos ópticos", como "forma", "simetria", "espelhamentos", "inversões"[34]. Tais metáforas, segundo o filósofo, não poderiam ser diretamente reconhecidas pelos ouvidos. A simetria, por exemplo, só seria percebida por uma tomada capaz de captar de uma só vez a totalidade de seu objeto, assegurando a comparação entre suas partes. Essa posição, antecipada em certa medida por Montesquieu[35], converte a simetria, buscada por alguns compositores, em mera "ilusão", posto que, como "intuição visual, não é reconhecível por meio do ouvido"[36]. Por conseguinte, a apreensão global do estático, condição de

---

33 "Uma estética da música deveria, por essa razão, enumerar entre suas mais importantes tarefas a representação inexorável da distinção fundamental entre a essência da música e a da linguagem." *Do Belo Musical*, p. 88.
34 Ver infra, p. 138-140.
35 Ao tratar "Dos Prazeres da Simetria", em seu *Ensaio Sobre o Gosto*, , Montesquieu apresenta a simetria como, por um lado, necessária para a percepção sinóptica, ou seja, para uma visão ordenada do conjunto dada na simultaneidade, e, por outro, como desnecessária para a percepção do sucessivo, capaz de absorver, sem impedimentos, a variedade gradativamente apresentada.
36 Ver infra, p. 140.

possibilidade para a identificação das formas, dá-se eminentemente pela percepção óptica, ainda que esta permita a observação do movimento. A visão contrasta com a audição que, como o tato, experimenta seu "objeto" no curso do tempo, chegando, além disso, a misturar-se com ele. Tal contraste, que não equivale à tradicional subdivisão epistemológica dos sentidos, na qual a visão e a audição se aproximam como "sentidos superiores", corresponde à oposição, bem característica ao pensamento jankélévitchiano, entre as percepções diurna e noturna[37]. Pela primeira, contempla-se "a coexistência estática das coisas singulares", enquanto, pela segunda, experimentam-se "as coisas uma depois da outra e uma de cada vez como uma série de eventos sucessivos"[38].

Também do mesmo confronto surgem motivos para a valorização do polo auditivo-musical e noturno, que, examinado na seção "A Temporalidade e o Noturno", já havia sido alvo de estudo do belo ensaio "Le Nocturne" (1942), escrito na "noite escura" da Resistência. Nesse polo, localiza-se uma vivência que acolhe e ressalta a temporalidade negligenciada pela História da Filosofia e resgatada por seu mestre, Henri Bergson. É justamente pela radical inscrição no tempo que a música, em consonância com a vida, não se reduz nem se conforma a parâmetros espaciais, uma vez que tempo e espaço não são coordenadas paralelas e intercambiáveis. Ademais, a vivência no tempo ou a vivência do tempo, característica à percepção musical, traz consigo, como já adiantamos, um envolvimento particularmente íntimo e intenso entre o sujeito e o que este experimenta. Nas inspiradas palavras de Jankélévitch, "vivemos a música como vivemos o tempo, através de uma experiência fruitiva e de uma participação ôntica de todo nosso ser"[39].

A propósito, a essência temporal da música contribui de maneira decisiva para sua já mencionada proximidade com o encanto (*charme*). Schopenhauer define a beleza, por um lado, como "a representação exata da vontade em geral por meio de um *fenômeno puramente espacial*" e a graça (*Grazie*), por outro, como "a representação exata da vontade

---

[37] Cf. Le Nocturne, *La Musique et les heures*, p. 242.
[38] Ver infra, p. 143.
[39] Ver infra, p. 143.

por meio de um *fenômeno situado no tempo*"[40]. Embora não se refira expressamente à música no contexto em que se insere esta passagem, o filósofo alemão abre aqui uma possibilidade de aproximação entre o musical, constituído pelo movimento de eventos sonoros no tempo, e a categoria da graça.

Cabe esclarecer que, já apresentado por Plotino como componente difuso, inapreensível e indispensável à efetividade da beleza, o conceito de graça (*kháris*) integra o encanto jankélévitchiano. Como explica a estudiosa italiana Enrica Lisciani-Petrini, ressoa no *charme*, uma das "marcas registradas"[41] do pensamento do autor, não só o substantivo latino *carmen* (composição poética ou fórmula encantatória) implícito em sua etimologia, mas também a *kháris* grega.[42] Termo que já se associa, antes mesmo de Plotino, como nos poetas lírico-eróticos, a uma presença de ordem espiritual, "que implica o movimento e o sentimento interior"[43], à qual, posteriormente, como nos *Entretiens d'Ariste et d'Eugène* de Bouhours e no *Ensaio Sobre o Gosto* de Montesquieu, será agregado um necessário tom de descontração e espontaneidade. Tom especialmente valorizado por Jankélévitch, não só no âmbito da composição e da interpretação musical, mas também no âmbito da ética, cujos valores exigem do agente o deslocamento da atenção sobre si próprio.[44]

A passagem de Schopenhauer em questão parece fornecer, ao menos implicitamente, uma justificativa para que Richard Wagner defenda, no ensaio *Beethoven*, a maior afinidade entre as artes plásticas, concebidas pela tradição estética como artes do espaço, e a categoria de beleza (*Schönheit*). Esta, embora etimologicamente vinculada ao ato de contemplar (*Schauen*) e ao reino plástico das aparências (*Schein*)[45], acaba por ser aplicada, sem distinção, a todas as experiências artísticas. Equívoco que se constata sobretudo na

---

[40] *O Mundo Como Vontade e Representação*, p. 235, grifo nosso.
[41] *Charis*, p. 163.
[42] Ibidem, p. 163-164.
[43] R. Bayer, *Historia de la Estética*, p. 26.
[44] Foi justamente esta característica da espontaneidade, essencial ao conceito jankélévitchiano, que nos levou a traduzi-lo, nesta obra, por "encanto", uma vez que, no Brasil, o substantivo "charme" remete, não com pouca frequência, a um atrativo exercido de modo intencional e deliberado, ou seja, exercitado.
[45] Cf. *Beethoven*, p. 22.

música, cuja essência se caracteriza não propriamente por sua dimensão temporal, tampouco ressaltada pela estética schopenhaueriana. Segundo Wagner, a música se distingue, em especial, pela independência em relação aos fenômenos exteriores e a suas formas limitadas, assim como por sua via de atuação, capaz de nos transmitir de modo intenso e imediato nossa vida interior e o âmago costumeiramente oculto da realidade. "Por conseguinte", conclui o autor da *Tetralogia*,

qualquer julgamento sobre uma obra musical deveria apoiar-se no conhecimento dessas leis que nos permitem passar do efeito da bela aparência, que constitui a primeira impressão de uma simples manifestação musical, à revelação de seu caráter mais próprio que se expressa no efeito do sublime[46].

Se a inserção da música na categoria do sublime (*Erhabene*) nos distancia, como veremos, da perspectiva teórica e poética de Jankélévitch, ainda há lugar, em Wagner, para a constatação de um encanto na arte sonora. E talvez seja justamente a diferença estética verificada numa composição musical, apta a irradiar atmosferas e a nos envolver por completo graças a sua estrutura não objetiva, o que permite ao compositor de Bayreuth identificar o "poder do músico" (*die Macht des Musikers*) à "ideia de encantamento" (*die Vorstellung des Zaubers*) e a associar, por sua vez, a experiência musical a "um estado de encantamento"[47] (*ein bezauberter Zustand*). Termos que, ao incluir no contexto citado certa perda da lucidez, ainda confundem o encanto e a encantação.

Leitor de Schopenhauer e Wagner, Nietzsche retoma a especificidade da arte musical, cuja aproximação do plástico ao apolíneo e do musical ao dionisíaco responde à mesma necessidade, apontada no ensaio *Beethoven*, de se medir a música "segundo princípios estéticos completamente diferentes dos das artes figurativas e, desde logo, não segundo a categoria da beleza"[48].

46 Ibidem, p. 33.
47 Ibidem, p. 35.
48 *O Nascimento da Tragédia*, §16, p. 97-98.

Apesar de sua maior ligação com a genealogia francesa do encanto (Dominique Bouhours, Montesquieu, Henri Bremond), Jankélévitch associa igualmente a beleza à esfera da percepção visual, que "consiste na plenitude intemporal, no cumprimento e no arredondamento da forma, na perfeição estática e na excelência morfológica", enquanto isso, afirma que "o encanto é o poder específico da música", ao detectar nesse componente estético "algo de nostálgico e precário, um não-sei-quê de insuficiente e inalcançado que se exalta graças ao efeito do tempo"[49].

Parece-nos que Jankélévitch, ao confrontar a beleza ao encanto, evita tanto a polaridade apolíneo/dionisíaco, uma vez que, como vimos, a inefabilidade do *charme* não corresponde à irracionalidade do dionisíaco, quanto a polaridade belo/sublime, verificada não só em Wagner, mas em muitos dos filósofos clássicos e românticos. Isto porque sua estética, assim como todo seu pensamento, tende a valorizar não a grandeza *incomensurável*, mas o que, em virtude de seu caráter sutil, delicado e evanescente, revela-se à sua maneira *imensurável*. Portanto, o encanto musical, no qual se manifesta e se potencializa a inapreensível e "divina inconsistência"[50] do instante, ganha outro motivo para ser amado. Expressa a impermanência do *presque-rien*, que, por ocorrer uma única vez e de modo extremamente frágil, revela-se demasiado precioso. Junto com a impermanência, expressa a nostalgia, a "melancolia da temporalidade", próprias a uma sucessão que "só nos concede o momento atual ao subtrair o momento anterior"[51]. A nostalgia, como integrante do encanto, não está desprovida de forte apelo estético, sobretudo para Jankélévitch, que confessa se sentir especialmente tocado por uma música de *ricordanza*[52].

Dotado de sutis e significativas implicações, o tema do encanto, além de evitar as polaridades supracitadas, permite-nos ainda superar a marcada oposição entre explicações subjetivas ou objetivas da

---

[49] Ver infra, p. 144.
[50] Ver infra, p. 146, 168.
[51] Ver infra, p. 144.
[52] Cf. *Quelque part dans l'inachevé*, p. 215-216.

beleza, que atravessa a História da Estética. De acordo com o filósofo, o encanto "não se situa nem no sujeito, nem no objeto, mas passa de um para o outro como uma espécie de influxo"[53]. Apresenta-se não como a mirada inerte entre dois cães de faiança[54], mas, em continuidade com a graça de Plotino, como emanação, irradiação, corrente entre duas realidades vivas.

Quanto ao encanto especificamente musical, ele se deve à inscrição radical da música no tempo, contudo, cumpre esclarecer, não é qualquer tempo que a arte sonora nos revela. Como dissemos, o evento musical, seja ele o recital de determinado intérprete ou a execução de uma única frase, contém algo de excepcional que justifica sua preciosidade. Embora todo acontecimento seja único e irrepetível, a "temporalidade encantada" e estilizada na qual se encontra imersa a música se colore de graça. Como o perdão, a caridade e a experiência mística, outros exemplos do indefinível, mas marcante *je-ne-sais-quoi*, a música nos coloca numa vivência distinta do tempo: tira-nos da mera continuidade (*continuation*) prosaica e empírica, permitindo-nos saborear a ocasião, o *kairós*, momento temporal que, inadvertidamente, destaca-se em fulgor ou significado. E tal ocasião, longe de ser "estado de graça", é, mais precisamente "ponta de graça"[55], instante fugidio, tal qual a centelha dos místicos (*Fünkchen*) ou a feérica ornamentação de um noturno para piano.

Ao mencionar a dimensão temporal constitutiva à música, identificada na abordagem do encanto e na oposição entre os modelos óptico-diurno e auditivo-noturno, não poderíamos deixar de sublinhar uma das mais relevantes conclusões de nosso estudo sobre a Filosofia da Música jankélévitchiana. Arriscamo-nos a dizer que, nela, dois são os motivos centrais responsáveis pela inefabilidade de uma obra musical: por um lado, a ausência de conteúdos semânticos precisos que lhe concede um leque de infinitas possibilidades expressivas e, por outro, a inscrição no tempo, que lhe permite manifestar, a cada uma de suas execuções, uma nova faceta, descoberta retrospectivamente e

---

53 Ver infra, p. 152.
54 Cf. *De la musique au silence: Fauré et l'inexprimable*, p. 348.
55 Ver infra, p. 174.

contida, em potência, em sua rica indeterminação. Retomando um dos pontos de distinção entre o *lógos* e o *melos*, o segundo motivo para a inefabilidade da música também contribuirá de modo decisivo para a continuidade do prazer e a renovação da emoção quando nos submetemos ao encanto de uma "mesma" composição musical.

Ao tratar sobre o tempo, o encanto, a brevidade, a inconsistência, o *presque-rien* e o *je-ne-sais-quoi*, chegamos inevitavelmente à ontologia jankélévitchiana. À semelhança do que ocorre em outros filósofos, a música parece ganhar relevo ao longo da obra de nosso autor por se oferecer como "imagem" do nível mais essencial da realidade, com o qual compartilha certos traços fundamentais[56]. Enquanto, em Schopenhauer, a música coroaria a hierarquia das artes, por representar a sucessão incessante de tensões e repousos característica à sôfrega dinâmica da Vontade, o lugar de destaque concedido à música em Jankélévitch poder-se-ia justificar pelo seguimento à perspectiva de Bergson, na qual o tempo figura como "a essência do ser e a realíssima realidade"[57]. Desenvolvendo exatamente as ressonâncias ontológicas da música no pensamento jankélévitchiano, Lisciani-Petrini considera a arte sonora

> o maior reflexo deste fluxo insubstancial que já é, desde sempre, o movimento vital do próprio real [...]. Neste sentido, ela não possui nenhuma Substância interna ou "profunda" que deveria trazer à tona e revelar. A música é exatamente como essa "efetividade" epidérmica e superficial, que é a própria vida das coisas: nada além de movimento diferenciando-se em si por si. E como tal – como *virtualidade insubstancial* – é a produtora de todas essas "formas" (musicais) que, longe de "exprimirem", portanto, uma Substância subjacente, são suas "atualizações" imprevisíveis e "gratuitas"[58].

---

[56] Nesse caso, a valorização em questão não coincide com o verdadeiro amor pela música, uma vez que se justifica não pela apreciação direta dos encantos musicais, mas pelo que a arte sonora se mostra capaz de apontar fora de si mesma (problema reconhecido por Jankélévitch na metafísica da música schopenhaueriana, ver infra, p. 63). De qualquer modo, a música é descoberta como "imagem" por um filósofo (Jankélévitch e o mesmo vale, provavelmente, para Schopenhauer) que também descobriu sua fecundidade como experiência.

[57] Ver infra. p. 60.

[58] E. Lisciani-Petrini, op. cit., p. 149.

Assim, no lugar de "imagem" e "reflexo", termos que pressupõem a existência de um modelo independente e subsistente, talvez seja mais preciso dizer que a música é uma das expressões dessa dinâmica. Em Jankélévitch, ela ocupa, por sua vitalidade, efetividade e fecundidade, o lugar do Ser. Além de ressaltar a interdependência orgânica entre estética musical e ontologia no pensamento jankélévitchiano, áreas que também se articulam com a ética e a antropologia de modo coeso e harmonioso nessa original composição filosófica[59], a passagem supracitada cumpre relevante papel didático. Alerta o leitor que aqui travará seu primeiro contato com a presente obra a não compreender erroneamente a seção "Música e Ontologia", tomando por defesa a crítica do autor à metamúsica, uma vez que de início afirma, não sem ironia, o que mais tarde há de refutar[60]. Como ficará mais claro no decorrer do texto, Jankélévitch se mostra absolutamente contrário a uma estética "exemplarista"[61], que compreenda uma composição como mera reprodução de uma ideia acabada, independente do mundo sensível. Tal perspectiva repercute, em primeiro lugar, na concepção do fazer musical, do qual participa, ativamente, a concretude acústica da fonte sonora em que se realiza[62]. Por seu turno, este "choque do retorno"[63] pode ser visto como causa de admiração pela música, que, ao ser criada, improvisada e, até mesmo, interpretada, encanta por não ser inteiramente programável, mas por contar com a participação da ocasião que "conduz a outro lugar, em direção a uma beleza imprevista"[64]. Sob este aspecto, o amor mais uma vez se aproxima da música: ambos não se encontram armazenados no reservatório da alma, na mente do artista ou na caixa acústica do instrumento, mas, como encanto não localizável, emergem na gratuidade da própria atitude

---

[59] Cf. L. Jerphagnon, *Vladimir Jankélévitch ou de l'effectivité*, p. 11-12.
[60] Algo similar ocorre na conclusão da seção "Orfeu ou as Sereias?", infra p. 54-55. Nela, o filósofo apresenta, em termos afirmativos, uma posição moralista em relação à música, que, extraída de Platão, obviamente não coincide com sua concepção do encanto musical.
[61] L. Jerphagnon, op. cit., p. 65.
[62] Ver infra, "A Miragem da Expressão", p. 72.
[63] Ver infra, p. 74.
[64] Ver infra, p. 75.

amorosa[65] ou do próprio exercício musical. A recusa a uma metamúsica repercute na distinção, estabelecida por Jankélévitch, entre a arte de Euterpe e a linguagem. Se defendesse um modelo suprassensível para a música audível, o filósofo acabaria por tomar esta última como esmaecido vestígio de algo que a excede, à semelhança do signo que, na linguagem verbal, aponta para um significado mais universal, estável e permanente.

Chegamos aqui a um ponto decisivo da Filosofia da Música jankélévitchiana: uma composição musical não se reduz ao estatuto subalterno de "meio" de expressão. Seu sentido, que, como já anunciamos, é sentido atmosférico, "encanto do encanto", encontra-se nela mesma, irradia-se dela mesma. Um novo arranjo ou apresentação de notas gera, inevitavelmente, uma nova atmosfera, pois uma "ideia" musical, ainda que possa ser expressa por outros instrumentos e tonalidades, mostra-se, quando comparada à ideia conceitual, mais dependente de seus elementos acústicos, entre os quais se incluem não só a altura, mas o timbre, a harmonização e a agógica. Um texto informativo, como um guia de viagens, tende a manter seu conteúdo referencial, quando lido em diferentes inflexões e velocidades, ainda que, também neste contexto regido pela busca de um sentido unívoco, preservem-se ao leitor possibilidades de realce e, até mesmo, de ironia. Outro exemplo, fornecido pelo próprio filósofo, capaz de ilustrar a maior independência da ideia conceitual em relação à "ideia" artístico-musical é o enredo de um drama. No que concerne a seu argumento e acontecimentos estruturais, ou seja, ao "sentido primário", uma peça teatral poderia ser captada, ainda que de modo insuficiente, pela leitura de sua sinopse, passível de ser transmitida, vale acrescentar, por diversas combinações de palavras. Obviamente, a síntese do enredo não equivale à experiência de um drama encenado, porém, segundo Jankélévitch, parece mais apta a nos aproximar dele que qualquer descrição de uma sonata. Isto porque, quando descrevemos, afastamo-nos do tempo no qual a obra se realiza e sem

---

[65] Em *O Paradoxo da Moral*, o filósofo afirma que a fonte do amor "doa, de maneira incompreensível, aquilo que não possui e o cria não somente para doá-lo, mas *enquanto o doa* e no ato milagroso da própria doação; assim, é inesgotável e inexaurível!", *Le Paradoxe de la morale*, p. 121.

o qual, sobretudo a música, que não se presta a execuções corridas, abreviadas ou fragmentárias, deixa simplesmente de existir[66]. Além disso, como descrever em palavras o que se encontra destituído de sentido referencial? E se nos resta a possibilidade de enumerar procedimentos musicais intrínsecos, como extensões de frases e seções, fórmulas de compasso, modulações, dinâmicas e articulações empregadas, tal listagem não carrega o "sabor" *sui generis* da composição executada. Recorrendo a uma obra distante do repertório jankélévitchiano, a *Invenção n. 8* a duas vozes de J. S. Bach, como é pouco o que pressentimos de seu tema, caso este ainda nos seja desconhecido, quando alguém o apresenta como um movimento ascendente em colcheias construído pelas notas da tríade da tonalidade fundamental de Fá maior, seguido por um movimento descendente em semicolcheias construído em graus conjuntos[67].

Este "resto" em relação à linguagem verbal, que nunca há de se extinguir no registro da música, reintroduz-nos ao inefável. Conceito que, em Jankélévitch, remete não só ao inexprimível positivo, manancial inesgotável para o discurso, mas também ao imaterial. Como vimos, a resultante estética de uma peça musical excede a materialidade de seus procedimentos composicionais, embora dependa, segundo esclarecem Bergson e Bremond, no tocante à poesia, da participação e da conjugação de todos eles[68]. Tal imaterialidade, característica essencial da graça que, como já adiantamos, é "presença onipresente e ao mesmo tempo oniausente"[69], aproxima o encanto musical da alma humana, destituída de sede corporal assinalável, assim como de todos os demais temas "de natureza particularmente fluida, evasiva e fugidia"[70] aos quais a filosofia – e, em especial, esta filosofia – se dedica. Nesse contexto, a sinfonia, que apreciamos sem conseguir apalpar ou reter, parece se elevar sobre as telas e esculturas,

---

66 Ver infra, "Séria e Frívola, Profunda e Superficial. A Ambiguidade Musical", p. 112.
67 Exemplo dado por Liliana Pereira Botelho, professora assistente de Educação Musical do Departamento de Música da UFSJ.
68 Ver infra, p. 155.
69 Ver infra, p. 101.
70 *Quelque part dans l'inachevé*, p. 96.

mais adaptáveis à condição de objeto, e até mesmo sobre as palavras, nas quais ainda se manifesta a concretude de um "corpo verbal"[71].

O tema da imaterialidade nos conduz a um problema crucial da estética musical jankélévitchiana, último ponto a ser examinado neste texto introdutório. Se a música possui uma "essência" imaterial, há composições que intensificam tal característica. Não por acaso, o filósofo se debruça, preferentemente, sobre poéticas vaporosas, como o impressionismo, ou etéreas, como a inclassificável obra de Gabriel Fauré. Desse modo, o amor pela música, assim como as "razões" que em certa medida o sustentam, associa-se, em Jankélévitch, à predileção por um repertório em particular. Repertório no qual se vê reforçada não só a imaterialidade, mas o caráter evocativo, a atmosfera noturna, a ambiguidade semântica, a independência em relação à estrutura e aos esquemas da linguagem.

Caberia, portanto, perguntar: seria esta Filosofia da Música não mais que uma teoria construída para justificar um gosto individual e datado? Esse problema aparentemente se amplia quando nos atentamos aos exemplos musicais citados nesta e em outras obras do autor, quase sempre restritos ao século XIX e à primeira metade do século XX. Ao tomarmos contato com a entrevista concedida a Béatrice Berlowitz, a quem Jankélévitch dedica esta obra, não há dúvida de que o repertório examinado pelo filósofo é aquele que mais ama: a ópera eslava, a *mélodie* francesa, os nacionalismos húngaro e o espanhol. E se, desde jovem, na cidade de Praga do fim da década de 1920, não se sente tão tocado pelas obras de Richard Wagner, Gustav Mahler e Richard Strauss[72], sua recusa à tradição musical germânica das grandes formas se avulta ao presenciar e sofrer, perdendo a cidadania francesa no regime de Vichy, os horrores do nazismo. Mesmo assim, ainda resta algum espaço, em sua obra, para as *Fantasiestücke*, Op. 12 de Robert Schumann e os poemas sinfônicos de Richard Strauss. Prova que, de fato, os gostos estéticos são dotados de privilegiada liberdade, se comparados à rigidez ideológica, ainda que possuam,

---

71 Ver infra, p. 102.
72 *Quelque part dans l'inachevé*, p. 255.

intimamente, certa "razão" de ser, única para cada indivíduo, no que concerne ao modo como se articulam.

De qualquer forma, acreditamos que a limitação histórica e geográfica não deva ser interpretada necessariamente como uma limitação teórica. Se, por um lado, aparece como lacuna a referência a composições austríacas, alemãs e até mesmo italianas, essenciais para a história da música ocidental, por outro, a reflexão musical jankélévitchiana se abre a outras obras, algumas delas de autores hoje pouco conhecidos, produzidas fora do eixo da Europa Central. Além de proporcionar, como já observamos, certa receptividade às tradições populares vinculadas aos movimentos nacionalistas, tal abertura permite uma atenção a culturas minoritárias e, assim, poderia apoiar um deslocamento do eurocentrismo. Sugestivamente, Heitor Villa-Lobos é lembrado em dois momentos de *A Música e o Inefável*!

Outra limitação, identificada nos exemplos musicais sobre os quais se constrói esta reflexão estética, refere-se a um possível conservadorismo do filósofo, especialmente quando consideramos a data de publicação da versão integral desta obra: 1961. Nela, raras vezes encontramos menções a obras atonais ou a propostas mais contemporâneas, por exemplo. No entanto, como esclarece Lisciani-Petrini, Jankélévitch dedica grande parte de seus textos musicológicos a compositores fundamentais para a ruptura com o tonalismo e para as vanguardas da primeira metade do século XX[73]. Dentre eles, poderíamos citar Franz Liszt, cuja obra se vê "pouco a pouco invadida pelo silêncio"[74] e pela dissolução da tonalidade; Claude Debussy, que põe em xeque os esquemas formais da tradição; Serguêi Prokófiev e Dmítri Shostakóvitch, que, cultivando sonoridades maquinais e percutidas, figuram como "precursores da verdadeira música 'concreta'"[75].

Por fim, devemos enfatizar que o reconhecimento de algumas características constantes à música dentro de um repertório

---

[73] Cf. E. Lisciani-Petrini, op. cit., p. 145-147.
[74] Ver infra. p. 183.
[75] Ver infra, p. 81.

limitado não significa que essas não poderiam ser estendidas a obras pertencentes a outros períodos. Em nossa leitura da Filosofia da Música jankélévitchiana, parece-nos que as poéticas examinadas pelo filósofo apenas se apercebem desses traços essenciais à arte sonora, enfatizando-os, assim, em suas composições. Desse modo, cônscios, por exemplo, da parcela de inexpressividade contida numa peça musical, alguns compositores do início do século xx revestem propositalmente suas obras de uma "máscara inexpressiva". Contudo, transferindo-nos para outros momentos da Filosofia da Música, mesmo a suposta "simetria da pergunta e da resposta, ao fim do *Quarteto n. 16* de Ludwig van Beethoven (*Muss es sein? / Es muss sein!*)"[76] ou as seções de exposição e desenvolvimento de uma sonata clássica nada têm a ver, de fato, com a relação entre tese e antítese presente na expressão verbal. Do mesmo modo, o *espressivo* romântico "não é nenhum pecado"[77], ou seja, não retira a música da inefabilidade que lhe é própria, uma vez que "nunca equivale à expressão unívoca e inambígua de um sentido"[78]. E, se retrocedermos ao barroco, sua busca pela identidade com a retórica, a partir da atribuição de expressividades padrões a certas tonalidades ("teoria dos afetos"), não equivale à estabilidade dos significados na linguagem verbal. Ainda hoje, quando perdemos de "vista" tais referências convencionalmente estabelecidas, podemos apreciar cada prelúdio e fuga do *Cravo Bem Temperado* de Bach: não como a bela caligrafia de um idioma desconhecido, mas como obra que exala, por si mesma, sua única atmosfera, seu "sentido do sentido".

Assim, com a convicção de que esta valiosa estética musical possa se expandir a outros tempos, passados, atuais e futuros, apresentamos *A Música e o Inefável* aos leitores de língua portuguesa. Obra que se tece num "jogo acrobático e perigoso"[79], ora recorrendo a oximoros, ora beirando a poesia, como costumam proceder as mais sinceras aproximações verbais ao inexprimível positivo. Que esta

---

76 Ver infra, p. 67.
77 Ver infra, p. 110.
78 Ver infra, p. 111.
79 *Quelque part dans l'inachevé*, p. 23.

expressão de raro amor à música, na qual não se esconde o gosto individual do filósofo, desperte-nos a nuanças, particularidades e "belezas imprevistas" contidas no encanto musical, de maneira a aprofundar e renovar nosso amor à música!

Clovis Salgado Gontijo

Referências

Livros

BARROS, Manoel. *Livro Sobre Nada*. Rio de Janeiro: Record, 1998.

BAYER, Raymond. *Historia de la Estética*. Traducción de Jas Reuter. 13. reimpresión. México: FCE, 2012.

GILSON, Étienne. *Introdução às Artes do Belo: O Que É Filosofar Sobre a Arte?* Tradução de Érico Nogueira. São Paulo: É Realizações, 2010.

HANSLICK, Eduard. *Do Belo Musical: Uma Contribuição Para a Revisão da Estética Musical*. Tradução de Nicolino Simone Neto. Campinas: Editora da Universidade Estadual de Campinas, 1989.

JANKÉLÉVITCH, Vladimir. *A Música e o Inefável*. Tradução de Clovis Salgado Gontijo. São Paulo: Perspectiva, 2018.

____. *La Música y lo Inefable*. Prólogo de Arnold I. Davidson. Traducción de Rosa Rius y Ramón Andrés. Barcelona: Alpha Decay, 2005.

____. "Le Nocturne". In: *La Musique et les heures*. Paris: Seuil, 1988.

____. *La musica e l'ineffabile*. Traduzione e introduzione di Enrica Lisciani-Petrini. Nápoles: Tempi Moderni, 1985.

____. *La Musique et l'ineffable*. Paris: Seuil, 1983.

____. *Le Paradoxe de la morale*. Paris: Seuil, 1981. (Tradução brasileira: *O Paradoxo da Moral*. Tradução de Eduardo Brandão. São Paulo: Martins Fontes, 2008.)

____. *Le Je-ne-sais-quoi et le presque-rien*. v. 1. La Manière et l'occasion. Paris: Seuil, 1980a.

____. *Le Je-ne-sais-quoi et le presque-rien*. v. 2. La Méconnaissance; Le Malentendu. Paris: Seuil, 1980b.

____. *De la Musique au silence: Fauré et l'inexprimable*. Paris: Plon, 1974. v. 1.

____. *La Mort*. Paris: Flammarion, 1966.

____. *Bergson*. Paris: Félix Alcan, 1931.

____.; BERLOWITZ, Béatrice. *Quelque part dans l'inachevé*. Paris: Gallimard, 1978.

JERPHAGNON, Lucien. *Jankélévitch ou de l'effectivité*. Présentation, choix de textes, bibliographie par Lucien Jerphagnon. Paris: Pierre Seghers, 1969.

LISCIANI-PETRINI, Enrica. *Charis: Essai sur Jankélévitch*. Traduction d'Antoine Bocquet. Paris/Milano: Vrin/Mimesis, 2013.

MONTESQUIEU, Charles de Secondat, Baron de. *Œuvres complètes*. Paris: Seuil, 1964.

NIETZSCHE, Friedrich Wilhelm. *O Nascimento da Tragédia ou Helenismo e Pessimismo*. Tradução, notas e posfácio de J. Guinsburg. São Paulo: Companhia das Letras, 2001.

PLATÃO. *A República*. Tradução, textos complementares e notas de Edson Bini. São Paulo: Edipro, 2012.

PSEUDO-DIONÍSIO AREOPAGITA. *Teologia Mística*. Tradução de Marco Lucchesi. Rio de Janeiro: Fissus, 2005.

ROSEN, Charles. *The Romantic Generation*. Cambridge (MA): Harvard University, 1998.

SCHAFER, Murray. *O Ouvido Pensante*. Tradução de Marisa Trench de Oliveira Fonterrada, Magda R. Gomes da Silva e Maria Lúcia Pascoal. São Paulo: Unesp, 1992.

SCHOPENHAUER, Arthur. *O Mundo Como Vontade e Representação*. Tradução de M. F. Sá Correia. Rio de Janeiro: Contraponto, 2001.

SILESIUS, Angelus. *O Peregrino Querubínico*. São Paulo: Loyola, 1996.

WAGNER, Richard. *Beethoven*. Tradução e notas de Anna Hartmann Cavalcanti. Rio de Janeiro: Zahar, 2010.

Página da web

JANKÉLÉVITCH, Vladimir. Le Prélude (Chopin, Scriabin, Debussy, Fauré). *Un Homme libre*. Disponível em: <https://www.youtube.com/watch?v=YHYED_ErlpM>. Acesso em: 6 maio 2017.

A Música e o Inefável

O que é a música? – pergunta-se Gabriel Fauré[1] à procura do "ponto intraduzível", da irrealíssima quimera que nos eleva "acima do que é". É a época em que Fauré esboça o segundo movimento de seu *Quinteto n. 1*, e ele não sabe o que é a música, nem mesmo se ela é *algo*! Há na música uma dupla complicação, geradora de problemas metafísicos e de problemas morais, responsável justamente por manter viva nossa perplexidade. Por um lado, a música é ao mesmo tempo expressiva e inexpressiva, séria e frívola, profunda e superficial, dotada e não dotada de sentido. A música é um divertimento sem importância? Ou, antes, uma linguagem cifrada, tal qual o hieróglifo próprio a um mistério? Ou talvez as duas opções juntas? Contudo, esse equívoco essencial também possui, por outro lado, um aspecto moral: há um contraste desconcertante, uma desproporção irônica e escandalosa entre o poder encantatório da música e a inevidência profunda do belo musical. De tempos em tempos, uma evidência sublime e desestabilizadora – o *Salmo XIII* de Liszt, a *Sinfonia n. 5 em Fá Maior*, Op. 76 de Antonín Dvořák, o *Quarteto n. 2* de Fauré, os "Perfumes da Noite"[2], *Kitej e Boris Godunov*[3] – parece eliminar o equívoco definitivamente...

[1] G. Fauré, *Lettres intimes*, p. 78 (29 de agosto de 1903).
[2] Segunda parte de "Ibéria", segundo movimento da suíte *Images pour orchestre*, de Claude Debussy. (N. da T.)
[3] Óperas de Rimski-Korsakov e Modest Mussórgski, respectivamente. (N. da T.)

No entanto, a irrisória contradição renasce insolúvel entre os poderes da música e sua ambiguidade! O encanto que a música exerce é uma impostura ou o princípio de uma sabedoria? Teremos de pesquisar se a chave dessas contradições não reside precisamente na operação impalpável do Encanto e na inocência de um ato poético que tem o Tempo como única dimensão.

A Ética e a Metafísica da Música

A música age sobre o homem, sobre seu sistema nervoso e até sobre suas funções vitais: Liszt escreveu, para voz e piano: *Die Macht der Musik*[1]. Não se trata de uma homenagem prestada pela própria música a seu poder característico? Esse poder, às vezes presente de modo indireto nas cores e nos poemas, é, no caso da música, particularmente imediato, vigoroso e indiscreto: "ela penetra no íntimo da alma", diz Platão, "e se apropria dela da maneira mais enérgica", *katadýetai eis tò entòs tēs psykhēs hó te rhythmòs kaì harmonía, kaì errōménéstata háptetai autēs*[2]. Neste aspecto, em particular, ressoa em Schopenhauer a posição de Platão. Por uma irrupção maciça, a música se instala em nossa intimidade e parece elegê-la como domicílio. O homem habitado e possuído por essa intrusa, o homem extasiado, não é mais ele mesmo: é todo, inteiro, corda vibrante e tubo sonoro, treme delirante sob o arco ou os dedos do instrumentista, e, como Apolo enche o peito da Pítia, assim a poderosa voz do órgão, assim os suaves acentos da harpa tomam posse do ouvinte.

Esta operação irracional e até mesmo inconfessável cumpre-se à margem da verdade: por isso, assemelha-se mais à magia[3] que à ciência

---

1 O Poder da Música, sobre texto da duquesa Hélène de Orléans (1849).
2 καταδύεται εἰς τὸ ἐντὸς τῆς ψυχῆς ὅ τε ῥυθμὸς καὶ ἁρμονία, καὶ ἐρρωμενέστατα ἅπτεται αὐτῆς. Platão, *A República*, Livro III, 401d.
3 Cf. J. Combarieu, *La Musique et la magie*.

demonstrativa. Aquele que não tem a intenção de nos convencer por razões, e sim de nos persuadir por canções, lança mão de uma arte passional de agradar, isto é, de subjugar pela sugestão e de escravizar o ouvinte pelo poder fraudulento e charlatão da melodia, de desestabilizá-lo pelos prestígios da harmonia e pela fascinação dos ritmos. Ele dirige-se, desse modo, não à parte lógica e reta do espírito, mas à existência psicossomática como um todo. Se o discurso matemático é um pensamento que quer se fazer compreender por outro pensamento, tornando-se para este transparente, a modulação musical é um *ato* que pretende influenciar um *ser*. E, por influência, deve-se entender, como em astrologia ou em bruxaria, causalidade clandestina, manobras ilegais e práticas sombrias. Sólon, o legislador, detém a sabedoria, mas Orfeu, o encantador, exerce a magia. Um *vocalise* não é uma razão, um perfume não é um argumento. Assim, o homem que chegou à idade da razão insurge-se contra essa coerção induzida que o leva a consentir, esquivando-se, a partir daí, de ceder ao encantamento, isto é, de se dirigir aonde os cantos o induzem. A indução encantadora torna-se para ele sedução e, consequentemente, engano. O homem adulto recusa ser cativado e resiste às crenças que a aulética[4] lhe sugere.

A mulher que persuade apenas com o perfume de sua presença, isto é, com a exalação mágica de seu ser; a noite que nos enfeitiça; a música que obtém nossa adesão pelo único encanto de um trinado ou de um arpejo serão doravante objeto de profunda desconfiança. Não é digno para um homem dotado de razão deixar-se encantar. E assim como uma vontade viril pretende tomar suas decisões de modo fundamentado e nunca confessa uma preferência passional, uma razão viril nunca se confessa vulnerável às seduções. A ciência não existe justamente para nos subtrair dos estados de embriaguez da noite e das tentações da aparência sedutora? A música, fantasma sonoro, é a mais vã das aparências, e a aparência, que sem força probatória nem determinismo inteligível persuade sua crédula presa deslumbrada, é,

---

[4] Arte relativa à execução do aulo, instrumento de sopro de palheta simples ou dupla, utilizado na Grécia Antiga. Associado a Mársias, prosélito de Dioniso, representa o polo da embriaguez e da sedução dionisíaca, contrapondo-se, como mostrará o filósofo, ao equilíbrio encarnado pela lira apolínea. (N. da T.)

em certa medida, a objetivação de nossa fraqueza. O homem curado da embriaguez e da mistificação repudia a si mesmo por ter sido, um dia, a crédula presa das potências enganadoras. Uma vez sóbrio e desperto de sua embriaguez noturna, ruboriza-se por ter cedido à causalidade negra: quando a manhã retorna, renega, com a arte de agradar, as próprias artes do agradável! O preconceito dos espíritos fortes e sérios, prosaicos e positivos em relação à música talvez nasça dessa cura da embriaguez... Na presença do escabroso poder detido pela música, muitas atitudes são possíveis. Cabe aqui distinguir o uso correto, o ressentimento passional e a recusa pura e simples.

Orfeu ou as Sereias?

Platão acredita que esse poder de alvoroçar os curiosos não deve ser confiado a qualquer flautista, que o músico, como o reitor, lida com encantamentos perigosos, e, portanto, o Estado deve regulamentar, no contexto de uma ortopedia saudável, a utilização do influxo musical. Aquilo que é musical não é a voz das Sereias, mas o canto de Orfeu. As Sereias marinhas, inimigas das Musas, não possuem outro objetivo além de desviar, confundir, atrasar a odisseia de Ulisses: em outros termos, elas descarrilam a dialética do reto itinerário que dirige ao dever e à verdade o nosso espírito. É assim que os cantos cativantes da pérfida Tamara, em Mikhail Lérmontov, conduzem o viajante à morte. O que podemos fazer para não sermos seduzidos, senão nos tornarmos surdos a toda melodia e suprimirmos, com a tentação, a própria sensação? Na verdade, os músicos que deixam cantar as *russalki* e as sereias do nada (*néant*) – Debussy[5], por exemplo, ou Mily Balakirev, ou Rimski-Korsakov – antes nos permitem ouvir a voz de Orfeu: pois a verdadeira música humaniza e civiliza. A música não é somente um artifício cativante e capcioso para subjugar sem violência, para capturar cativando, é ainda uma suavidade que suaviza:

---

[5] Referência a "Sirènes", terceiro dos *Noturnos* para orquestra de Debussy. Nessa peça, citada pelo filósofo em outros momentos da presente obra, o canto sedutor e infrarracional das sereias é lembrado pela vocalização sem palavras produzida por um coro feminino. (N. da T.)

suave ela mesma, torna mais suaves os que a escutam, pois pacifica em cada um os monstros do instinto e aprisiona as feras da paixão. Franz Liszt, no prefácio de seu poema sinfônico *Orfeu*, mostra-nos o "pai dos cantos", *aiodân patēr*[6], como diz Píndaro, amolecendo as pedras e extasiando as bestas ferozes, calando os pássaros e as cascatas, conferindo a toda a natureza a bênção sobrenatural da arte: pois esta é para Liszt e para o teósofo Fabre d'Olivet[7] a mensagem de uma civilização órfica. Assim como o cocheiro do *Fedro* aprisiona o corcel rebelde a fim de torná-lo dócil (*eupeithēs*)[8], Orfeu atrela os leões ao arado para trabalharem as terras incultas e as panteras aos fiacres para levarem a passeio as famílias. Drena as torrentes desenfreadas e essas, agora obedientes, fazem girar a roda dos moinhos. Todos os seres da criação, atentos, fazem um círculo em torno do regente dos leões, os rouxinóis retêm seus arpejos, e as cascatas, seus murmúrios. Ao aquietar as ondas enfurecidas sob a nave dos argonautas, ao adormecer o temível dragão de Cólquida, ao abrandar os animais, os vegetais e até o inflexível Hades, Orfeu poderia dizer, como Jesus, domador de outra tempestade: *praós eimí*[9], sou manso[10]. O inspirado cantor mítico não doma os monstros cimerianos pelo chicote, porém os persuade pela lira; a arma que lhe é própria não é a clava, mas um instrumento musical. Sem dúvida, Jean Michelet diria que a obra de Orfeu completa o hábil trabalho de Hércules e que ambos são os heróis da cultura e de uma esfera para além da natureza. Assim como o atleta coloniza e desbrava pela força, o mago humaniza o inumano pela graça harmoniosa e melodiosa da arte: aquele extermina o mal, e este, arquiteto e citarista, converte-o ao humano. Michelet, na *Bíblia da Humanidade*[11], comenta em termos magníficos o conflito entre a lira e a flauta a que se refere *A Política* de Aristóteles: à flauta dionisíaca, o instrumento do sátiro Mársias,

---

6 ἀοιδᾶν πατήρ. Píndaro, IV *Pítico*, V, 176.
7 Cf. A. F. D'Olivet, *La Musique*.
8 εὐπειθής. Platão, *Fedro*, 253e.
9 πραός εἰμι.
10 Mt 11,29 (N. da T.).
11 J. Michelet, *Bible de l'Humanité*, p. 218-219. Cf. Platão, *A República*, Livro III, 399e.

à flauta das orgias e dos estados indignos de embriaguez opõem-se a *phórminx*[12] de Orfeu e a cítara de Apolo. E enquanto a flauta apanha-ratos e enfeitiçadora-de-serpentes é o instrumento suspeito, lânguido, impudico dos portadores de tirso, Orfeu, o antibárbaro, encarna a civilização da lira. Albert Roussel, numa ópera austera, narra o nascimento dessa lira verdadeiramente apolínea[13]. Ao deus da luz, condutor das Musas, Ígor Stravínski consagra o *Apolo Musageta*; em honra daquele que traspassou o horrendo dragão, Fauré harmoniza o *Hino a Apolo*... O citarista efeminado que Søren Kierkegaard, citando o Fedro de *O Banquete*, denigre em *Temor e Tremor* não é um verdadeiro Orfeu! Orfeu morre vítima das bacantes trácias: as mênades embriagadas, imagem da fúria das paixões, rasgam-no em pedaços. Inimigo do Deus báquico e flautista, Orfeu saúda a aurora e venera Hélio, o sóbrio e casto deus da luz. – *Cave carmen*! Cuidado com o encanto... Precaução que, contudo, não significa: recusem, em qualquer circunstância, serem encantados! Isto implica que se pode distinguir entre encantação e encantamento. Há uma música abusiva que, como a retórica, é simples charlatanice e seduz o ouvinte para escravizá-lo, pois as odes de Mársias nos "encantam" como os discursos de Górgias nos doutrinam. Por outro lado, há também um *melos* que não desmente o *lógos* e cuja única vocação é, como naquele álbum de Federico Mompou[14], a cura, a pacificação e a exaltação de nosso ser. Para penetrar as almas! Para invocar o amor! Para adormecer o sofrimento! Para inspirar a alegria![15] A música do condutor das Musas está em concordância com a verdade na medida em que impõe ao tumulto selvagem da avidez a lei matemática do número, que é harmonia, à desordem do caos sem medida a lei do metro, que é metronomia, ao tempo desigual, ora langoroso, ora convulsivo,

12 Instrumento de cordas da Grécia Antiga, citado por Homero e representado pela iconografia do século VIII a. C. É provável que se tratasse de uma cítara de dimensões reduzidas, em formato de berço, executada inicialmente sem o auxílio do plectro. (N. da T.)
13 *La Naissance de la lyre* (1924), ópera de um ato sobre libreto de Théodore Reinach. (N. da T.)
14 Mompou, *Charmes* (1925).
15 Os textos apresentados em forma de exclamação remetem aos títulos de quatro dos seis movimentos que compõem a obra de Mompou anteriormente citada. Jankélévitch retomará dois desses títulos na seção "*Lætitia comes*", infra p. 173. (N. daT.)

ora entediante, ora precipitado da vida cotidiana, o tempo ritmado, mesurado, estilizado dos cortejos e das cerimônias. Alain (Émile-Auguste Chartier), Stravínski[16], Alexis Roland-Manuel não estavam de acordo ao reconhecer na música uma espécie de metrética do tempo?

A música é, portanto, suspeita, todavia não é algo a se renegar pura e simplesmente. Platão, preocupado sobretudo com a educação moral e a frugalidade, apenas lança invectivas contra a "musa cariana"[17], própria às carpideiras e aos soluços efeminados. Do mesmo modo, o livro III de *A República* dirige sua repreensão aos modos patéticos e lânguidos do Oriente, jônio e lídio, e a suas queixosas harmonias, *thrēnōdeis harmoníai*[18]. O *lamento* e o *appassionato* é que são, de fato, desmoralizantes! A embriaguez indecente (*méthē*[19]) só pode amolecer os guardiões da cidade. Parece que quanto mais musical, no sentido moderno da palavra, for uma música, isto é, mais melódica, mais livre em seus movimentos ascendentes e descendentes, menor encanto ela terá para Platão. Eis por que as *Leis* condenam a *heterophōnía* e *A República*, a *polykhordía panarmónios*[20]: os instrumentos de cordas múltiplas favorecem as complicações polifônicas e seduzem o gosto da variedade rítmica e do colorido instrumental. Os desenhos velozes da flauta, a prestidigitação dos virtuoses, os trilos, *vocalises*, trinados, floreados dos tenores possuem, decerto, alguma relação com aquela arte de seduzir que o geômetra chamava, injuriosamente, de Retórica. Em oposição aos encantos inconfessáveis e aos recitativos aduladores da Musa adocicada, *glykeía moúsē*[21] - aquela que é demasiado suave e sedutora para ser verídica e que é, portanto, mais sereia que musa -, Platão parece reservar todos seus favores aos modos menos musicais e menos modulantes, à austera monodia dória e frígia. Sem dúvida, ele as aprecia por seu valor moral, tanto irênico como polêmico: na guerra,

---

16 I. F. Stravínski, *Poétique musicale*, p. 44: uma "crononomia". Cf. Idem, *Chroniques de ma vie* I, p. 117.
17 Platão, *Leis*, Livro VII, 800e.
18 θρηνώδεις ἁρμονίαι. Idem, *A República*, Livro III, 398d-e.
19 μέθη.
20 ἑτεροφωνία; πολυχορδία παναρμόνιος. Idem, *Leis*, Livro VII, 812 d; *A República*, Livro III, 399 c, d: multiplicidade das cordas adequada para se fazer ouvir todas as harmonias.
21 γλυκεία μούση.

exaltam a coragem, na paz, servem para as orações e hinos aos deuses, ou ainda para a edificação moral da juventude.

De fato, a música é antes moral que musical, antes didática que persuasiva: portanto, sua função é totalmente objetiva. A beleza dos costumes, *euētheía*, condiciona o encanto rítmico e harmônico, *eurythmía* e *euarmostía*[22]. A intenção da musa séria e severa não é nos encantar com seus cantos, e sim, induzir-nos à virtude.

O Rancor Contra a Música

Ocorre que a negação da Musa cariana (como é chamada pelo livro VII das *Leis* e por Clemente de Alexandria) é motivada não por preocupações pedagógicas, mas pela paixão antimusical e pelo ressentimento. Sem dúvida, Nietzsche muito amou aquilo que renega, sem dúvida ainda está secretamente apaixonado pelas meninas-flores de seu encantamento; como todos os renegados, aquele que rechaçou o romantismo de Wagner, o pessimismo de Schopenhauer e blasfemou até do moralismo de Sócrates, ainda está apegado ao próprio passado e sente uma espécie de prazer em fazer mal a si mesmo… Também há um lado de ambivalência passional, de ódio amoroso e mesmo de masoquismo no rancor de Nietzsche contra o eterno feminino musical! Como o imoralismo é, com frequência, o álibi de um moralismo apaixonado ou de um desprezo amoroso do rigorismo, assim é a melomania que explica em certos casos a fúria da melofobia. No fundo, esse era o caso de Tolstói. Paul Boyer conta-nos como o escritor se revoltava contra a força desestabilizadora da *Balada n. 4* de Frédéric Chopin. Serguêi Lvovitch Tolstói confirma a extraordinária sensibilidade de seu pai pela música romântica. É verdade que o rancor de Tolstói é aquele de um moralista, enquanto o de Nietzsche é de um imoralista… Neste sentido, Tolstói estaria mais próximo da linguagem de Platão! E, no entanto, não se exprime Nietzsche como um pedagogo decepcionado, como porta-voz de uma virtude impossível? O prefácio de *O Viajante e Sua Sombra*

---

22 εὐηθεία; εὐρυθμία; εὐαρμοστία.

fala-nos, em linguagem quase platônica[23], dos desejos vagos, ambíguos, frouxos, que enfraquecem o ferro de uma alma viril: Nietzsche ressente-se do filtro de Tristão, das infusões alucinantes que o embriagaram, dos cogumelos venenosos do romantismo que pululam nos pântanos onde rondam a febre e o langor. Talvez Nietzsche tenha experimentado toda a distância que separa a inquietação imputável à música da aporia socrática. O *melos* é inquietante, todavia não é fecundo; não é uma perturbação excitante, nem uma perplexidade gnóstica, é um mal-estar estéril que exaspera e enfeitiça a consciência, adormece-a quando é acalanto e a enternece quando é elegíaca. Mais ainda[24], Nietzsche vê na música, em geral, o meio de expressão das consciências adialéticas e dos povos apolíticos: aquelas, tomadas por devaneios crepusculares, por pensamentos sonhadores e inexprimíveis, afundam-se deleitosamente na solidão; estes, reduzidos à inação e ao tédio pela autocracia, refugiam-se nas inofensivas consolações e compensações da música. A música, arte da decadência, é a consciência pesada dos povos introvertidos, que encontram nas composições instrumentais e vocais um substituto para sua necessidade de atividade cívica. Ao contrário, a democracia ateniense, naturalmente sociável, abandona os sortilégios líricos pelas atividades do ginásio, pelas lutas da palestra e pelas discussões da ágora. Isto porque o atletismo pressupõe, pelo menos, o retesamento dos músculos e o esforço real para ultrapassar o obstáculo ou levantar a matéria por um gasto de força proporcional ao peso dessa matéria...

Sem dúvida, Nietzsche quer dizer o seguinte: a música é imprópria ao diálogo, que é fundado sobre a troca, a análise de ideias, a colaboração amigável na reciprocidade e na igualdade. A música não admite a comunicação discursiva e recíproca do sentido, e sim, a comunhão imediata e inefável: essa comunhão somente se opera na penumbra de uma tristeza indefinida, essa operação somente se realiza num sentido único e de modo unilateral, de hipnotizador a hipnotizado. Como o filósofo do *lógos*, do diálogo e da dialética, como

---

23 Platão, *A República*, Livro III, 411b: *sídēron emálazen* (σίδηρον ἐμάλαζεν).
24 F. W. Nietzsche, *O Viajante e Sua Sombra*, II, 167.

Platão, tão severo para com os discursos concatenados não desconfiaria dos volteios feitos pelo canto dos tenores e do solo dos flautistas? Esta é, em suma, a posição de Tolstói. Certo dia, em que Alexander Goldenweiser tocou para ele algo de Chopin, Lev Nikolaievitch observou: "Onde se deseja ter escravos, recomenda-se o máximo de música possível."[25] Tolstói só confiava na melodia popular. E quanto a Nietzsche, sabe-se que encontrou na música de Georges Bizet um meio de desintoxicação, capaz de restituir ao espírito sua alegria, nitidez e virilidade: não é mais, como Platão, com triviais gimnopédias, mas com saltos coreográficos e em plena luz que Nietzsche começa sua terapia de depuração, de cura da embriaguez e das ilusões. Sem dúvida, Isaac Albéniz e Darius Milhaud teriam proporcionado, para seu grande despertar, a mais eficaz das catarses.

Música e Ontologia

A fim de conferir à música uma função moral, é necessário eliminar tudo que nela há de patético, inebriante e orgíaco, até privar-se da própria embriaguez poética, pois a música nem sempre nos traz a serenidade da sabedoria, mas antes enlouquece e agita seus ouvintes. A música é, logo, desarrazoada e malsã. É assim que um romance moralizante e algo misógino de Tolstói compromete uma sonata ao vinculá-la a amores ilícitos[26]... Também Pierre-Joseph Proudhon, espírito sério e moralista por inclinação, acusa de degeneração os advogados da "arte pela arte" e a estética do jogo. Infelizmente, a animosidade contra a tentação não é menos suspeita que a tentação... O rancor puritano contra a música, a perseguição do prazer, o ódio ao deleite e à sedução, a obsessão anti-hedonista, enfim, são complexos, assim como a própria misoginia é uma espécie de

---

[25] Relatado por: M. Gorki, *Trois russes*, p. 12. Cf. P. Boyer, *Chez Tolstoï*, p. 53. Sobre as relações de Tostói com a música, Cf. R. Rolland, *Vie de Tolstoï*. p. 140-146.
[26] Referência ao romance *A Sonata a Kreutzer*, que, algumas vezes citado ao longo desta obra, apresenta original reflexão sobre a música, especialmente no que concerne a sua função e a seu modo de atuação sobre o ouvinte. (N. da T.)

complexo[27]! Nessas condições, cabe então perguntar se a música não teria, mais que uma função ética, uma significação metafísica. Desde sempre, o homem, apaixonado pela alegoria, buscou a significação da música em algum lugar fora do fenômeno sonoro: *harmoniē aphanēs phanerēs kreíttōn*[28]... Isto porque existe uma harmonia invisível e inaudível, suprassensível e supra-audível que é a verdadeira "clave dos cantos". Para Clemente de Alexandria e santo Agostinho, assim como para o místico inglês Richard Rolle, o canto perceptível aos ouvidos corporais é o invólucro exotérico de uma inefável e suave melodia celeste. Plotino diz que a música sensível foi criada por uma música anterior ao sensível[29]! A música pertence a outro mundo...

A harmonia, de acordo com Fabre d'Olivet, não reside no instrumento nem nos fenômenos físicos. Esse autor se interessou simultaneamente pela ciência pitagórica dos números, pela língua hebraica e por uma espécie de musicosofia, ou seja, uma música filosofal que transmutaria as almas. Richard Rolle e Antonio de Rojas escutaram a música dos anjos... Sem dúvida, os concertos de nossas orquestras são a pálida réplica dos concertos celestes! É assim que a cidade invisível, em Rimski-Korsakov, revela o sentido esotérico de Kitej[30]. Não obstante, os carrilhões e cânticos de júbilo que ressoam na Kitej invisível vibram materialmente para os homens da terra: a cidade é invisível, suas músicas sublimes, porém, não são inaudíveis, pois Rimski-Korsakov é, sobretudo, um músico e não um místico neoplatônico. É o metafísico – e não o músico – que deprecia a harmonia física em prol dos paradigmas transcendentes e dos cânticos sobrenaturais. Se Roland-Manuel, ele mesmo músico, por um lado pensa que a música "faz eco à ordem do mundo", por outro também crê em sua autonomia. Decifrar no sensível não sei que mensagem críptica, auscultar no cântico e por detrás dele algo de outro, perceber

---

27 O caráter contraditório de um programa estético anti-hedonista é desenvolvido pelo filósofo em: Jankélévitch, *Quelque part dans l'inachevé*, p. 251-252. (N. da T.)
28 ἁρμονίη ἀφανὴς φανερῆς κρείττων ("harmonia invisível à visível superior"); Heráclito, fr. DK 54.
29 Plotino, *Enéada* V 8, 1.
30 A ópera *A Lenda da Cidade Invisível de Kitej e a Jovem Fevrônia*, de Rimski-Korsakov servirá ao filósofo, tanto em *A Música e o Inefável* quanto no ensaio "Rimski-Korsakov et les métamorphoses", como uma espécie de "reservatório" de imagens para sua reflexão sobre a ipseidade musical. (N. da T.)

nos cantos uma alusão a outra coisa, interpretar o que se escuta como alegoria de um sentido inaudito e secreto são os traços permanentes de toda hermenêutica, aplicáveis, em primeiro lugar, à interpretação da linguagem. Aquele que lê nas entrelinhas ou que acredita compreender por meias palavras não deixa de ter como proposta penetrar nas motivações ocultas e nas segundas intenções.

Ao comparar Sócrates com um flautista, que, sem flauta nem *sírinx*[31], *áneu orgánōn, psiloîs lógois*[32], produz em seus ouvintes o delírio dos Coribantes, Alcibíades trata o grande ironista como um sileno, isto é, como uma máscara atrás da qual se escondem figuras divinas. Contudo, por si mesmas, as palavras já significam algo: suas preferências naturais, suas tradições resistem à arbitrariedade e limitam nossa liberdade de interpretação; a linguagem do hermético que fala com palavras veladas já possui um sentido literal... E quanto à música? Diretamente, e em si, a música nada significa senão por associação ou convenção. A música nada significa; portanto, tudo significa... Podemos levar as notas a dizerem o que quisermos, conceder-lhes qualquer tipo de poder anagógico: elas não haverão de protestar! O fato de a música, ao não exprimir nenhum sentido comunicável, prestar-se, com docilidade, às interpretações mais complexas e dialéticas faz com que o homem seja especialmente tentado a atribuir ao discurso musical uma significação metafísica. Em outras palavras, o fato de a música talvez se mostrar como a aparência mais superficial faz com que o homem se torne especialmente propenso a lhe conferir uma dimensão de profundidade. A música tudo suporta! Nela, tudo é plausível, as ideologias mais fantásticas, as hermenêuticas mais insondáveis... Quem poderá nos desmentir? A música "cria o mundo", diz o grande poeta russo Aleksandr Blók: ela é seu corpo espiritual ou o pensamento fluido... É verdade que Blók é poeta e que os poetas têm o direito de tudo dizer!

Criticou-se, com frequência, a "metafísica da música" de Schopenhauer, sob o risco de se negligenciar suas intuições originais e

---

[31] Termo grego para a flauta de Pã, instrumento composto por uma série de tubos conectados numa peça retangular. Originalmente elaborado do colmo da cana, o instrumento foi mitologicamente associado a Hermes, no período arcaico, e posteriormente a seu filho Pã, no período clássico. (N. da T.)
[32] ἄνευ ὀργάνων, ψιλοῖς λόγοις ("sem instrumentos, com meras palavras"). Platão, *O Banquete*, 215c.

profundas. Deve-se dizer que toda *metamúsica* assim romanceada é, ao mesmo tempo, arbitrária e metafórica. Arbitrária, primeiramente, pois não se vê o que justifica a promoção privilegiada da qual se faz objeto o universo acústico. Por que, entre todos os sentidos, o ouvido teria esse privilégio de nos proporcionar um acesso à coisa em si e de transcender nossa finitude? Baseado em que monopólio certas percepções, denominadas auditivas, seriam as únicas a desembocar no mundo dos números? Caberá distinguir, como outrora, as qualidades primárias das secundárias? E por que, afinal, o criticismo que nos retém entre os fenômenos seria suspenso unicamente em prol das sensações sonoras, mais submetidas que as outras, porém, à forma do tempo? Compreender-se-ia tal favoritismo se o tempo fosse a essência do ser e a realíssima realidade: é o que diz Bergson, mas não é, em absoluto, o que diz Schopenhauer. Além disso, nesse caso, o homem, ser totalmente imerso no devir, não teria necessidade da música para penetrar *in medias res*: o ser temporal nadaria nos números como um peixe dentro d'água. Por outro lado, será suficiente para a aquisição de um alcance ontológico o ordenamento das percepções musicais sob a diretriz da arte? Nesse caso, novamente, não se entende por que a metafísica da poesia não gozaria do mesmo privilégio que a da música, nem por que as pretensões dos poetas metafísicos não seriam tão justificadas quanto os devaneios dos metafísicos sobre a música e os músicos. Numa palavra, aquilo que resta a justificar é o "realismo" musical, mais especificamente o privilégio de uma música para além do fenômeno que seria a objetivação imediata da "Vontade", cujos desenvolvimentos recapitulariam os avatares dolorosos dessa mesma Vontade.

Por outro lado, a metafísica da música só se edifica quando apoiada por uma série de analogias e transposições metafóricas: correspondência entre o discurso musical e a vida subjetiva, correspondência entre as supostas estruturas do Ser e o discurso musical, correspondência entre as estruturas do Ser e a vida subjetiva pela intermediação do discurso musical. No que concerne à primeira analogia, a polaridade do maior e do menor corresponde àquela dos dois grandes *ethoi* do humor subjetivo, a saber, serenidade e depressão; a dissonância que tende à consonância por meio das cadências e apogiaturas, a consonância outra vez desestabilizada pela dissonância alegoriza a inquietude e o desejo humano a oscilar sem fim entre ânsia e langor. Logo, a filosofia da música se reduz, por um lado, a uma psicologia metafórica do desejo. Em seguida, a superposição do canto e dos baixos, da melodia e da harmonia corresponde à escala cosmológica dos seres com a consciência no ápice e a matéria inorgânica na base. Assim, a música torna-se psicologia, mas Schopenhauer nem por isso recai no psicologismo, pois a música se tornou metafísica, assim como a metafísica se tornou, em certa medida, musical. Finalmente, o drama psicológico do indivíduo recapitula a odisseia da Vontade propriamente dita, a menos que a odisseia metafísica constitua, por si, a ampliação de um drama psicológico e de uma série de estados de alma privilegiados. A transposição gráfica e espacial da sucessão sonora[33] facilita em muito tal ampliação: a linha melódica sobe e desce... Sobe e desce sobre o papel pautado, mas não num mundo sonoro sem alto nem baixo. Desse modo, a pauta projeta no espaço a distinção entre grave e agudo, baixo e soprano, assim como as vozes simultâneas da polifonia aparentam ser "superiores" ou "inferiores", seguindo a imagem das camadas superpostas pelo geólogo – e ocorre o mesmo com as "estratificações" da consciência. Em virtude de uma dupla ilusão, o próprio mundo da música suprassensível acaba por aparecer situado "acima" das regiões superagudas da música audível; o ultrafísico e o metamusical tomam então um sentido ingenuamente topográfico. Bergson refutou definitivamente os mitos visuais e as metáforas que conferem ao temporal as três dimensões do universo óptico e cinestésico. É, contudo, a tradução da duração em termos de volumes que torna tão ilusórias as especulações relativas a uma transcendência musical. Não há mais simetria entre o espaço e o tempo do que entre o passado e o futuro no decorrer do tempo: esse caráter absolutamente díspar da temporalidade musical faz de toda filosofia arquitetônica sobre ela construída um castelo de nuvens e ilusões.

A "metafísica da música", como a magia ou a aritmologia, perde de vista a função das metáforas e a relatividade simbólica dos símbolos.

---

33 Ver a importante obra de G. Brelet, *Le Temps musical*, I.

A Sonata é como um compêndio da aventura humana limitada entre nascimento e morte, mas não é *ela mesma* essa aventura. O *Allegro maestoso* e o *Adagio*, dos quais Schopenhauer tenta escrever a psicologia metafísica, são como uma estilização dos dois tempos do tempo vivido, mas não são, por si sós, esse mesmo tempo. A Sonata, a Sinfonia e o Quarteto de cordas, por sua vez, são como uma recapitulação em trinta minutos do destino metafísico e numênico da Vontade, contudo não são, de modo algum, esse destino! Tudo vai depender do significado do verbo "ser" e do advérbio "como"; e assim como os sofismas e os trocadilhos deslizam sem avisar entre a atribuição unilateral e a identidade ontológica, isto é, escamoteando a descontinuidade que há entre eles, as analogias metafísico-metafóricas deslizam furtivamente entre o sentido figurado e o sentido próprio e literal. Portanto, as generalizações antropomórficas e antroposóficas negligenciam, sem nenhum pudor, a cláusula restritiva das imagens e contam como certas as comparações: é o próprio ser que sobe e desce sobre as cinco linhas da pauta, é o mal de existir ontológico, e não somente o pessimismo de Piotr Ílitch Tchaikóvski, que se exprime na tonalidade de Mi menor. Em termos mais gerais, o microcosmo musical reproduz em miniatura as hierarquias do cosmo. Não é suficiente dizer que o discurso musical "representa" as vicissitudes da Vontade, se for para atribuir a essas correspondências um valor mágico. Certamente, as comodidades práticas às vezes nos impõem a linguagem das metáforas visuais, e até Bergson não hesita em distinguir o eu "superficial" do eu "profundo": todavia a consciência de que uma maneira de falar é uma simples maneira de falar já basta para evitar o erro. A metafísica da música que nos pretende transmitir mensagens de além-mundo substitui, portanto, a ação encantatória do encantamento sobre o encantado por uma transferência ilícita do aqui de baixo para o lá de cima e converte em fraude o que está apenas encoberto, tornando-se, assim, duplamente clandestina. Cumpre concluir que a música não está acima das leis, nem isenta das limitações e servidões inerentes à condição humana e que, se a ética da música é uma miragem verbal, a metafísica da música está bem perto de ser uma figura de retórica.

O Espressivo Inexpressivo

A Miragem do Desenvolvimento. A Repetição

Ninguém mais que Schopenhauer concebeu de modo tão elevado a autonomia da realidade musical. Assim, pode causar surpresa que ele, apesar de afirmar a independência da música em relação ao drama, confira à primeira a tarefa de exprimir uma realidade extramusical, por mais metafísica que esta seja, colocando-a a serviço da quintessência das coisas. De fato, o preconceito metafísico repousa sobre a ideia de que a música seja uma linguagem, uma espécie de idioma cifrado cujas notas da escala são o alfabeto. A linguagem é o modo de expressão humano por excelência, o mais manipulável e o mais volúvel, mas não é o único: o homem é um animal falante e, secundariamente, um animal cantor. A música diz, em hieróglifos sonoros, o que o *lógos*, oculto ou não, diz com palavras: a música diz pelo canto o que o verbo diz pela fala. Ora, é toda a concepção ocidental do "desenvolvimento", da fuga e da forma sonata que se vê influenciada pelos esquemas da retórica. Assim como há um "trajeto" do pensamento, um raciocínio que progride ao desenrolar todas as implicações do sentido, igualmente deve haver, como defende Ernest Ansermet, um caminho musical, um itinerário ao longo do qual os temas se desenvolvem. Uma sinfonia é um discurso? A sonata é comparável a uma alegação, a fuga a uma dissertação, o oratório a um sermão? Os temas desempenham na sinfonia o mesmo papel que as "ideias" na comunicação de um conferencista? Visivelmente, trata-se de maneiras de dizer, de metáforas e analogias ditadas por nossos hábitos oratórios e discursivos. A música move-se sobre um plano completamente distinto daquele das significações intencionais: portanto, é somente por uma maneira de dizer e para fixar as ideias que o ouvinte da sinfonia pretende "seguir" o desenvolvimento de uma ideia. Que digo? Tratando-se de um devir que exclui toda ideia geral, todo conceito abstrato, "preâmbulo" e "conclusão" são, por sua vez, noções metafóricas. Lá onde a inteligência associativa ou espacializante, sobrevoando o devir, distingue diversas partes emolduradas entre um exórdio e uma peroração, o ouvido, na ingenuidade imediata de uma sucessão vivida, de nada se dá conta: sem a visão retrospectiva do caminho percorrido, a pura audição não identificaria o esquema da sonata. Isto porque o esquema é coisa mental, não algo audível, nem tampouco tempo vivido. O suave e melancólico devaneio que os músicos eslavos, Dvořák, Tchaikóvski, chamam de *Dumka* não é um pensamento (*Duma*, em russo), mas um pequeno pensamento, um pensamento nascente e tateante; o contrário de um encadeamento rigoroso. Justo no ponto em que se assemelha com a balada narrativa do folclore ucraniano, a *Dumka* guarda seu caráter crepuscular e difluente: a meditação sonhadora só é meditativa por maneira de dizer, pois não tem sobre o que meditar e jamais desenvolve as consequências incluídas numa ideia. Nas músicas estacionárias do século xx, *Petrushka*, *Les Noces*, *O Retábulo de Mestre Pedro*, a fobia do desenvolvimento responde a uma espécie de continência feroz. As *Cirandas* de Villa-Lobos, sob este aspecto, são verdadeiras obsessões... Peças musicais estacionárias e até mesmo estagnantes, mas não estáticas! A recusa do desenvolvimento, a vontade de asfixiar a eloquência às vezes chegam às raias do heroísmo: o gosto pelas frases curtas e desalinhavadas em Mussórgski e a braquilogia[1] debussysta não representam, ao contrário

---

1 Figura de sintaxe pela qual um termo adquire o significado completo da locução na qual se encontrava originalmente, processo que costuma ser acompanhado não só por uma alteração semântica, mas também morfológica (por exemplo, a substituição de "celular" por "telefone celular", em que o termo "celular" é convertido de adjetivo em substantivo). (N. da T.)

de toda a retórica e de toda a pretensão oratória, o regime da "serenata interrompida"[2]? Em Debussy, a interrupção da serenata funciona mais como um efeito do pudor e uma lítotes[3] do humor, enquanto, em Mussórgski, responde a uma exigência de descontinuidade: "Il vecchio castello", serenata interrompida, é abortado e se desfia no fundo da noite sem ter desenvolvido nem amplificado sua romança; os soluços do mandolim se afastam pouco a pouco e o silêncio enfim os submerge[4]. Assim giram no espaço os poemas atmosféricos de Louis Vuillemin. Assim se arrasta, em Ravel, o lamento dos "Oiseaux Tristes". Mas os *Prelúdios* de Debussy e mesmo *La Mer*, apesar de suas agitações, não são estranhamente estagnantes? Esta inaptidão inerente ao desenvolvimento explica ao menos dois caracteres essenciais do "discurso" musical: a ausência de unidade sistemática, a insensibilidade às repetições.

O universo musical, ao não significar nenhum sentido em particular, está, em primeiro lugar, no ponto antípoda de qualquer sistema coerente. O filósofo que reflete sobre o mundo aspira, pelo menos, à coerência, tratando de resolver as contradições, de reduzir os irredutíveis, de integrar o mal da dualidade ou da pluralidade: a música ignora essas preocupações por não possuir ideias que devam concordar logicamente umas com as outras. A própria Harmonia é menos síntese racional dos opostos que simbiose irracional dos heterogêneos. Não é uma harmonia, segundo Platão, o que permite integrar entre si, em perfeita concordância, as virtudes contraditórias? A coincidência vivida dos opostos é o regime cotidiano, ainda que incompreensível, de uma vida repleta de música. Essa, como o movimento e a duração, é um milagre contínuo que, a cada passo,

---

[2] Sugestão poética retrospectivamente concedida por Debussy ao Prelúdio para piano, livro I, n⁰ 9. (N. da T.)
[3] Figura de linguagem pela qual se realiza uma afirmação por meio de uma negação, que muitas vezes combina o eufemismo à ironia (por exemplo, "ele não é nenhum gênio!"). Na estética musical de Jankélévitch, tanto a braquilogia quanto a lítotes são vistas como expressões de comedimento e retração do "discurso", também quando musicalmente simuladas. (N. da T.)
[4] Cf. Mussórgski, *Detskaia* (O quarto das crianças), n. 5; "Na costa meridional da Crimeia", "Perto da costa meridional da Crimeia" (movimentos de *Quadros da Crimeia*); Bartók, *Pro děti* (Para as crianças), II, n. 42.

cumpre o impossível. As vozes superpostas na polifonia realizam igualmente uma *concordia discors* da qual só a música é capaz. Isto porque a articulação inteligente baseada na reciprocidade, o encaixe da objeção e da refutação, o encadeamento de perguntas e respostas no diálogo diferem do sincronismo das vozes heterogêneas em contraponto tanto quanto a "harmonia" da engrenagem se distingue da harmonia musical. Quando a palavra carrega um sentido, não há como dois interlocutores falarem juntos senão sob o risco de confusão: vários monólogos simultâneos só criam uma inominável cacofonia, assim os interlocutores devem se suceder, e é tal alternância que constitui o diálogo. No entanto, o "conjunto", num coro, supõe a engrenagem mútua das partes ajustadas entre si, não é justamente este o *consensus* orgânico que denominamos Concerto? É verdade que certas peças para piano de Federico Mompou e de Tchaikóvski[5] carregam o título "Diálogo": mas trata-se de colóquios fictícios e de conversações tão metafóricas quanto no duo de "Les Entretiens de la Belle et de la Bête" de Ravel. Nos quatro "Diálogos" de Bartók, as duas mãos não dizem nada uma à outra! Muito menos os dois violinos nos *Quarenta e Quatro Duos*[6] ou o violino e o violoncelo na *Sonata em Duo* de Ravel[7]. Mesmo o emocionante "diálogo" entre o piano e a orquestra nas *Variações Sinfônicas* de César Franck é mais uma alternância melódica que uma troca de "pensamentos". No repertório a quatro mãos ou a dois pianos, no "Petit mari, petite femme" de Bizet ou na peça de Fauré intitulada "Tendresse"[8], as imitações só são diálogos no sentido metafórico. Não menos metafórica é a "Pergunta e Resposta" das *Mœrike-Lieder*[9] de Hugo Wolf: eis uma pergunta que

---

[5] Tchaikóvski, "Dialogue" (*Dezoito Peças*, Op. 72, n. 8); Cf. Ravel, "Les Entretiens de la Belle et de la Bête" (*Ma mère l'oye*, n. 4); Franck, *Variações Sinfônicas*, E-F; Bartók, *Neun Kleine Klavierstücke*, n. 1-4 (1926); Turina, "Dúo sentimental" (*Miniaturas*, Op. 52, n. 6).

[6] Obra de Bartók, composta em 1931. (N. da T.)

[7] Talvez somente George Migot tente dar ao diálogo entre o piano e o violino e entre o piano e o violoncelo um sentido distinto do que se verifica na sonata. [Provável referência aos dois diálogos para violino e piano e aos dois diálogos para violoncelo e piano do compositor francês. (N. da T.)]

[8] Fauré, *Dolly*, Op. 56, n. 5; Bizet, *Jeux d'enfants*, Op. 22, n. 11; Smetana, "A Noiva e o Noivo" (*Cenas de Casamento*).

[9] Wolf, "Frage und Antwort" (*Mœrike-Lieder*, III, n. 35); Bartók, *Mikrokosmos*, I, n. 14. Cf. "Diálogo" (*Mikrokosmos*, II, n. 65); "Duo Para *Chalumeaux*" (*Mikrokosmos*, III, n. 88).

corre o risco de permanecer eternamente sem resposta, pois provavelmente nunca houve de fato uma pergunta... Assim, a questão corre o risco de permanecer para sempre suspensa, para sempre em estado de interrogação, tal como o "Por quê?" das *Fantasiestücke*, Op. 12, de Schumann.

Escreveu-se que a simetria da pergunta e da resposta, ao fim do *Quarteto n. 16* de Ludwig van Beethoven (*Muss es sein? / Es muss sein!*[10]) atestaria uma música capaz, como a linguagem discursiva, de propor uma tese e contrapor a ela uma antítese, "de desenvolvê-las e concluir não por uma síntese, [...] mas por uma afirmação bem deduzida"[11]. Quanta credulidade nas transposições da retórica... Mesmo a correlação dos dois motivos, um ascendente, outro descendente, em *O Galo de Ouro* de Rimski-Korsakov, possui um caráter mais gráfico e visual que verdadeiramente auditivo. A simetria não é, nesse caso, a projeção espacial de um devir temporal? Se a música, por um lado, conhece tanto o eco, reflexão especular da melodia sobre si mesma, quanto a imitação canônica, por outro, nada sabe sobre o diálogo. Na polifonia, as vozes falam juntas harmoniosamente, mas não se falam *uma à outra*, não se dirigem *uma à outra*: concertam de preferência a terceiros, como os coristas que se voltam ao auditório ou dão testemunho de Deus. No duo[12], enfim, o influxo não passa transitivamente de um ao outro, mas antes dos dois cantores ao ouvinte. Então seria admissível dizer que haveria, entre o executante e o ouvinte, uma relação transitiva e intencional? De fato, o duetista não se dirige mais a seu público que a seu parceiro de execução: se a correlação não é direta entre os correlativos, tampouco é imediata entre os intérpretes e seus ouvintes. Ainda que a cantora me olhe com a boca aberta, ela não me *fala*, os toques da trompa no início do *Pelléas* de Fauré não me interpelam pessoalmente, aquele grito rouco na segunda das *Chansons madécasses* de Ravel não representa particularmente uma afronta para nenhum daqueles que o ouvem: ninguém é designado, nem referido. Como comunicação de sentido

---

[10] "Assim deve ser? / Deve ser assim!" (N. da T.)
[11] J. Chantavoine, *Beethoven*, p. 163.
[12] Cf. Rachmâninov, "Os Dois Adeuses" (*Quinze Canções*, Op. 26, n. 4).

e transmissão de intenções, a "alocução" aparece aqui desprovida de função... Aquele que fala sozinho é um louco, mas aquele que, como o pássaro, canta sozinho sem se dirigir a ninguém, está simplesmente feliz. Não se "escuta" um pianista que toca *diante* de seu público, ou um cantor que canta diante desse mesmo público, como se "escuta" um conferencista que fala *a* seus ouvintes: pois se o ouvinte é, para o conferencista que o olha, segunda pessoa, destinatário da invocação ou da alocução, é terceira pessoa para o pianista sentado ao piano.

Em destaque e à parte sobre o estrado, o pianista e a cantora são, em relação ao auditório, um espetáculo em si... O ouvinte-espectador permanece à distância desse solilóquio sem interlocutores que chamamos sonata! Ele não é mais interlocutor, mas um terceiro ou uma testemunha... A obra musical não está, portanto, submetida a uma coerência ideológica. E é isto, sem dúvida, que explica, da perspectiva do ouvinte, o pluralismo dos gostos estéticos e o caráter esporádico das convicções musicais. Tal disjunção nada tem em comum com o diletantismo ou com um ecletismo confuso: não é possível professar, ao mesmo tempo, dogmas contraditórios, mas é possível se deleitar com qualidades dessemelhantes e gêneros de beleza inconciliáveis, é possível gostar, ao mesmo tempo, de Franck e Debussy sem precisar justificar, o que não representa absolutamente uma incoerência[13].

Aquele que nada "diz", *a fortiori* não pode redizer. Por esta razão, as repetições não são *a priori* chocantes em música, como não o são os refrões ou os ritornelos das canções estróficas ou as alternâncias periódicas do rondó. Fauré, certamente, renuncia às simetrias estróficas do *Lied*[14], Debussy, por sua vez, às marchas da harmonia, e a música contemporânea, em geral ávida de renovação e de incessante originalidade, bane todas as formas de repetições monótonas e se configura como imagem da própria vida, caudal espontâneo e

---

[13] Como se mencionou no prefácio, a possibilidade de conciliação entre diferentes gostos, que não implica contradição no âmbito estético (especialmente na apreciação musical), é retomada e desenvolvida pelo filósofo em seu livro-entrevista. Cf. V. Jankélévitch; B. Berlowitz, *Quelque part dans l'inachevé*, p. 257-258. (N. da T.)

[14] A preferência por melodias (e poesias) contínuas pode ser especialmente observada a partir da segunda coletânea de canções (1880-1887) de Gabriel Fauré. Cf. V. Jankélévitch, *De la musique au silence: Fauré et l'inexprimable*, p. 59. (N. da T.)

progresso imprevisível. A reiteração, porém, na música, equivale a uma estéril repetição? Há, primeiramente, o eco, cuja importância é notória na obra de um Déodat de Séverac ou de um Georges Migot, e que é absolutamente o contrário de um pleonasmo, de um preenchimento ou de uma facilitação. Quer a segunda vez se manifeste ou não em pianíssimo, na oitava inferior ou superior ou sobre os mesmos graus da escala, a segunda vez oferece uma continuação ao instante semelfactivo[15] e lhe garante a sobrevivência. Envolve de amizade, fraternidade e simpatia o canto solitário: como o poeta, segundo Aleksandr Púschkin[16], faz eco à natureza e a natureza, ao canto do homem, assim a música faz eco a si mesma. Na segunda vez, a informe frase musical se torna orgânica; na segunda vez, tanto o arbitrário quanto o insólito se revestem de um sentido mais profundo. Além disso, também pode ocorrer, como nas peças obsessivas de Erik Satie, Stravínski e Villa-Lobos ou nas óperas de Leoš Janaček, que a reiteração desencadeie por si uma força crescente de enfeitiçamento.

O tempo "gnossiano", em Satie, assombra a consciência fascinada, a bruxaria de *El Amor Brujo* e o poder encantatório da *Fantasía Bética*, em Manuel de Falla, residem justamente nessa insistência. Isto porque, entre a primeira e a segunda vez, transcorre um intervalo de tempo que concede à iteração um caráter inovador, que faz da insistência uma encantação, da monotonia uma magia, da repetição estacionária um progresso[17]. Não mostrou Bergson como cada badalada de um sino, sucedendo às precedentes na duração, modifica qualitativamente o passado de quem a escuta? Se a reiteração imediata e literal, se a "reprise" pura e simples pode constituir, em música, uma espécie de renovação, o mesmo valerá, *a fortiori*, para a reexposição ou reaparição dos temas nas obras cíclicas. É no discurso e na prosa que as repetições estão proscritas: pois o discurso,

---

15 Em oposição ao iterativo, ao recorrente, o substantivo "semelfactivo" designa o evento ou a ação que ocorre uma única vez (*semel*). Este termo, de etimologia latina, permeia a obra jankélévitchiana, que reconhece, justamente, a preciosidade do irrepetível, seja ele a singularidade inefável de uma execução musical ou a de um indivíduo. (N. da T.)

16 Cf. Rimski-Korsakov, "O Eco" (*Para o Poeta*, Op. 45, n. 1).

17 Cf. G. Brelet, *Le Temps musical* I, p. 15; Cf. H. Bergson, *Essai sur les donnés immédiates de la conscience*.

quer desenvolva um sentido, quer exponha ou demonstre uma tese, avança pelo progresso dialético e caminha em linha reta, sem retornar, nem retroceder. Nesse âmbito, aquilo que é dito não precisa ser mais dito, aquilo que é dito é definitivo: uma única vez é suficiente, e todo recomeço é supérfluo, como é inútil e deplorável a piada que o humorista teima em repetir. O fato de algo já ter sido dito é, por si só, uma razão para não ser redito: assim, o *lógos* condena a reiteração, como condena todo gaguejar senil, assonância involuntária ou ideia fixa, toda recaída em psitacismo, em automatismo, em materialidade. Basta lembrar que a linguagem didática tem por objetivo a comunicação da verdade: não busca obter, por meio da litania ou da acumulação, efeitos encantatórios. Não obstante, caberia distinguir, nesse gênero de linguagem, os pontos de vista do criador e do leitor: enquanto, para o primeiro, a reiteração é uma espécie de remoer, para o segundo pode significar uma necessidade pedagógica exigida por nossa lentidão para compreender, nossa falta de atenção ou surdez mental. Além disso, a profundidade do sentido nos obriga a perscrutar um único ponto: nesse caso, o leitor mergulha em vez de avançar. Contudo, a obrigação de *reler* não implica necessariamente a permissão para redizer.

Em música e em poesia, ao contrário, a reiteração pode constituir uma inovação tanto para o criador quanto para o ouvinte ou o leitor... Repreender-se-ia um matemático ou o Código Civil por dizer a mesma coisa duas vezes, quando uma só bastaria, mas não se repreende o salmista por repetir, pois este deseja criar em nós a obsessão religiosa e não desenvolver ideias: sua arte de persuadir é passional, não apodíctica. Muito menos se pode repreender a *Missa Glagolítica* de Janaček por sua "monotonia", uma vez que ela põe em prática uma espécie de retórica do enfeitiçamento cujos efeitos atingem o sublime. Num desenvolvimento significativo, o que é dito não deve ser redito. Já em música e em poesia, ao contrário, o que é dito ainda fica por dizer, por dizer e por se redizer de modo incansável e inesgotável. Calar-se, neste campo, sob o pretexto de que "tudo já foi dito", é um sofisma substancialista e quantitativo: assim como se recusar a escrever um poema sobre o amor sob a alegação de que este tema já foi tratado. *Primeiro Amor*: este é o título dado por Ivan Turguêniev a um conto todo perfumado de primavera e de inconsoláveis nostalgias. Num devir irreversível, o amor, o amor "semelfactivo" não é sempre primeiro e novo para quem o experimenta? Inesgotável como o amor, infatigável como a natureza, inconsumível e sempre jovem como a primavera, assim nos parece o encanto que opera incansavelmente nos ritmos da poesia e, em seu eterno frescor, renasce ao infinito aos olhos de um leitor insaciável. Recriar, aqui, é criar, do mesmo modo que refazer é fazer ou que recomeçar é começar, sendo a segunda vez tão inicial quanto a primeira e a reexposição tão inicial quanto a exposição. Numa sonata em que não há (a não ser metaforicamente) "ideias" a desenvolver, a "reexposição" não é uma reiteração, mas ao contrário, o princípio de uma ordem. Tornamo-nos sensíveis à forma graças à divisão regular das seções, que concede a ilusão de simetria, do sistema fechado e do "circuito". *R*eexpor um tema é, portanto, conceder a ele novo brilho e sentido, ainda que isto se deva apenas ao momento ulterior em que essa reaparição se produz: na irreversibilidade do devir, todo acontecimento, incluindo aquele que nada apresenta de novo, ocorre na sequência dos precedentes. A *segunda vez* do rondó, mesmo quando só difere da primeira por seu número ordinal, implica ao menos a anterioridade da precedente no seio de um contexto em incessante mudança. Independentemente de toda lembrança concreta, o puro fato da sucessão e da preterição, em outros termos, a pura condição de passado do passado já impediria que o mesmo permanecesse o mesmo, esse condicionamento infinito toma, no devir, a forma de uma alteração contínua. Eis por que o *da capo* é uma deliciosa surpresa, eis porque o tema só revela todo seu sentido no momento em que é reconhecido: a reexposição não ativa em nós uma espécie de reminiscência? Concretamente, o retorno do tema significará, como diz Gisèle Brelet, a poesia do recolhimento, a espera saciada, a alegria de reencontrar um amigo saudoso[18]... Para o ouvinte e o intérprete a reiteração não é menos

---

[18] Ver o que diz Roland-Manuel, em *Sonate que me veux-tu?*, p. 112, sobre a "temática do retorno". Roland-Manuel insiste, sobretudo, na circularidade do tempo musical.

inovadora: voltar a ouvir e voltar a tocar são meios para se descobrir, interminavelmente, novas relações, correspondências sutis, belezas secretas, intenções escondidas. A superposição polifônica de várias vozes independentes e, no entanto, em concordância umas com as outras, a ambiguidade plurívoca que dela resulta, os subentendidos e alusões que estes níveis superpostos acumulam, os pensamentos ocultos que encerram: eis, sem dúvida, a fonte de um prazer inesgotável, *decies repetita placebit*[19], diz Henri Bremond[20]. Se, a cada vez, toda esta riqueza é recebida como um efeito de conjunto e acolhida numa emoção simples, a própria emoção, com o passar do tempo, muda de cor sem cessar.

A Miragem da Expressão

Além de incapaz de desenvolver, a música, apesar das aparências, é também incapaz de expressar. Neste aspecto, ainda caímos facilmente em nossos preconceitos expressionistas: a música seria, como qualquer outra linguagem, portadora de sentido e instrumento de comunicação... Exprimiria ideias ou sugeriria sentimentos, descreveria paisagens e coisas ou narraria acontecimentos. Diga-o com flores, diga-o com canções! Ou diga-o em esperanto. Isto porque há uma "língua musical", no mesmo sentido que há uma linguagem das flores e cem outras linguagens cifradas ou sistemas de signos, e haveria igualmente coisas que só se pode dizer cantando ou declamando um poema... Da mesma forma que para se exprimir o organista serve-se do órgão e o violinista, do violino, o sentido, para se manifestar, utilizaria diversos alfabetos ou dialetos e, entre outros, a linguagem musical: o meio de expressão chamado música está a serviço do instrumentista chamado pensamento, bem como os instrumentos musicais estão à disposição do musicista. Assim, a intenção significante

---

[19] Máxima de Horácio, segundo a qual "o que agrada uma vez, se repetido duas vezes, continuará agradando". (N. da T.)
[20] H. Bremond, *Prière et poésie*, p. 10-11 (a propósito de Newman) e p. 11 (citação do abade Dubos). [A citação de Dubos foi apresentada, na íntegra, no prefácio deste volume. Ver supra, p. 27. (N. da T.)]

aparece, afinal, como o instrumentista de todos os instrumentistas. Esse expressionismo instrumental, que faz da música "utensílio", pressupõe a precedência e a hegemonia do intelecto-piloto, isto é, da parte logística ou diretora de nossa alma: é necessário conceber antes de falar, assim como é necessário deliberar antes de decidir, e os signos são sempre subalternos. Por outro lado, se a música é simples linguagem, o sentido preexistiria, por princípio, a esta linguagem que secundariamente o expressa: antes da música sonora, fenômeno acústico e sensível ao ouvido humano, haveria, portanto, uma música suprassensível ou supra-audível, algo assim como uma música incorpórea, uma música não só anterior aos instrumentos capazes de tocá-la, mas ao criador capaz de compô-la, uma música anterior tanto ao primeiro tubo sonoro quanto à primeira corda vibrante, uma música independente, enfim, de ser ou não cantada. Antes do fenômeno físico, haveria então a música metafísica – seja ela metamúsica ou ultramúsica –, música perfeitamente silenciosa e indiferente a toda expressão determinada. Finalmente, a música expressa seria, para essa música-em-si, mais um incômodo e um empobrecimento que um verdadeiro meio de expressão. *Omnis determinatio est negatio*[21]: a flauta que canaliza o "divino e sereno sopro artificial"[22] para torná-lo sonoro limita, em suma, a música infinita; e, igualmente, o conduto auditivo, ao receber a onda sonora emitida pelo instrumento, reduz a música inaudível para nos conceder algo de sua percepção. Nestas condições, somos levados a perguntar se nossos ouvidos, longe de serem o órgão da audição, não seriam antes a causa de nossa surdez: a audição nos comunica com o mundo sonoro ou nos barra o acesso à música dos anjos? Permite-nos ouvir a música

---

[21] "Toda determinação é uma negação": princípio metafísico utilizado por Hegel ao início de sua *Ciência da Lógica: A Doutrina do Ser* e na primeira parte da *Enciclopédia das Ciências Filosóficas em Compêndio* ("A Ciência da Lógica"). Atribuindo-o a Baruch Spinoza, o filósofo alemão reinterpreta tal princípio como fundamento de sua própria dialética, que, em oposição ao monismo, afirma a necessidade de elementos de distinção para algo se constituir de modo determinado e não apenas vazio e abstrato. (N. da T.)

[22] Provável menção, com alteração, do verso "le visible et serein souffle artificiel", de *L'Après-midi d'un faune* (1876), écloga de Stéphane Mallarmé que servirá de inspiração para o consagrado prelúdio homônimo para orquestra sinfônica de Debussy. (N. da T.)

sensível ou nos impede de captar a música inteligível? O órgão sensorial convertido em tela, o bom condutor transformado em meio de intercepção, o positivo convertido em negativo: tais paradoxos se fundam sobre uma perversão verdadeiramente expressionista das relações entre o sentido e o signo.

E a transcendência que se atribui à intenção não resguarda bastante semelhança com as motivações ideológicas e conveniências utilitárias ou razoáveis do senso comum? O homem serve-se do canto, não deseja que o canto se sirva dele... A ideia musical é independente deste ou daquele instrumento, isto é, de certo modo determinado de expressão, voz humana, piano, órgão ou orquestra, contudo, não é independente de toda expressão sonora em geral. É verdade que pode passar, pela transcrição, de um instrumento a outro sem mudar necessariamente de caráter, e sabe-se como Ravel e até Liszt, virtuose da paráfrase e dos novos arranjos, admitiam sem resistência versões sucessivas de uma mesma obra. Além disso, se a maioria dos músicos, como Stravínski[23], compõe ao piano, "em contato direto com a matéria sonora", outros compõem sem o auxílio do instrumento e, de algum modo, no abstrato... No entanto, a ideia de uma música absolutamente silenciosa, inexpressa e desencarnada é, afinal de contas, uma abstração conceitual. O confuso rumor da Kitej invisível não começaria a existir musicalmente se não fosse pela favorável limitação dos oboés e violinos. Deve-se ressaltar, sobretudo, que representar o compositor no afã da expressão em analogia com um instrumentista, soberano no controle de seus registros, teclados e pedal, é desconhecer a reação do utensílio sobre o artesão, ou seja, aquilo que poderíamos chamar de choque do retorno.

O ato musical, como a criação poética, torna plausível a todo instante o paradoxo de uma etiologia bilateral e ambígua: Bergson, ao falar do ato livre[24], já não havia destacado esse caráter anfibólico da causalidade? Em certa medida, a teoria fisiológica das emoções nos habitua a essa mesma reversão. Nenhuma causa nunca é causa em

---

[23] I. F. Stravínski, *Chroniques de ma vie* I, p. 14.
[24] H. Bergson, *Essai sur les données immédiates de la conscience*, p. 120-121.

sentido absoluto, no sentido unilateral e unívoco em que o Primeiro Motor de Aristóteles é apenas movente, em que o Ato é apenas agente, em que a *causa sui* dos místicos, em virtude de sua asseidade[25], só é efeito de si mesma: pois aqui embaixo não há ação gratuita. Nenhuma causa é inteiramente causa e nenhum efeito, totalmente efeito: toda causa, porém, é, ao mesmo tempo e em certa medida, o efeito do próprio efeito, e todo efeito é, em certo grau, a causa da própria causa... Assim como, nesse mundo relativo, todo motor é até certo ponto motor movido e todo agente até certo ponto paciente. O ato poético não é uma relação em sentido único, nem uma subordinação irreversível e destituída de reciprocidade, mas uma mutualidade de correlação: nesse ato, a causalidade descendente e sua reação, a expressão e a contraexpressão, a onda direta ou eferente e a onda induzida se superpõem e causam mútuas interferências. Portanto, a matéria sonora não está, pura e simplesmente, a reboque do espírito e à disposição dos nossos caprichos: é recalcitrante e recusa, algumas vezes, conduzir-nos aonde desejávamos. Este instrumento que é, com tanta frequência, um obstáculo, conduz a outro lugar, em direção a uma beleza imprevista. E como, para o improvisador, o marfim das teclas possui em si certas propriedades inspiradoras, assim a linguagem musical em geral nos sugere, por sua vez, um sentido que nosso propósito não seria expressamente capaz de comunicar: longe de ser manipulável ao sabor de nossos desejos, este servidor da intenção alheia serve-se do próprio mestre. A matéria não é nem instrumento dócil, nem obstáculo puro.

Esta causalidade em círculo – na qual tanto o signo quanto o sentido são, simultaneamente, causa e efeito – é demonstrada pela improvisação de modo experimental, no ato de improvisar, assim como Aquiles demonstra[26] a possibilidade do movimento ao se mover e, ao

---

[25] Característica especificamente divina que concerne à completa independência de Deus em relação a todas as coisas, seres e elementos. Em outras palavras, o Absoluto não deve sua existência a nenhuma causa externa, mas a contém em si mesmo. Segundo certa interpretação mais radical do termo, Deus não dependeria sequer de suas propriedades, concepção que enfatiza a simplicidade divina na qual não se dissociam natureza e atributos. (N. da T.)

[26] H. Bergson, *Deux sources de la morale et de la réligion*, p. 51; *La Pensée et le mouvant*, p. 160.

alcançar a tartaruga à revelia dos sofismas, conjura as aporias paralisantes de Zenão de Eleia. Negando, ao mesmo tempo, a prioridade da aprendizagem sobre a prática e a prioridade da prática sobre a aprendizagem[27], Aristóteles conclui que Fazer e Aprender são contemporâneos: pois se *mathóntas poieîn* é um preconceito intelectualista, *poiēsantas manthánein* é algo absurdo; o que é verdadeiro é o sincronismo do *poioûntas manthánein* ou do *manthánontas poieîn*[28]. É *tocando* a cítara que se torna citarista, assim como é *escolhendo* que se delibera e é *falando* que se pensa. E é *querendo* que se aprende a querer! Alain dizia: "é tentando que se aprende e não pensando que se tenta". E, de modo semelhante, o poeta concebe seu poema não antes de compô-lo, mas *compondo*-o: pois nenhum vazio separa em poesia a especulação da ação, nenhuma ação, nenhum intervalo de tempo! A fim de criar deve-se criar, e este círculo vicioso, digno sem dúvida de Monsieur de la Palice[29], não só significa que a criação sempre começa por si mesma, mas também, e por conseguinte, que não há nenhuma receita para se aprender a criar. O criador coloca a essência conjuntamente com a existência, a possibilidade simultaneamente com a realidade.

Impressionismo

Para o compositor, o sentido, em música, constitui-se ao longo do processo de criação, para o intérprete e o ouvinte, ao longo da execução: em ambos os casos, emana do "fazendo-se", isto é, de uma obra *em curso de* evolução no tempo. Ainda melhor que a música

---

27 Aristóteles, *Ética a Nicômaco*, Livro II, 1, 1103a. Cf. Alain, *Préliminaires à l'Esthétique*, p. 164.

28 μαθόντας ποιεῖν (ter aprendido para fazer); ποιήσαντας μανθάνειν (ter feito para aprender); ποιουντας μανθάνειν (ao fazer, aprender); μανθάνοντας ποιεῖν (aprender ao fazer). [Somente a primeira expressão encontra-se literalmente no texto de Aristóteles: a partir dela o filósofo francês extrairá o princípio das variações seguintes. (N. da T.)].

29 Uma verdade de "la Palice" indica uma afirmação autoevidente, uma obviedade, ou seja, um truísmo. A expressão se deve aos versos que integram o epitáfio do marechal Jacques II de Chabanne, Monsieur de la Palice, inspirados, por sua vez, em canção composta pelos soldados em memória de seu superior. Tais versos, mediante uma ligeira alteração de grafia, poderiam ser lidos: *Ci-gît le Seigneur de la Palice, / s'il n'était pas mort, il serait encore en vie* ("Aqui jaz o Senhor de la Palice, / se não estivesse morto, ele ainda estaria vivo"). (N. da T.)

instrumental, o canto manifesta a interação íntima entre o sentido e o ato, pois apenas por força de expressão a voz humana pode ser considerada instrumento natural, assim como apenas metaforicamente um órgão humano pode ser considerado um utensílio natural e o utensílio, um órgão artificial. O canto é o prolongamento imediato e irrefletido da intenção, da qual é, ao mesmo tempo, expressivo e constitutivo: o homem, ao entoar seu canto, exprime-se imediatamente em virtude de uma espontaneidade eferente que prescinde de toda utilidade e propósito racional.

Se não exprime ideias, seria então a música a linguagem dos sentimentos e das paixões? Mais que a prosa e a poesia, seria ela um meio para nos transmitir confidências ou confissões[30] sobre a intimidade afetiva do criador? Esta foi a concepção romântica, ao menos aquela que os românticos professavam quando, posteriormente à realização de suas obras, interpretavam para o público sua gênese. Mas a intenção expressa de confidenciar-se estava presente naquele momento? Pode-se bem duvidar disso. Paul Dukas[31] aborda a degenerescência que, a partir do século XIX, fez da música uma transposição de tragédias psicológicas. E, de modo geral, os músicos do século XX, tendendo a avaliar injustamente o *Espressivo* romântico, ridicularizam, cada qual mais que o outro, o preconceito de uma expressão unívoca. "A expressão", diz Stravínski, "nunca foi propriedade imanente da música."[32] Esta também é a posição de Roland-Manuel. Seja como for, o antirromantismo reagiu sob duas formas distintas contra a fúria expressionista: chamemos a primeira dessas reações de impressionismo e a segunda de busca do inexpressivo.

Em primeiro lugar, a impressão pitoresca pode servir de derivativo para a expressão *humoresque*[33]. A impressão, que é sensorial,

---

30 Tchaikóvski, *Aveu passionné* (1891).
31 P. Dukas, *Les Écrits de Paul Dukas sur la musique*, p. 542.
32 I. F. Stravínski, *Chroniques de ma vie* I, p. 116 (e 158). Cf. Idem, *Chronique de ma vie* II, p. 160-161; *Poétique musicale*, p. 116. Roland-Manuel, *Sonate, que me veux-tu?* (1957). Cf. Alain, *Préliminaires à l'Esthétique*, p. 230. Somente Paul Dukas às vezes afirma o contrário: P. Dukas, *Les Écrits de Paul Dukas sur la musique*, p. 123.
33 Termo que, no período romântico, foi inicialmente utilizado para designar esquetes literários, não necessariamente humorísticos, mas que evocavam disposições de espírito características, reme-

entretanto objetiva, alivia a expressão, que é exibicionista e subjetiva. A impressão, que é centrípeta, abaixa a temperatura patética da alma e atenua a necessidade de transbordamento, movida pelo desejo de desprendimento. Nossa consciência introvertida liberta-se graças à impressão atmosférica. A música de grande intensidade, adaptada a uma consciência infeliz, conhecerá o estado de descontração próprio ao ar livre e ao céu aberto. Bartók intitula *Im Freien* (Ao Ar Livre) uma coletânea de cinco peças nas quais os ruídos da natureza respondem aos pífanos, aos tambores e às gaitas de fole do vilarejo... O desejo de Monsieur Croche[34], o antidiletante[35] – que reivindica uma música capaz de soar e pairar "sobre o alto das árvores e à luz do ar livre" – foi atendido tanto por Bartók como pelos impressionistas. Em outros termos, um dos meios de que dispõe o homem para não se expor é nos falar sobre as colinas de Anacapri, sobre o vento na planície ou sobre os sinos através das folhas[36]. Mais narrador que impressionista, embora, apesar disso, tão objetivo quanto Debussy, Rimski-Korsakov está demasiado ocupado em contar as aventuras de Sadko, os prodígios do czar Saltan e as maravilhosas maravilhas de Sherazade para nos confiar intermitências de seu coração: as confissões não são seu forte! Uma sensibilidade aguçada neutraliza, em certa medida, um sentimentalismo ardente... Estas impressões são passageiras, tão passageiras quanto os vinte humores fugidios reunidos por Serguêi Prokófiev na coletânea *Mimoliotnosti*, Op. 22. "Em cada instante fugidio", escreve o poeta russo Konstantin Balmont, "vejo mundos cheios de interações cambiantes e iriadas." A própria intenção de alternar tais *humores* (*humeurs*) já implica uma

tendo, assim, ao sentido latino original de "humor". No âmbito musical, Schumann foi quem primeiro utilizou o termo como título de uma obra musical, *Humoresque*, Op. 20, para piano, composta por cinco seções de caracteres contrastantes. Mais tarde, a *humoresque* se consagra como gênero aparentado ao *scherzo* (Dvořák, Edvard Grieg, Tchaikóvski, Max Reger), de constituição livre e rapsódica, identificando-se, assim, com a poética musical mais valorizada pelo filósofo. (N. da T.)

34 Monsieur Croche ("Senhor Colcheia") é o pseudônimo criado por Debussy, em 1901, para assinar suas muitas vezes sarcásticas críticas musicais. Algumas delas foram reunidas pelo próprio compositor, pouco antes de sua morte, no volume *Monsieur Croche antidilettante*. (N. da T.)

35 Debussy, *Monsieur Croche antidilettante*, x; Bartók, *Ao Ar Livre* (1926).

36 Menção às seguintes obras para piano de Debussy: "Les Collines d'Anacapri" (*Prelúdios*, I, n. 5); "Le Vent dans la plaine" (*Prelúdios*, I, n. 3); "Cloches à travers les feuilles" (*Images*, II, n. 1). (N. da T.)

dose imperceptível de *humor* (*humour*). Isto porque, se há um humor (*humeur*), há muitos humores (*humeurs*), há inumeráveis humores (*humeurs*) que se desmentem um ao outro. Como o sol após brevíssima aparição no céu nublado, o riso se apaga e é seguido por lágrimas: as lágrimas e o riso são, portanto, simples episódios da vida anímica. De modo semelhante, a consciência que sobrevoa o desfile das contraditórias impressões de uma viagem descobre, ao mesmo tempo, o começo e o fim de cada impressão diária, transcendendo a eternidade passional do sentimento. O sentimento, estado crônico, não supõe a perenidade, o prolongamento e a lenta impregnação de toda a consciência? É verdade que o *appassionato*, as Sonatas e as Sinfonias patéticas implicam igualmente a instabilidade *humoresque*: mas, enquanto os humores na *humoresque* sentimental se dão por eternos e absolutos, na *humoresque* humorística se reconhecem provisórios. Os *Prelúdios* de Debussy não concedem à vida afetiva o tempo necessário para perdurar, e também nos minúsculos quadrinhos de Federico Mompou, nas *Rikadla* (canções infantis) de Janaček, nas *Pribaoutki* (*scherzi*)[37] e nas *Berceuses du chat* de Stravínski, assim como nos *Sports et divertissements* de Erik Satie, a braquilogia significa o receio de ressaltar e a preocupação em nunca insistir. Em Debussy, o "momento musical" se torna *instante* musical, pois o "impressionismo" é, em si mesmo, um pudor do *appassionato*.

O Inexpressivo e a Objetividade

Assim como o impressionismo de Debussy reage contra a depravação da expressão, o estilo inexpressivo, em Ravel e Satie, por vezes, reage contra as delícias da impressão. Assim como os brilhos cintilantes e o pó dourado do impressionismo filtraram, com seus *pizzicati* luminosos, o aglomerado sonoro resultante da pedalização romântica,

---

[37] Ciclo composto por quatro brevíssimas canções para voz grave (preferencialmente masculina) e pequeno conjunto instrumental (1914-1917). Além de ter provavelmente servido ao compositor russo como material de estudo para *Les Noces* (1923), possui semelhanças, pelo caráter "aforístico" e pela utilização de temas populares russos, com as *Berceuses du chat* (1915-1916). (N. da T.)

agora é o objeto que demarca suas pronunciadas arestas na embaçada atmosfera das "Névoas"[38] debussystas. O realismo inexpressivo contesta o verismo expressionista. O expressionista exprimia os sentimentos ao redor de suas sensações, já o impressionista anota suas sensações sobre as coisas, enquanto a música inexpressiva dá voz às coisas em sua crueza primária, ou seja, abstraindo-se de possíveis repercussões ou intermediários. De fato, a ambição de um super-realismo é reduzir ao mínimo a parcela de estilização ou de transposição inerente a toda intenção artística. A filosofia, voltando-se ao "concreto", segundo a expressão de Jean Wahl, dá um passo análogo em direção às *próprias* coisas. Enquanto o idealismo acadêmico se dirigia às coisas a distância, a percepção pura de Bergson e a intuição de Vladimir Losski se instalam não só na proximidade imediata dessas coisas, mas cara a cara com o real *enquanto tal, com o próprio real*: não é nem mais o dado imediato e objetivo que está a sua frente, mas, sim, a natureza *em pessoa*... "Como se você estivesse nela!" É o que Mussórgski, escrevendo a Vladimir Stassov[39], chama de verdade à *queima-roupa*: a verdade nua despojada de toda retórica, a verdade em carne e osso, a verdade crua e incoerente, a verdade das comadres tagarelas no mercado de Limoges, a verdade dos cossacos, juízes e ciganos atracando-se na feira de Sorotchintsi, a verdade ingênua da criança papagueando com sua babá[40], todas essas verdades brutas, nuas e cruas estão imediatamente presentes na música de Mussórgski; a tosca ingenuidade não precisou percorrer a espessura dos símbolos nem a distância idealizante ou estilizante que a arte interpõe entre o espírito e os ruídos do mundo. A música de Mussórgski vai direto ao ponto: desdenhando os prefácios, preliminares e meios termos que prolongariam sua rota, como essa música inocente e sem desvios não seria concisa? *Boris Godunov* reduz ao mínimo o prelúdio e nos lança imediatamente no coração da ação. *Coisa em Si*: ao dar este estranho

---

[38] Menção a "Brouillards" (*Prelúdios*, II, n 1), obra para piano de Debussy. (N. da T.)
[39] Carta do compositor a Stassov, 7 (19) de agosto de 1875.
[40] Nesta passagem, o autor alude às seguintes obras de Mussórgski: "O Mercado de Limoges" (*Quadros de uma Exposição*, n. 12); a ópera *A Feira de Sorotchintsi* e a pequena peça para piano "Niania e Eu" (*Recordações da Infância* ou *Detskaia*, n. 1). (N. da T.)

título a duas peças para piano de seu *Opus 45*, Prokófiev talvez tenha querido simplesmente atiçar nossa curiosidade[41], pois estas "coisas em si", situadas nos antípodas de todo o pitoresco, são combinações sonoras particularmente abstratas, formais e áridas. Também é possível que o compositor buscasse, nesse *opus*, atingir um objeto musical puro sem passar pelo deformador *a priori* da psicologia afetiva. É verdade que o musicista genial de *Pas d'acier* havia experimentado vias mais diretas para encontrar e tocar o imediato! Escuta-se, no balé de aço, a percussão brutal dos martelos, como se escutam os tiros de canhão na *Sinfonia n. 11* de Shostakóvitch e as buzinas de automóvel em George Gershwin, como se escuta o ronco dos motores na *Fundição de Aço* de Alexander Mossolov. A algazarra atonal das máquinas ressoa *tal qual* ela é nesses precursores da verdadeira música "concreta". De modo semelhante, são os próprios sinos que retinem em *Soirs armoricains* de Louis Vuillemin e não, como nos românticos, uma transposição idealista e subjetiva da poesia dos sinos: as quartas de bronze ressoam diretamente sobre o teclado com seus harmônicos dissonantes. O rouxinol de Stravínski é um verdadeiro rouxinol que canta um verdadeiro canto de rouxinol, um canto amusical e não um *vocalise* mais ou menos humanizado e estilizado. Outro exemplo semelhante nos é dado pela canção "Rossignol, mon mignon", de Albert Roussel: nela, são os floreados e os trilos de um verdadeiro rouxinol que, pela voz ágil da flauta, enroscam-se em volta do canto humano. O "Balé dos Pintinhos" nos *Quadros de uma Exposição* de Mussórgski contrasta, em sua acidez e estridência, em seu realismo um pouco azedo, com a melodiosa musicalidade dos concertos de pássaros que se ouvem em *Francisco de Assis* de Liszt[42], assim como o rouxinol de Stravínski contrasta com os harmoniosos rouxinóis de Rimski-Korsakov. O *Catalogue d'oiseaux* de Olivier Messiaen pretende ser, sem as onomatopeias literárias e as convenções imitativas de um Louis-Claude Daquin ou de um Camille Saint-Saëns[43], a fiel

---

[41] Em 1916-1917, durante estada nos arredores de Petrogrado (atual São Petesburgo), Prokófiev leu Kant e Schopenhauer.
[42] Cf. Emmanuel, *Sonatine pastorale*; Nin, "Cants dels Ocells" (*Vinte Cantos Populares Espanhóis*, II, n. 7).
[43] Cf. Saint-Saëns, *O Carnaval dos Animais*.

notação dos verdadeiros cantos de pássaros. Nos românticos e em Vítězslav Novák, as duas notas melancólicas do cuco ao fundo do bosque exprimiam poeticamente, em movimento de terça descendente, a nostalgia do homem que, com o cair da noite, enternece-se ao aspirar os perfumes da primavera. Mas os volucrários de hoje excluem todo langor demasiadamente humano. São os próprios grilos que zumbem e cricrilam nos "Ruídos Noturnos", de Bartók[44]. E é, sobretudo, uma multidão de bichos que recobre com sua sinfonia animal, cacofonia levemente polida, obras como *A Raposa Astuta* de Janaček, as *Histoires naturelles* e *L'Enfant et les sortilèges* de Ravel. *Os Pássaros e as Feras*! Esse título de uma admirável melodia da Rússia do Norte, harmonizada por Balakirev, também poderia servir de epígrafe para as *Histoires naturelles* de Ravel, para a poética *La Forêt bleue* de Louis Aubert e para esse "Petit Poucet"[45] em que se ouvem piar as estrelinhas e os chapins-reais. O grito do pavão, o miado do gato, o coaxar das rãs, o tique-taque dos insetos noturnos, o silvo da libélula, o riso das corujas, o cacarejo da galinha d'angola e o zumbido do besouro aqui se fazem ouvir em sua verdade bruta. Maurice Ravel concede a palavra não só aos animais, mas às plantas, às coisas inanimadas, aos relógios discordantes, ao fogo que sibila e crepita: a própria árvore, não um fantasma secundário dessa árvore, geme, estertora e faz ouvir seu *portando* vegetal no jardim ao luar. E, no entanto, Ravel não é daqueles que extraem seu material, como diria Roland-Manuel, do "dicionário da natureza"!

A consequência mais surpreendente desse objetivismo é a dissolução da figura humana[46]. Em Gabriel Dupont, as marinhas e os "exteriores" impressionistas de *La Maison dans les dunes* estão inteiramente habitados pela lembrança e pela "melancolia da felicidade", e as paisagens de *Les Heures dolentes*, que constituem o diário de

---

[44] "Klänge der Nacht", quarta peça da suíte *Ao Ar Livre*, do compositor húngaro, citada pelo filósofo em alguns momentos desta obra e também em seu ensaio "Le Nocturne". (N. da T.)
[45] "Pequeno Polegar": segundo número da suíte *Ma mère l'oye*, de Ravel, para piano a quatro mãos. (N. da T.)
[46] Este aspecto, também verificado nas artes plásticas do Modernismo, é especificamente abordado por José Ortega y Gasset em seu célebre ensaio *A Desumanização da Arte* (1925). (N. da T.)

uma doença, são todas elas estados de alma. Não se adivinha, por detrás de "La Chanson du vent" e de "Chanson de la pluie"[47], o tema angustiado da morte? Em "Mon frère le Vent et ma sœur la Pluie"[48], o doente solitário não experimenta sua humana fraternidade com os elementos? O homem solitário está sempre presente quando "o sol se diverte entre as ondas", quando "o sussurro do mar pela noite" se faz ouvir, quando marulham as "ondas" inumanas... Em Déodat de Séverac, a presença da mulher, o "mágico encontro" com a amada, as banhistas ao sol quase sempre humanizam os cenários da Cerdanha e de Languedoc; quanto ao *Le Chant de la terre*, este narra os trabalhos e aflições de um povo agricultor. Ainda em Ravel, a Criança está presente no jardim dos murmúrios, como representante de toda a espécie humana: a última palavra, em *L'Enfant et les sortilèges*, não é dada para o movimento do coração que, de repente, acalma as feras desacorrentadas? Mesmo os ácidos "Ruídos Noturnos" de Bela Bartók[49], tão diferentes do noturno sedutor e acariciante próprio ao devaneio romântico, ainda são ruídos musicais e harmonizados (*Klänge*) que implicam a presença humana: os sussurros furtivos, *gruppetti* misteriosos, as segundas crepitantes, as oitavas estridentes no agudo, bizarras repetições de notas comunicam-se e propagam-se no vasto silêncio da noite. Em lugar da serenata amorosa, escutam-se os suspiros da brisa, o diálogo da coruja e do sapo, a matraca dos insetos fazendo eco ao roçar das folhagens. Todavia, o *scherzo* entomológico, com sua trilha sonora tão perfeitamente amelódica e atonal, apaga-se subitamente no silêncio. Entre todas as vozes animais, vegetais e minerais, entre os *staccati* e o calafrio metálico dos bichinhos[50], eis que se eleva o canto dos homens. Há nele, ainda que desbotado, um número, um metro, uma tonalidade e uma intenção. Com a tristeza pomposa tão característica aos camponeses lá de baixo, esse canto entoa a melancolia pacificada de um coração repleto de noite: melodioso e medido, ele já é música. É o mago Orfeu que fala, por

---

[47] Dupont, *Les Heures dolentes*, n. 4 e 8.
[48] Dupont, *La Maison dans les dunes*, n. 4.
[49] Bartók, "Ruídos Noturnos" (*Ao Ar Livre*), n. 4. Cf. *Mikrokosmos*, II, n. 63.
[50] Cf. Villa-Lobos, *A Prole do Bebê nº2: Os Bichinhos*.

esse canto rústico, às árvores e aos insetos da meia-noite, como a voz expressiva de Francisco de Assis, em Liszt, respondia ao gorjeio confuso das andorinhas.

Paradoxalmente, é no impressionismo debussysta que a incomensurável natureza aparece sob a forma mais imediata, que a verdade do fiapo de relva e da gota d'água se impõe a nós da maneira mais alucinante: nós a vivemos e a tocamos, sentimo-la presente nessas minúsculas notações que, como os telegramas, correm e tremulam nas pautas das "Rondes de printemps"[51]. Debussy é, de fato, tão genial que chega a antecipar o super-realismo dos nossos contemporâneos. Presenciar o nascer do sol, diz Claude Debussy, é mais importante que ouvir a *Sinfonia Pastoral*. Debussy ausculta o peito do oceano e a respiração das marés, o coração do mar e da terra: assim, seus poemas sinfônicos não comportam nem narrações, nem finalidades. Em *La Mer*, o rosto da pessoa humana apagou-se por completo. *La Mer*, como "Le Vent dans la plaine", "Ce qu'a vu le vent d'Ouest", "Brouillards" ou "Nuages", é o poema dos elementos anônimos e dos meteoros inumanos, o conflito imemorial por ele narrado desenrola-se longe das costas onde se instalam os portos marítimos, as praias, as "banhistas ao sol"[52] e a civilização dos homens. "Jogos de Ondas" e não "Jogos de Águas"![53] Não é o jato d'água, obra-prima da hidráulica, esbelta corola[54] vaporizada pela arte dos construtores de fontes, que *La Mer* descreve, mas, sim, o caos informe, a desordem bárbara e a agitação sem lei. Não se ouve aqui o diálogo do homem com seus irmãos, nem mesmo, como em Gabriel Dupont, o diálogo do homem só com o mar só; ainda menos, como em Liszt, o diálogo da Natureza e da Humanidade. Não! Há somente o diálogo do Vento

---

51 Terceiro e último número das *Images pour orchestre*, de Debussy. (N. da T.)

52 *Baigneuses au soleil*, peça para piano de Séverac, cujo "cenário" já havia sido mencionado pelo autor no parágrafo anterior. (N. da T.)

53 Nesta passagem, o autor compara o segundo movimento da composição sinfônica de Debussy *La Mer*, intitulado "Jeux de vagues", com a peça para piano de Franz Liszt "Les Jeux d'eaux à la Villa d'Este" (*Anos de Peregrinação*, III, n. 4). Enquanto a primeira evoca as forças da natureza pré-humana e indomada, a segunda evoca as sofisticadas fontes da Villa d'Este, em Tívoli, fruto do engenho humano. (N. da T.)

54 Menção a um dos versos do poema de Verlaine, "Clair de lune" (de *Fêtes galantes*), musicado por Fauré e Debussy. (N. da T.)

e do Mar, que é, antes, um monólogo do Oceano destituído de qualquer antropomorfismo, de qualquer referência ao sujeito.

O diálogo que leva os interlocutores a falar um após o outro, e de modo alternado, assim como a polifonia que os combina entre si cedem lugar à coexistência ou copresença de todos os ruídos, à simultaneidade universal, à grande confusão primitiva. A dissonância, em Vuillemin, não exprime o caráter esporádico e a incoerência de todos esses ruídos? Mesmo em "Sirènes", de Debussy, as mulheres não entoam *palavras*: elas são voz coletiva e impessoal, timbre instrumental, voz elementar da sedução, como a Mulher[55], no admirável *Pan* de Novák, é um elemento do mesmo naipe que a Floresta, o Mar e a Montanha. O sussurro da onda[56], o canto dos pássaros e os ruídos da fábrica, os estalidos do metal e as crepitações da madeira, o marulho das águas e o uivo do vento representam, de algum modo, a zona fronteiriça para além da qual a arte seria meramente reabsorvida na realidade. O objetivismo agudo, que foge da vida anímica no afã de se expressar, aproxima-se da região amelódica, amusical, paramusical, pré-musical que, assim como o oceano, equivale ao universo do ruído amorfo e do rumor caótico.

Talvez seja neste sentido que se deva compreender o papel de crescente destaque desempenhado pelo intervalo de segunda, maior ou menor, primeiramente em Mussórgski e mais tarde em Debussy, Ravel, Karol Szymanóvski e Bartók. Tal intervalo, inversão do intervalo de sétima maior, que faz vibrar a nota ao lado, ou seja, a tecla esbarrada, não é o mais indiferenciado e o menos harmônico dos intervalos, o mais próximo do barulho em estado bruto? O ruído das coisas ainda não polidas vem cobrir a voz da música: pois as coisas, essas "pessoas mudas", como as chama Jean Wahl, falam uma língua informe que ignora a entonação e a prosódia do canto. O "Diário de uma Mosca", com suas cortantes ferroadas e seu zumbido inclemente, permeia quase toda a obra de Bartók[57]! Com frequência, o intervalo de segunda vibra no interior de um acorde de graus conjuntos como

---

[55] As seguintes obras de Michelet: *La Mer, La Montagne, L'Oiseau, L'Insecte, Le Peuple, La Femme* poderiam partilhar o mesmo título: *Pan*.
[56] Dupont, *La Maison dans les dunes*, n. 8 e 10.
[57] Bartók, *Mikrokosmos*, VI, n. 142; Cf. V, n. 132 e VI, n. 144. Comparar com: V, n. 135.

nessas harmonias "enevoadas" ("*en brouillard*") propostas pelo *Mikrokosmos* deste autor[58]. Os agregados e grupetos de notas criam, assim, a atmosfera embaçada e a confusão. No entanto, também se deve dizer o mesmo da "bitonia" que faz vibrar sobre o teclado as teclas brancas e pretas: pensemos naquele prelúdio do segundo caderno da série, justamente intitulado "Névoas" ("Brouillards") por Debussy. Após as brancas nuvens ("Nuages") do primeiro dos três *Noturnos* para orquestra, é a vez dos "nimbos" e das nuvens cinzentas (*Nuages gris*)[59]. Paul Dukas descrevia o fim de "Nuages" para orquestra como "uma agonia cinzenta suavemente tingida de branco"[60]. "Um pouco cinzenta": lemos estas palavras no cabeçalho da segunda das *Três Burlescas*[61] de Béla Bartók. Este acinzentado outonal em tons de poeira e de cinza não evoca os céus debussistas? O cinza representa, em alguma medida, a fonte neutra e informe de todas as tonalidades. É como se, gracejando, a música fingisse se perder no oceano acinzentado da prosa.

Em oposição a todo lirismo e a toda convenção da ópera, o "parlando" prosaico, *sermo solutus* – dito de outro modo, a fala atonal –, é sem dúvida o limite ao qual tenderia uma música absolutamente objetiva e concreta: aqui não mais se distingue entre o cantar afinado e o cantar desafinado. Como a distinção dos modos diatônicos, maior e menor, foi apagada da música modal, assim as categorias unívocas da música musical se dissolvem na indeterminação de um *portando* no qual a sustentação da entonação deixa de ter sentido e no qual o som em geral se torna aproximado. O cromatismo, nas últimas obras de Liszt, já conduzia a esse estado de indecisão, do qual o dodecafonismo e a música em quartos de tom são hoje, nos formalistas e abstratos, a codificação teórica.

Se considerarmos aqui somente o realismo, devemos atribuir mais uma vez a Mussórgski o papel de explorador da zona de fronteira. Destituídos de ornamentos estilizados, amplificação oratória

---

58 Bartók, *Mikrokosmos*, IV, n. 107. Cf. *Improvisações Sobre Temas Camponeses Húngaros*, Op. 20, n. 3; "Ruídos Noturnos" (*Ao Ar Livre*, n. 4); Prokófiev, "Chuva e Arco-íris" (*Música Para Crianças*, Op. 65, n. 8).
59 Título de uma peça para piano composta por Liszt, em 1881 (editada pela primeira vez em 1927).
60 P. Dukas, *Les Écrits de Paul Dukas sur la musique*. p. 532.
61 Bartók, *Três Burlescas*, Op. 8c.

ou comentários subjetivos, *O Casamento* de Modeste Petrovich, as últimas óperas de Janaček e o *Johnny* de Ernst Křenek muito se aproximam do gráfico descosturado da conversação cotidiana. Contudo, esta música que não faz mais distinção entre o canto e a declamação permanece profundamente musical e intimamente emocional. É exatamente no momento em que atinge as próprias coisas, a própria voz da natureza, a própria verdade e, por conseguinte, a própria ipseidade da verdade, que a música inexpressiva volta a ser expressiva. Prestes a perder seu caráter musical, o extremo realismo volta a ser música... Assim, o realismo do objeto é um jogo acrobático com a prosa e com o presente, com o que é insípido, incolor e inodoro: a prosa é poetizada pelo miligrama de delírio que se mistura a todo concerto musical; o presente é convertido em passado pelo miligrama de nostalgia, pelo lamento de algum modo mínimo e infinitesimal que faz de toda percepção uma lembrança-do-presente, um presente imperceptivelmente acabado, um presente quase passado! À força do prosaísmo, a música volta a ser linguagem... O próprio Tolstói havia experimentado a necessidade do "distanciamento" e a impossibilidade de aderir ao verdadeiro.[62]

E, além disso, não se deveria concluir que, embora incapaz de exprimir ideias ou mesmo sentimentos, a música ainda seria capaz de descrever paisagens, de narrar acontecimentos ou de imitar os ruídos da natureza?

A Violência

É verdade que a renúncia à expressão nem sempre ocorre sem conflito: a necessidade de exprimir suscita uma vontade de repressão e a violência resulta desse confronto entre a veemência do instinto expressionista e o rigor da censura que o reprime. O terrorismo furibundo

---

[62] Em seu livro-entrevista, o autor explora, em maior detalhe, o distanciamento do realismo ou a necessidade da estilização no âmbito artístico, fundamentando-se outra vez em Tolstói, mais especificamente em sua obra *O Que É Arte?*. Cf. V. Jankélévitch; B. Berlowitz, *Quelque part dans l'inachevé*, p. 22-24. (N. da T.)

recrimina tanto as suavidades sonoras da harmonia impressionista quanto as orgias da incontinência expressionista. Ele é passionalmente anti-hedonista! Como a violência não seria ambivalente? A tão moderna violência que não teme fazer mal a si mesma é, literalmente, a fobia da expressão. Isto significa que a expressão, para nossa modernidade passional, é, ao mesmo tempo, tentação e objeto de horror. A expressão que se dirige a outrem, a expressão que nos olha fraternalmente nos olhos, a expressão que carrega o sentido, a expressão que é alocução ao próximo se torna uma espécie de tabu. A expressão é tanto determinação como alocução, e não se trata de homonímia fortuita o fato de a palavra "expressão" referir-se igualmente ao rosto, parte mais significativa e comunicativa, mais bem individualizada e determinada da forma humana. Os traços móveis da face são o lugar dos signos e das intenções mais sutis: signos de inteligência ou conivência, de simpatia ou antipatia; por outro lado, o rosto, essa santa imagem da divindade, exprime com precisão soberana a unicidade inimitável, a incomparável hecceidade[63], a insubstituível semelfactividade da pessoa... "O mundo aspira constantemente a tornar-se rosto"[64], elevando-se, sem cessar, do equívoco e do amorfo em direção ao sentido unívoco, à forma luminosa, à fina verdade monádica do *hapax*[65]: tateando pelas trevas da confusão e pela nebulosa do caos, o informe tende à beleza, *forma formosa*, cumprimento da forma. A violência abstrata, sacrílega e um pouco masoquista, neste ponto, corta a comunicação com o outro e massacra as determinações que renascem sem cessar: investe com selvageria contra a expressão do rosto e, de igual modo, deleita-se em torturar e atormentar

---

[63] Termo cunhado por Johannes Duns Escoto a fim de designar a individualidade do ente, o que há nele de único e particular, para além da pertença a um gênero comum. É neste aspecto particular irredutível à linguagem, cuja pretensão de universalidade acaba por apagar os matizes de cada ente, obra ou experiência, que se encontra o *je-ne-sais-quoi* jankélévitchiano. (N. da T.)

[64] J. Cassou, *Le Janus ou de la Création*, p. 11-13. Do mesmo autor: *Trois poètes*, p. 31, 34, 35 (sobre Rilke): "E a alma tornar-se-á rosto."

[65] Como esclarece a estudiosa italiana Enrica Lisciani-Petrini, o termo *hapax* "é tomado de empréstimo por Jankélévitch do léxico grego – no qual aparece na expressão *hapax legomenon* (= termo que ocorre uma única vez num texto ou em toda a obra de um autor)" – e aplicado à unicidade de cada pessoa humana (E. Lisciani-Petrini, *Charis*, p. 90n.). Percebe-se, assim, sua proximidade com o termo de origem latina "semelfactividade". (N. da T.)

a tonalidade, a entonação e todas as determinações expressivas do canto. Por um lado, o ricto cruel e a careta repulsiva que contraem os traços dolorosamente, rompendo o arabesco leve e gracioso, tornam a curva uma linha angulosa e descontínua, transformam a ipseidade em algo impessoal, anônimo, acéfalo: a fácies sarcástica fecha-se ao próximo e recusa o diálogo. Por outro lado, a dissonância atroz, a dilacerante tendência à feiura, o anti-hedonismo, a defesa da indeterminação, que prescinde de todo ponto de atração, assim como de toda polaridade reconhecível, manifestam a perseguição impiedosa aos centros de referência à medida que estes reaparecem.

No entanto, cabe aqui distinguir entre violência destrutiva e violência genial. A primeira, na ausência de toda inspiração espontânea, assim como de toda convicção apaixonada, desdenha desesperadamente para dissimular sua incurável aridez. Contudo, em Stravínski, Prokófiev, Bartók e Milhaud, a violência é, bem ao contrário, fundadora. "Vociferação": lê-se esta palavra no cabeçalho do primeiro coro das *Choéphores* de Darius Milhaud… O grito selvagem, ao mesmo tempo que deforma o rosto, maltrata e embrutece a linha melódica: é a música expressiva que é injuriada, fustigada, raivosamente pisoteada; sob as blasfêmias e as gritarias da violência, a música toma o aspecto implacável de um *allegro barbaro*, um *scherzo barbaro*, uma *sonata barbara*! A seu modo, a *Sonata Barbara Para Piano* de Bartók, tão brutal, tão pouco sonhadora, é como o balé de Prokófiev, um *Pas d'acier*. No início de seu *Rag-Caprice n. 1*, Darius Milhaud inscreve: "seco e musculoso". Agressivos e provocantes, os intervalos de segunda zombam e berram nos cinco *Sarcasmos* de Prokófiev. O tom rude do discurso exprime, de modo bem eloquente, o desdém de todos esses grandes criadores pelo bem dizer, pela elegância melodiosa e pela graça acadêmica. A violência crucifica a forma: mas, enquanto a violência doentia fabrica o disforme, forma deformada, monstro nascido da forma, a violência genial retorna ao informe, fonte de todas as formas. Isto porque a forma, vítima de perseguição, reforma-se infinitamente, e, assim, nos criadores de gênio, o massacre das determinações, longe de ser puramente destrutivo, é capaz de fundar uma beleza nova e insólita. A politonalidade de Milhaud, as violências de Stravínski, Prokófiev e

Bartók, e, nos dias de hoje, o potente dinamismo de certas obras de Aleksndr Tansman, a energia própria a Bohuslav Martinů, que raramente enternece, tudo isso ainda há de "exprimir" algo. Os ousados blasfemadores do século XX descobriram a fonte de uma poesia estranha e de um prazer musical mais refinado.

Nada Exprimir: Indiferença Afetada

Talvez a violência não seja o meio mais eficaz para se asfixiar a expressão, pois justamente em seus excessos e furores há algo de suspeito que anuncia a intenção apaixonada, o tormento e a angústia humana, demasiado humana. O grito lancinante, que se ouve algumas vezes em Ravel[66], não é a expressão mais imediata da dor ou do terror? Como se, ao atingir o ápice da objetividade, a música reencontrasse o *appassionato* que havia renegado! Portanto, até quando não o deseja, o músico se exprime. Além do silêncio no qual a música se anula, podemos distinguir diferentes graus da expressão inexpressiva: 1. absolutamente nada; 2. o contrário, outra coisa ou menos; 3. em linhas gerais; 4. consideração *a posteriori* – esses seriam os diferentes graus com os quais lidam nossos contemporâneos[67].

Em primeiro lugar, a vontade de nada exprimir é o grande coquetismo do século XX. Se a *careta*[68] é o doloroso efeito da violência, a *máscara*, como abstração e ausência, é o rosto imóvel da inexpressão: a tortura, tensionando os traços, converte em careta a expressão facial, mas a máscara imobiliza a careta; riso sarcástico coagulado ou ricto congelado, a máscara superpõe traços rígidos aos traços móveis e variáveis do vivente. Afinal, o que é uma expressão imutável, isto é, subtraída das vicissitudes e oscilações afetivas da *humoresque*, senão o grau zero da expressão? É sobre o fundo ínfimo do *disperato* que a alegria causa efeito. A expressão só é expressiva, como em Liszt, Chopin, Schumann e Tchaikóvski, graças à flutuação dos humores

---

66 Ravel, "Aoua" (*Chanson madécasse*, n. 2); *L'Enfant et les sortilèges*; *Daphnis et Chloé*...
67 Tais graus são respectivamente examinados nesta e nas três seguintes seções deste capítulo. (N. da T.)
68 Satie, *Cinq grimaces pour "Le Songe d'une nuit d'été"*.

e à alternância da tristeza elegíaca e da alegria, da depressão e da exaltação: o diurno e o noturno são correlatos. A máscara apaga a antítese de *friska* e de *lassan*[69], nivela o grande efeito de relevo do trágico e do riso, imobiliza e uniformiza um contraste que é o ritmo fundamental e a própria respiração da vida anímica. Um sorriso perpétuo não é uma careta terrível? Somente a arte[70], eternizando o instante presente, realiza o milagre de um sorriso sempre sorridente, como aquele que se entreabre nos lábios da Mona Lisa. A máscara imobiliza e petrifica de uma só vez tanto a animação das impressões variegadas quanto a ciclotimia das emoções instáveis. *Masques*: este é o título que Debussy concede a uma dança de cadência um pouco mecânica e estacionária na qual a monotonia obsessiva dos ritmos bloqueia qualquer tipo de desenvolvimento. Os mecanismos estridentes de Satie, os realejos de Séverac, os autômatos e os relógios de Ravel, os fantoches de Stravínski e De Falla, o ruído das máquinas em Prokófiev revelam uma mesma fobia da exaltação lírica ou do impulso patético: pianos e pássaros mecânicos, marionetes ridículas e autômatos de corda, todas essas composições artificiais parecem ironizar, por meio de seus simulacros sacrílegos, a ternura e a languidez do *appassionato*. Em certa medida, o bestiário moderno responde às mesmas desconfianças: com seu gaguejar, seus tique-taques e seus desatinos, os animais representam, em Satie e Ravel, um arremedo da paixão humana; incansavelmente reiterada, a cacofonia das raposas, das corujas e das rãs, em *A Raposa Astuta*, é uma das formas dessa antirretórica que caracteriza tanto o gênio de Janaček quanto o de Mussórgski. A queixa monótona das feras, o tique-taque metálico das coleópteras, as duas notas do cuco não evocam uma espécie de humanidade ridícula, uma humanidade automática intermediária entre os homens e os pêndulos? Aproximando aqui dois títulos de

---

[69] Seções ou caracteres complementares presentes em certos exemplares das *csárdás* (danças húngaras do século XIX, compostas a partir da estilização de elementos folclóricos) e, posteriormente, nas *Rapsódias Húngaras* de Liszt. Enquanto *lassan* distingue-se pelo andamento lento, pela atmosfera melancólica, lúgubre ou sóbria, *friska* é a seção rápida, exultante ou turbulenta na qual o intérprete exibe sua virtuosidade. (N. da T.)
[70] Cf. R. Bayer, *Léonard de Vinci*, p. 119-221.

Bartók, digamos que a música de hoje não é somente *Allegro barbaro*, mas "Marcia delle bestie"[71]. Com certo tom de zombaria, Bartók escreve o diário de uma mosca!

A fobia do pedal direito, a desconfiança quanto ao *rallentando* e ao *rubato* – fobias e desconfianças que já se mostram bem perceptíveis no pianismo de Gabriel Fauré – traduzem, sem dúvida, um escrúpulo semelhante em relação ao *pathos*: a dissipação da nuvem do pedal desnuda e disseca uma escritura que os *staccati* burlescos vêm a desfigurar. Enquanto em Liszt, Chopin e Scriabin[72], a burla pretendia ser bizarra e diabólica, agora ela busca a bufonaria: Chout[73] destronou Mefistófeles! Os quatro fagotes do *Opus 12* de Prokófiev compõem uma espécie de concerto burlesco que tosse de leve, gargalha e ri sarcasticamente nas notas graves. A burla sarcástica, em Prokófiev e Alexandre Tansman[74], traspassa com seus *pizzicati* agudos a bruma suavemente esfumaçada do impressionismo, assim como as linhas angulosas e as pontas mordazes, em Picasso, traspassam a atmosfera vaporosa, os brandos *dégradés* e a névoa felpuda que inundam as paisagens de Claude Monet ou os retratos de Eugène Carrière. Ferroadas áridas perfuram o *scherzo* gozador. O pontilhismo do *scherzo*[75], beliscando a nota no instante descontínuo, não constitui uma arte de roçar[76]? Este toque não é uma tangência impalpável e imponderável? Os dedos, por assim dizer, não pesam mais sobre as teclas! Como a braquilogia no âmbito do desenvolvimento, o

---

71 Bartók, "Marcia delle bestie" (*Neun Kleine Klavierstücke*, n. 7).
72 Scriabin, *Poème satanique*, Op. 36; "Étrangeté" (Op. 63, n. 2).
73 Título simplificado do *Opus 21*, balé de Prokófiev que, encomendado por Serguei Diaguilev, tem como base para o enredo um conto folclórico russo, de caráter cômico e grotesco. *Chout* é a corruptela francesa do termo russo para "bufão" (*shuta*), que compõe o longo título original da obra. (N. da T.)
74 Prokófiev, Op. 12, n. 9; *Sarcasmos*, Op. 17; Op. 22, n. 10; Op. 3, n. 2; Cf. *Chout*, Op. 21; Alexandre Tansman, *Onze Interlúdios*, n. 2; *Cinco Impressões*, n. 2; Szymanóvski, "Tantris le bouffon" (*Masques*, Op. 34, n. 2); Bartók, "Burlesca rústica" (*Mikrokosmos*, V, n. 130); "Bufão" (*Mikrokosmos*, V, n. 139); *Três Burlescas*, Op. 8c.
75 Bartók, *Mikrokosmos*, V, n. 124; Cf. V, n. 123 e II, n. 38-39; "Scherzo" (III, n. 82).
76 É provável que o filósofo encontre no toque "pontilhista" solicitado pelos compositores modernos uma espécie de ressonância para sua abordagem filosófica característica, por ele mesmo descrita não como ato de "agarrar" um objeto ou de aprisioná-lo num conceito (*Begriff*), mas como uma espécie de "roçar" (*effleurer*), ou seja, como abordagem tangencial de um tema fugidio, impalpável, inapreensível, que se distancia, assim, da condição de objeto. (N. da T.)

staccato corresponde, no âmbito da instantaneidade, à fobia do atraso emocionado. Uma pecinha de Satie talvez não seja mais que um *pizzicato*... O *scherzo* proscreve a vibração, que, gerando aproximações e continuidades, prolonga os sons anteriores nos subsequentes e realiza essa fusão do presente e do passado, essa sobrevivência ou ressonância do passado por meio do presente, numa palavra, essa imanência cujo nome é Devir. No entanto, a impiedosa metronomia, do mesmo modo que freia o *accelerando* frenético da *friska*, proíbe o *ritardando* que enternece, amolece e abranda, pouco a pouco, um tempo demasiadamente apaixonado. A proibição do *ritardando* significa que uma implacável cronometria deve excluir toda fraqueza e ignorar a lassitude humana em geral. Aceleração e desaceleração não são os próprios sintomas da fantasia, da balada e da rapsódia? Um cronômetro para de forma brusca, sem adágio nem devaneio, quando sua mola é desmontada. Um motor não se enternece jamais. Um autômato ignora as desigualdades e irregularidades que se devem aos caprichos da natureza humana. Portanto, não se atrase, continue a caminhar! Não se apresse, mas, sobretudo, não se atrase: podem achar que você está emocionado... Esta afetação de apatia e de ataraxia torna-se, em Milhaud e Francis Poulenc[77], quase uma questão de honra, algo como o compromisso diante de uma aposta. Ao condenar a pedalização e o *ritardando*, a música inexpressiva condena, por um lado, a insistência, por outro, a complacência: ela impede que o som se prolongue para além do instante em que é percutido e impõe ao discurso a velocidade uniforme das máquinas. Em suma, liquida a *nuança*: as variações infinitesimais do timbre e da intensidade, as delicadas inflexões de sonoridade resultantes do ataque e do toque, o pianíssimo impressionista e o crescendo romântico não lhe dizem respeito; rompe-se o contato entre a matéria vibrante e as terminações nervosas do homem ultrassensível. O fauvismo ignora as sutilezas qualitativas da meia-tinta e, de modo semelhante, não há lugar, em Bartók, para os efeitos furta-cores, reflexos e refinadas

---

[77] Como exemplos, pode-se citar, entre outras peças: Poulenc, fim do *Scherzo em Si Bemol*; *Sonata Para Duas Clarinetas*, primeiro movimento; *Thème varié*; *Rosemonde*; Milhaud, fim de "Chant d'amour" (*Poèmes juifs*, Op. 34, n. 6).

transparências do debussysmo. Não mais sombras azuis no êxtase de uma lua "rosa e cinza"[78], mas cores brutais que berram ao se contrapor. Se Fauré, por um momento, pareceu ser o Paul Verlaine da música, Prokófiev seria, antes, o Vladimir Maiakóvski! Daí o "estilo plano" que a ironia, o hermetismo e o hieratismo compassado impõem à música de Satie, como se observa, em especial, naquele imperturbável *Sócrates*, cuja música evita, com o máximo de cuidado, aparentar qualquer relação com as palavras e parece se empenhar em não levar absolutamente em conta o texto de Platão. Isto porque, assim como o *Fédon* encobre a tragédia da morte, a salmodia de Satie uniformiza e nivela as peripécias do relato platônico. Nas *Chansons madécasses* de Ravel, o canto às vezes parece indiferente – o que causa surpresa – às palavras passionais que declama… "Indiferente", "sem nuanças": estas indicações de execução, destinadas a repelir a tentação humana do *apassionato*, a refrear as facilidades do *crescendo*, compõem uma máscara impassível não somente à *Sainte* e a "Le Gibet" de Maurice Ravel ou a uma das *Estampes* de Debussy, intitulada "Pagodes", mas ainda às obras mais ternas de Mompou, Milhaud e Poulenc[79].

---

[78] Menção a um dos versos do poema "Mandoline" (*Fêtes galantes*, n. 15), de Paul Verlaine, musicado por compositores como Debussy, Fauré, Dupont e Reynaldo Hahn. (N. da T.)
[79] Mompou, "Gitanes I" (*Suburbis*, n. 2); Milhaud, "Ipanema" (*Saudades do Brasil*, I, n. 5).

O Contrário, Outra Coisa, Menos: Humor, Alusão e Lítotes

> Custa-me dizer-te as palavras mais profundas. Não tenho coragem: tenho medo do teu sorriso. Eis por que zombo de mim mesmo e deixo que se estilhace em gracejos o meu segredo. [...]
> Custa-me dizer-te as palavras mais sinceras. Não tenho coragem: tenho medo que não creias nelas. Eis por que as disfarço sob mentiras, dizendo o contrário do que penso.[80]

Parece que essas palavras foram escritas para Gabriel Fauré, o músico de "Le Secret" e de *Le Don silencieux*... Algo nos diz, com efeito, que essa frieza bem poderia ser um álibi, que há uma grande dose de afetação nessa indiferença: a máscara, duplicando com uma pseudofisionomia a verdadeira e cambiante fisionomia da pessoa, não nos serve para esconder emoções veementes? A máscara superpõe um segundo rosto ao autêntico rosto do sentimento. A música não subtrai o sentido *para* revelá-lo – pois esse seria o estratagema próprio ao coquetear –, entretanto revela o sentido do sentido: a música revela o sentido do sentido subtraindo-o, e, vice-versa, torna-o volátil e fugaz no ato mesmo pelo qual o revela. Poder-se-ia dizer da música o que diz Heráclito do oráculo (*manteíon*[81]) de Delfos: *oúte légei oúte krýptei, allà sēmaínei*[82]. Portanto, não é difícil adivinhar que a música inexpressiva é uma tática e um fingimento: esse homem insensível, como um ironista secretamente apaixonado, dissimula! E quanto mais enternecido, mais ele se mostra impassível: faz questão de parecer severo. É assim que Ravel inscreve paradoxalmente as palavras "sem expressão" sobre a frase mais patética de seu "Le Gibet" ou que Erik Satie, em suas *Trois morceaux en forme de poire*, prescreve ao pianista o direito de tocar "como uma fera" quando a música se enche da mais terna emoção. Provocação maliciosa ou ambivalência cruel? Há algo de irritante nessa opção ferozmente ascética de contrariar

---

[80] R. Tagore, *O Jardineiro*, p. 41. Tradução de Guilherme de Almeida.
[81] μαντεῖον.
[82] οὔτε λέγει οὔτε κρύπτει, ἀλλὰ σημαίνει; fragmento completo: "O senhor, de quem é o oráculo em Delfos, nem diz nem oculta, mas dá sinais." (DK 22 B 93).

as inclinações mais naturais do coração humano: pois os rigores da proibição parecem se intensificar com a veemência da tentação. Em seu *Le Tombeau de Couperin*, Ravel, exprimindo-se *a contrario*, compõe para os amigos mortos na guerra cinco danças uniformemente serenas e sorridentes. O músico que assim se exprime ao avesso nos faz ainda uma confidência, mas essa confidência é indireta ou oblíqua, e devemos interpretá-la em sentido contrário.

Algumas vezes, a música exprime não "o contrário", mas "outra coisa": esta é, em Satie, a função do humor e do fingimento desconcertante... O humor tem costas largas: o álibi e o pretexto permitem dizer, em tom de brincadeira, coisas graves. É, em suma, uma maneira de ser sério sem transparecer, assim como a ironia serve para transmitir grandes verdades sob a cortina de fumaça do gracejo. Déodat de Séverac, falando de "Toto déguisé en suisse d'église"[83], eleva-se até o grandioso. É o pudor oblíquo que se exprime indireta, secundária e ironicamente nas mistificações e nos incógnitos de Satie. Falemos, se vocês o desejarem, de outra coisa: por exemplo, da sagração de Carlos x, da derrota dos Cimbres, da rã americana ou da infância de Pantagruel[84]. Melhor ainda: talvez seja toda a música, por excelência, alegoria e álibi, pois um encadeamento de sons é, em si mesmo, algo totalmente distinto de um sentimento. Se as palavras faladas não se parecem em nada com os sentimentos que exprimem, por uma razão ainda mais forte uma melodia sugestiva em nada se parece com o sentimento sugerido: o canto de um homem emocionado é de ordem totalmente distinta da alegria ou da tristeza desse homem, como as vibrações acústicas são de uma ordem totalmente distinta dos fatos psicológicos.

A marca do pudor não é somente dizer *outra coisa*, mas também, e sobretudo, dizer *menos*, e, pela palavra "menos", deve-se entender aqui, em lugar de uma simples dimuinuição quantitativa ou uma

---

83 Séverac, "Toto déguisé en suisse d'église" (*En vacances*, I, "Au château et dans le parc", n. 3).
84 Referências às seguintes obras de Satie: a peça para piano "La Défaite des Cimbres" (*Vieux séquins et vieilles cuirasses*, n. 3), em cuja frase final o compositor alude à "Sagração de Carlos x"; a canção "La Grenouille américaine" (*Ludions*, n. 3); e *Rêverie de l'enfance de Pantagruel*, também para piano. (N. da T.)

intensidade atenuada, certa qualidade intencional ou pneumática do discurso. O espírito da lítotes é aquele do homem não mais secreto, mas discreto, que, reprimindo em si a fúria expressiva do *appassionato* e do *disperato*, mantém-se constantemente retraído em relação à emoção. Assim, seria possível dizer que, para Stravínski, Roussel, Maurice Emmanuel, Charles Kœchlin, Satie, Fauré e até mesmo Saint-Saëns, o helenismo se apresentou como a escola da frugalidade e o antídoto mais eficaz contra o expressionismo noturno e o *appassionato* romântico. A música de Satie, como o *Sócrates* do *Fédon*, resguarda-se de todo descomedimento (*plēmmeleîn*[85]) e convida aqueles que a escutam a reter seus soluços: *kaì hēmeîs akoúsantes ēiskhýnthēmén te kaì epéskhomen toû dakrýein*[86]. Pratica caminhadas com os pés nus nas sandálias da pobreza. Buscar a penumbra, pintar com meias-tintas, dizer com meias palavras e a meia-voz: em todas estas formas de alusão e continência transparece a vontade quase ascética de interromper ao meio a viagem pela estrada do exagero. "Em surdina": o espírito da surdina – senão o próprio pedal *una corda*, sempre que utilizado – amortece e atenua os relâmpagos da paixão, o frenesi do crescendo, a sobrecarga do inchaço patético; os sentimentos, "na penumbra"[87], não se exprimem em letras maiúsculas... A inflação interrompida é, por excelência, o regime característico a Fauré, como a "serenata interrompida" é o regime característico a Debussy: no "Ofertório" do *Réquiem* no qual a deflação sucede, sem cessar, à inflação, percebemos essa onda que, em alternância, dilata-se e comprime-se. A lítotes, que refreia os *crescendi*, também abrevia as fermatas: é de fato para o humor de Déodat de Séverac que se inventou a fermata breve[88], ⌐⌐, e esta fermata diz ao pianista que não adormeça, que não se enterneça em demasia. O acorde derradeiro, nos apaixonados, vibra, prolonga-se e apaga-se

---

85 πλημμελεῖν. A conotação ética deste termo, compreendido como "ofender" ou "errar", resulta de uma etimologia musical: literalmente, *plēmmeleîn* significa "desafinar", "dar uma má nota". (N. da T.)
86 καὶ; ἡμεῖς ἀκούσαντες ἠσχύνθημέν τε καὶ; ἐπέσχομεν τοῦ δακρύειν ("e nós, ao escutá-lo, envergonhamo-nos e cessamos o pranto"). Platão, *Fédon*, 117 d-e: Cf. 60 a.
87 Fauré, "Dans la pénombre" (*Les Jardins clos*, n. 6, ciclo sobre texto de Charles van Lerberghe); "En sourdine" (*Cinq Mélodies*, n. 2, texto de Verlaine).
88 Séverac, *En vacances*; *Stances à Mme de Pompadour*; "Les Hiboux" (*Douze mélodies*, n. 9); *Petite suite scholastique*; *Héliogabale* etc.; Louis Vuillemin, *passim*.

com complacência na auréola de uma apoteose interminável e moribunda: o espírito de lítotes encurta a gloriosa agonia, desperta-nos de nosso êxtase, elude as gradações da fermata. Às vezes, uma brusca pirueta[89], impedindo a sonoridade de se embelezar e descansar em sua nuvem de pedal, indica que a confidência não deve ser tomada muito a sério. É ainda o humor do *scherzo* e dos *pizzicati* que, por pudor, põe termo à moribunda efusão... De modo geral, é o humor que encurta o desenvolvimento, estrangula a romança indiscreta: a "serenata interrompida", como se quisesse nos envergonhar, reprime a tentação da eloquência que volta e meia renasce, detendo-se no caminho. É assim que a dialética platônica ironizava sobre os "discursos contínuos" de Protágoras e as perorações dos retóricos. Tchaikóvski só suspende seu devaneio[90] para desenrolar a macia romança veneziana, mas a "serenata interrompida", tanto em Debussy como em Mussórgski, submete-se a um verdadeiro exercício ascético, pois o *Prelúdio n. 9* é uma serenata verdadeiramente interrompida, assim como "El albaicin", em Albéniz, é uma serenata ininterrompida... Mas o que digo? Os *Prelúdios* de Debussy são, uns mais outros menos, serenatas interrompidas: tarantelas interrompidas como "As Colinas de Anacapri", habaneras interrompidas como "La puerta del vino". Também "Ibéria" e a cantilena interrompida do oboé d'amore em "Gigues"[91] são alguns exemplos dessa mesma ascese... Trata-se, lemos ao fim da "Ásia" de *Sherazade*[92], de "interromper o conto com arte". Por sua vez, não é *A Hora Espanhola* de Ravel uma sucessão de serenatas interrompidas? Como temem esses músicos escrupulosos abusar de uma facilidade!

A braquilogia é a forma mais natural da lítotes. Ravel, criticando as imensas sinfonias de Mahler, ridiculariza a sinceridade indecente e loquaz, mãe das confidências indiscretas, dos diários íntimos e das prolixas autobiografias. O laconismo das *Peças breves*, em

---

89 Milhaud, fim de "Leme" (*Saudades do Brasil*, I, n. 4); Poulenc, *Sonata Para Violino e Piano*, fim do segundo movimento.
90 Tchaikóvski, Op. 40, n. 12.
91 Tanto "Gigues" como "Ibéria" pertencem à obra orquestral *Images* (1905-1912), que conta ainda com "Rondes de printemps", peça já citada, supra, p 84. (N. da T.)
92 Obra para canto e orquestra de Maurice Ravel (1903), composta por três canções sobre poemas de Tristan Klingsor: 1."Asie"; 2. "La Flûte enchantée"; 3. "L'Indifférent". (N. da T.)

Fauré, exprime uma exigência de densidade e sobriedade... Não é o subentendido algo como um prolongamento virtual da "peça breve", uma auréola de reticências que intensifica sua brevidade? A árida e avarenta concisão de um Ravel, a austeridade de um De Falla e a heroica contenção de um Debussy são para o exibicionismo afetivo e para a incontinência musical uma lição de pudor e sobriedade.

A lítotes demonstra, por si, a independência da qualidade em relação à quantidade, e manifesta paradoxalmente a eficácia expressiva de uma expressão contida: o inexpressivo e, *a fortiori*, a menor expressão sugerem o sentido, e talvez de modo mais potente que a expressão completa e direta, pois, assim como o melhor é inimigo do bom, o excessivo se destrói dialeticamente. Todos sabem, não é ao se dizer tudo que se exprime da melhor forma: o fim do *Sócrates* de Satie atesta a força convincente da reticência, a força de uma emoção subtraída que nada deve à gesticulação. Sabe-se bem a qual profundidade de emoção em Fauré ou a qual força de evocação em Debussy o espírito de lítotes pode chegar... Isto porque o superlativo costuma ser mais fraco que o grau positivo! Não zomba a verdadeira eloquência dos adjetivos da eloquência? Pudor da facilidade e da reação mais que previsível, pudor das lágrimas e dos exageros verbais, pudor da detestável verbosidade, o espírito de lítotes refreia a tentação extremista que repousa em cada homem: o espírito de lítotes é o regulador de todo frenesi.

Descrever, Evocar, Contar em Linhas Gerais

Assim como demonstra uma reserva algo ciumenta à expressão dos sentimentos, a música de hoje também se revela pudicamente alusiva na descrição e representação das coisas. A objetividade impressionista, na qual fomos capazes de identificar uma forma de pudor e uma fobia da confidência, é, com extrema discrição, evasiva, idealista e irrealista: a paisagem nos *Prelúdios* de Debussy desvia-se, por um lado, dos arroubos da intimidade, enquanto por outro, é ainda uma espécie de estado de alma: a Paul Dukas[93], as "Nuages" de Debussy

---

93 P. Dukas, *Les Écrits de Paul Dukas sur la musique*, p. 532.

revelam-se "reduzidas ao estado imponderável" e volatilizadas no éter; a imitação, alusiva por transposição, torna-se analogia da analogia e símbolo dos símbolos. "Evocação"... Este título de Albéniz (e de Roussel)[94] recobre de antemão, na bruma da lembrança e da irrealidade do sonho, as doze fulgurantes "impressões" que compõem *Ibéria*. Há bem mais que uma "Ricordanza" em Liszt, Novák, Josef Suk, Nikolai Miaskóvski, Anatoli Alexandrov, Prokófiev e Albéniz. Numa melodia popular da baixa Bretanha, harmonizada por Louis-Albert Bourgault-Ducoudray, "Adieux à la jeunesse", a música exala a suave melancolia do irreversível e a saudade dos anos que já não voltam mais. A "passeidade" do passado não é um encanto ou um não-sei-quê do qual a música é a expressão indeterminada? "Para evocar a imagem do passado"! Este é o objetivo dos melancólicos arpejos que constituem o quinto *Charme*, a quinta encantação de Mompou. A primeira peça das *Visões* de Alexandrov também se eleva "das profundezas da memória", pois o passado, o langor da ausência e a nostalgia da reminiscência fornecem à música o meio distante do qual ela extrai suas mensagens[95]. A *Sinfonia n. 3* de Serguêi Rachmâninov não é toda inteira poema do exílio e da nostalgia? A "Evocação" de Albéniz não é a Espanha distante vista por um exilado? "Nada ressuscita o passado de modo tão vívido quanto os sons", diz um herói dos *Dezembristas* de Tolstói ao escutar os sinos de Moscou[96].

Mais ainda que a música descritiva, a canção (*mélodie*) revela o caráter difluente da expressão musical. A música não expressa palavra

---

[94] Poderíamos completar que "Evocação" também serve de título para uma das mais famosas canções de Heitor Villa-Lobos, sobre poema de Sylvio Salema. (N. da T.)

[95] Liszt, "Ricordanza" (*Estudo Transcendental*, n. 9); "Jadis" (*Arbre de Noël*, n. 10); "Le Mal du pays" (*Années de pèlerinage*, I, n. 8); Tchaikóvski, *Souvenir de Hapsal*, Op. 2; *Souvenir d'un lieu cher*, Op. 42; *Souvenir de Florence*, Op. 70; "Passé lointain" (*Dix-huit morceaux*, Op. 72, n. 17); Arenski, "Nezabudka" (Não me esqueças), Op. 36, n. 10; Albéniz, *Espagne* (*Souvenirs*); Roger-Ducasse, "Souvenance" (a quatro mãos) (*Petite suíte*, n. 1); Novák, *Vzpominsky* (Lembranças), Op. 6; Suk, "Vzpominani" (Reminiscência), Op. 28, n. 5; Nikolai Miaskóvski, *Vospominanie* (Reminiscência), Op. 29; Prokófiev, Op. 4, n. 1; Anatoli Alexandrov, *Vidienia* (Visões), Op. 21, n. 1; Anatoli Liadov, "Réminiscence" (*Quatre Morceaux*, Op. 64, n. 4); Guy Ropartz, "Les Vieux souvenirs surgissent de l'ombre" (*Musiques au jardin*, n. 3); Dvořak, "Vzpomínání" (*Poetické nálady*, Op. 85, n. 6).

[96] Jankélévitch elaborará, em maior detalhe, a íntima relação entre a música e a nostalgia em *L'Irréversible et la nostalgie* (1974), capítulo VI, seção 8, "Les Musiques de la nostalgie". (N. da T.)

por palavra, não significa ponto por ponto, mas sugere em linhas gerais: não é feita para traduções justalineares nem para a confidência das intimidades indiscretas, e sim para evocações atmosféricas e pneumáticas. A relação entre texto e música, numa canção de Fauré, longe de ser uma relação de paralelismo pontual, aparece como uma relação indireta e bastante geral, um simples *efeito de conjunto*. Nessa relação necessária, mas insuficiente, com um substrato material não é possível reconhecer, em certos aspectos, a própria ambiguidade da "cerebração"? O cérebro é a condição geral da memória na medida em que não haveria memória se não houvesse cérebro, no entanto, as lembranças não se repartem, neurônio por neurônio, nas diferentes circunvoluções do córtex. A alma, o pensamento, a vida e a presença pessoal são inerentes à existência de um corpo em geral, no entanto, a alma não se localiza em nenhum ponto específico do corpo: a alma não é localizável, mas é, antes, presença difusa, como essa graça espalhada por toda parte, *kháris epithéousa tōi kállei*[97], que reveste, segundo Plotino, a forma sensível da beleza... A alma que exala, como um perfume, da presença carnal, e que se evade, no entanto, de toda topografia, a alma fugidia e ambígua não é uma maneira de encanto? A alma é o encanto do corpo!

    Essa ubiquidade, esse por toda e por nenhuma parte, *ubique-et-nusquam*, ao qual não cabe absolutamente a inscrição em "algum lugar", essa presença onipresente e ao mesmo tempo oniausente também caracterizam a presença ausente do sentido na frase e do encanto na música. Se o sentido de uma frase é inerente à totalidade dessa frase sem que a fragmentos de frase correspondam, para isso, fragmentos de sentido, se *a fortiori* o encanto de um verso, que é o sentido do sentido, é inerente à totalidade desse verso e do sentido desse verso, a música, que é o encanto de um encanto, desprende-se como um sentido evasivo do conjunto do poema. As palavras e os signos se reúnem ou se deslocam como uma marchetaria, mas o sentido não se fraciona e se parece, neste ponto, com a liberdade. Contudo, embora não se fracione, o sentido pode ser analisado por grupos de

---

97 χάρις ἐπιθέουσα τῷ κάλλει ("graça que se espalha sobre a beleza"); Plotino, *Enéada* VI 7, 22, 1.24.

frases, por frases ou, até mesmo, por proposições. Quanto ao sentido do sentido, que é encanto, ele sempre se totaliza, isto quer dizer que está onde não está, não é um total equivalente à soma de suas partes, mas uma totalidade indivisa e impalpável. Assim, basta deslocar uma sílaba para se dissipar dele a originalidade qualitativa: a anatomia do encanto só pode dissecar resíduos abjetos e miseráveis.

O encanto do encanto não precisa sequer de um corpo verbal para exprimir, senão um sentido, ao menos uma intenção dirigida: pois uma música sem literatura não é absolutamente uma música rarefeita. De maneira semelhante, a música, em Gabriel Fauré, desprende a significação geral de um poema (mesmo que possa viver sem ele), ou melhor, transpõe tal significação a um plano e a um clima completamente distintos: a música climatiza o poema, embebendo todas suas sílabas, impregnando até seus silêncios. Não se preocupa, porém, em soletrar nota por nota e palavra por palavra, de modo que a fragmentos de poema não correspondem absolutamente fragmentos de música. É assim que a canção "En sourdine", de Fauré, se mostra coextensiva ao poema de Verlaine, sem, no entanto, modelar-se sobre os detalhes do texto, submergindo-os, ao contrário, no pianíssimo uniforme dos arpejos e na suave penumbra, não levando absolutamente em conta, por exemplo, o canto do rouxinol. E se é verdade que adivinhamos, em *La Bonne chanson*, o piar da andorinha, notaremos que Fauré, ao musicar *La Chanson d'Ève*, opta por não incluir o "Poème des sons", sem dúvida muito condescendente às onomatopeias. O próprio *Sócrates*, em Satie, não cede à dramaticidade da narração, não segue todos seus zigue-zagues anedóticos, não reproduz à risca todos seus incidentes, negligenciando as notações descritivas que o texto solicitaria. Ainda assim, na música de Satie, a prosa de Platão se faz bem presente, presente e onipresente em sua serena equanimidade! Nos "melodramas" ou declamações acompanhadas, gênero intermediário entre a balada cantada e o poema sinfônico, o *melos* e o *drama* não estão absolutamente em contraponto: subentendida como um fundo sonoro à declamação do poema, a música não o segue verso a verso, mas cria, sim, uma atmosfera geral, e, se esse fundo em movimento evolui de modo menos contínuo, menos progressivo que uma canção, é também menos volúvel que um poema. Este é, por exemplo, o caso da *Leonora* de Liszt[98]...

Isto que acabamos de dizer sobre os poemas, libretos e "melodramas" poderia ser aplicado aos "programas" de Liszt: não procure encontrar no poema sinfônico *Orfeu* nem a veste estrelada do mago, nem os leões encantados, nem a Eurídice resgatada que o Prefácio nos anuncia. Contudo, a música de *Orfeu* exprime satisfatoriamente em seu conjunto, ainda que sob uma forma completamente distinta e em linguagem não discursiva, o triunfo da Harmonia civilizatória.

E, enfim, isto que é verdadeiro para a música programática o é para a música narrativa e para a música "biográfica", pois a música não é mais narrativa que discursiva. Assim como não deduz as consequências de uma ideia, a música tampouco narra, no sentido estrito do verbo narrar, as etapas de um passeio ou os episódios de uma biografia. Diversas composições para piano de Nikolai Medtner e Prokófiev têm como título *Skaska*[99], "Conto" em russo. Mas o que elas nos contam? Mesmo os poemas mais rapsódicos dos grandes músicos russos, mesmo as páginas mais descritivas dos *Quadros de uma Exposição* guardam algo de indeterminado. E não é diferente com Richard Strauss: pela audição da *Sinfonia Alpina*, ninguém poderia adivinhar, sem ter visto a partitura, que Strauss "conta em música" uma ascensão, que começa ao alvorecer, prossegue no meio de uma floresta, em seguida ao longo de um riacho, à beira de uma cascata e, enfim, após a transposição de uma geleira, atinge o cume, de onde se descortina panorama vertiginoso, quando, então, uma tempestade surpreende o alpinista, terminando o percurso como ele havia começado: dentro da noite. As duas noites que delimitam esse dia de verão na montanha projetam sobre a música seu círculo de sombra e a tornam, de um extremo a outro, crepuscular. Com mais forte razão, Debussy, que na primeira parte de *La Mer*, "Da aurora

---

[98] Segundo a "Balada de Bürger". Cf. *Enoch Arden* de Richard Strauss (segundo Alfred Tennyson).
[99] Medtner, Op. 20; 26; 31, n. 3; 34; 35; 42; 48; 51; Prokófiev, Op. 3, n. 1; "Légende" (Op. 12, n. 6); *Contos da Velha Avó*, Op. 31; Miaskóvski, *Sonata n. 9*, Op. 84, segundo movimento; Cf. Op. 74, n. 6 (*Seis Improvisações*); Liapunov, Op. 59, n. 5; Dvořak, Op. 59.

ao meio-dia sobre o mar", segue o curso do sol desde as brumas da aurora até o esplendor meridiano do zênite, não conta a história de uma manhã oceânica, pois esta meia jornada é tão estática quanto agitada, tão vazia de eventos quanto cheia de turbilhões. E consideremos agora a música "biográfica", pois os "diários"[100] e as "vidas de heróis" não faltaram à história da música... Entretanto, o próprio Richard Strauss rivaliza com os romancistas: as aventuras de Dom Quixote, as sucessivas paixões de Don Juan, as espirituosas trapaças de Till Eulenspiegel[101] mantêm-se, apesar do pitoresco instrumental, no vago reino da aproximação e da imprecisão. Ao consagrar um poema sinfônico à vida de Tasso, Liszt não narra os eventos sucessivos que formam sua trama. Que música, de fato, seria narrativa neste sentido? Contudo, da referida narrativa ele destaca alguns episódios característicos: o canto do gondoleiro sobre o canal em Veneza, Torquato Tasso perseguido ao frequentar a corte de Ferrara, a apoteose do poeta em Roma. E este panorama, simplificado, reduz-se a um díptico, o díptico do *lamento* e do *trionfo*; Tasso aprisionado, a glória póstuma de Tasso, "Morte e Transfiguração": a antítese não resume o destino do poeta em geral? "Três imagens características": é tudo o que a *Sinfonia Fausto* retém do drama de Fausto; os episódios pitorescos – por exemplo, na segunda parte, Margarida brincando de bem-me-quer para saber se é amada; na terceira, os sarcasmos e o andar claudicante do demônio; na primeira, os coros inocentes que celebram a Natividade –, todos estes detalhes se encobrem, tornam-se fluidos e vagos, as anedotas, reduzidas ao estado de sugestões evasivas e longínquas, dissolvem-se nas profundezas de uma tragédia totalmente subjetiva. Nos *Prelúdios*, Liszt, em continuidade com Alphonse de Lamartine, evoca quatro cenas exemplares, quatro aspectos típicos do destino humano: o amor, as tempestades da existência, a vida pastoral, a guerra. Mais difluente e mais austero, o tríptico intitulado *Do Berço ao Túmulo* evoca, em todas suas partes, a "luta pela existência",

---

[100] Reger, *Aus meinem Tagebuch*, Op. 82.
[101] *Don Quixote* (1897), *Don Juan* (1889) e *Till Eulenspiegel lustige Streiche* (1894-1895): poemas sinfônicos de Richard Strauss, que consagraram o compositor alemão antes de sua fase de produção operística. (N. da T.)

o acalanto infantil e o acalanto da morte: pois o homem, ao despertar na vida ulterior, fecha o ciclo de seu destino: sem esquematismo abstrato, nem vã estilização, a carreira de toda criatura e a condição humana são aqui expressas em sua pura essência. O admirável *Quarteto em Mi menor* de Bedřich Smetana, intitulado "Da Minha Vida" ("Z mého života"), não segue ano a ano a evolução contínua de uma existência, nem as peripécias dessa evolução, mas escolhe, ao longo das idades da vida, quatro marcos significativos que resumem seu drama: a aspiração do artista a um ideal inexprimível; as polcas da Boêmia, evocando a juventude sorridente do grande tcheco; logo o amor, sonhador e melancólico como o passado; enfim, mensageiro da desventura, esse Mi superagudo e lancinante, presságio de uma doença impiedosa, que anuncia ao músico a surdez fatal. Esses quatro pontos emergem como se através da bruma de um sonho: restauram e climatizam uma continuidade atmosférica do mesmo modo que, em Debussy, as figurações esparramadas e as sétimas descontínuas irradiam uma aura luminosa. Portanto, a autobiografia, caso realmente se trate de autobiografia, é algo onírica: desprende o sentido do sentido, isto é, o sentido com um expoente, o sentido secundário, e subtrai o sentido primário, o sentido absurdo em suma (mescla de sentido e não sentido), que é o próprio sentido de um destino atravessado pela morte e, no entanto, superior à morte. Alguém viveu, desejou, sofreu e, com todas as forças, voltou-se para essas "coisas inexistentes"[102], às quais também tenderá Gabriel Fauré... Nada podemos concluir, mas desejamos fazer como o prisioneiro de Mons[103], que interroga a própria alma: "Diga, e você, o que fez de sua juventude?"[104] Não, uma sonata não está circunscrita ou detalhada como o diário de um escritor.

---

102 Menção às palavras de Fauré, extraídas de carta na qual o compositor esboça o processo de criação do terceiro movimento (Adagio non troppo) do *Quarteto Para Piano nº 2*, em sol maior. Tais palavras serão retomadas em outros momentos deste livro, assim como em diferentes obras do filósofo. Ver supra, p. 123, 129 e 151 (N. da T.)
103 Referência ao poeta Paul Verlaine, que passa dezoito meses de sua vida no cárcere de Mons (Bélgica), onde cumpre pena por ter atirado no amigo Arthur Rimbaud. (N. da T.)
104 *Dis, qu'as tu fait, toi que voilà, / de ta jeunesse?* são os dois últimos versos de "Le Ciel est par dessus le toit" (6. Poema da 3ª Parte do livro *Sagesse*), de Verlaine. (N. da T.)

A música, portanto, significa algo em geral, sem jamais querer dizer algo em particular. "Mouvement": nesta peça das *Images pour piano*, Debussy evoca o movimento de algo em geral, a pura essência indeterminada da mobilidade, não importando se o que move é um maratonista ofegante, uma folha morta levada pelo vento ou um peão girando sobre si: as tercinas rodopiantes expressam aqui o redemoinho abstrato. Isto é verdade não só quando a música comunica um sentido que pretende nos sugerir, mas ainda quando exprime uma emoção que tem êxito em nos inspirar. A expressão de um sentimento, em Fauré, é tão indeterminada quanto o é a descrição de uma paisagem em Debussy... Étienne Souriau foi o primeiro[105] a descrever os assim chamados fenômenos de "abstração sentimental", enquanto Raymond Bayer, por sua vez, fala de uma "sensibilidade generalizante" que visa às "essências do sentimento". Tais são os sentimentos sempre um pouco genéricos que cabe à música traduzir.

Fauré[106], por exemplo, intitula "Allegresse" uma *Peça Breve em Dó Maior* cujos arpejos alados, voando de um extremo ao outro das teclas brancas, exprimem a alegria sem causa, a alegria indeterminada e imotivada. Na peça chamada "Tendresse", os dois pianistas de *Dolly* dialogam em cânone sem trocar ideias precisas: diríamos que se trata de uma alma silenciosa em monólogo consigo mesma. Não menos vaga é a nostalgia que Fauré, ao musicar Théophile Gautier, exprime na canção "Tristesse". Em Scriabin, "Désir" é o título de uma peça que, exalando o langor, o ímpeto reprimido, a aspiração confusa a não se sabe o quê, faz balbuciar os pressentimentos. Em Poulenc, *Mélancolie* é uma folha de álbum que quase não chega a ser triste: nela, a tonalidade de Ré bemol maior, a suave animação, a resistência ao *ritardando* parecem hesitar entre a paixão e o humor[107]. Os três *Vzpominky* de Vítězslav Novák, "Triste", "Inquieto", "Amoroso"[108], exprimem, do mesmo modo,

---

[105] Cf. E. Souriau, *L'Abstraction sentimentale*; R. Bayer, *Traité d'Esthétique*, p. 71.
[106] Fauré, "Allégresse" (*Oito Peças Breves*, Op. 84, n. 7); "Tendresse" (*Dolly*, Op. 56, n. 5); "Tristesse" (*Três Canções*, Op. 6, n. 2).
[107] Scriabin, "Désir" (*Duas Peças*, Op. 57, n. 1); Miaskóvski, "Désespoir" (*Reminiscências*, Op. 29, n. 3); Anatoli Liadov, "La Douleur" (*Duas Bagatelas*, Op. 17, n. 1); "Tentation" (*Quatro Peças*, Op. 64, n. 3); "Mélancolie" (*Oito Canções Russas*, Op. 58, n. 3); Alexandrov, *Vidienia* (Visões), Op. 21, n. 4.
[108] Novák, Op. 6. Cf. Suk, "Un poco triste" (*Quatro Peças Para Violino e Piano*, Op. 17, n. 3).

emoções sem causa. O *disperato* lisztiano não equivale ao desespero de existir em geral , desespero sem uma tragédia específica demarcável? A música é, de maneira bem paradoxal, o mundo da "abstração qualitativa" ou, se pudermos dizer, do esquematismo concreto. A música, dizia com profundidade Schopenhauer, não exprime tal alegria determinada ou tal tristeza particular, mas instila em nós a Melancolia em geral, a Alegria em geral, a Serenidade em si, a Esperança sem causa. Nietzsche ainda vai mais longe[109]: a música não exprime nem sequer a dor-em-geral ou a alegria-em-geral, mas, sim, a Emoção indeterminada, a pura potência emocional da alma. A música exalta a faculdade de sentir, abstraindo-se de todo sentimento qualificado, seja ele o Pesar, o Amor ou a Esperança: a música desperta em nosso coração a afetividade em si, a afetividade não motivada e não especificada. Aqueles que tratam a música como meio de exprimir certos sentimentos ficam "no adro" (assim fala Nietzsche), sem ter acesso ao santo dos santos. Nietzsche, sem dúvida, passa um pouco por cima da especificidade própria às essências afetivas despertadas pela música. Seguramente, não é possível confundir o júbilo desvairado de "Eritana", em Albéniz, com a nostalgia exalada, em Liszt, por "Le Mal du pays". Não é menos verdade que, do ponto de vista semântico e como "linguagem" das emoções, a música permanece sempre equívoca e enganosa. Sempre significativa de modo geral e jamais em particular, não é a música o campo da ambiguidade? Assim são a alma, a liberdade e a vida, que, embora evidentes no conjunto e como efeito de massas, podem ser sempre desmentidas e contestadas em pontos e detalhes específicos. De perto, a música não exprime nenhum sentido demarcável e, no entanto, a música é *grosso modo* expressiva e poderosamente expressiva. Incapaz de desenvolver, inapta ao progresso discursivo, como poderia exprimir senão em linhas gerais?

---

109 Cf. P. Lasserre, *Les Idées de Nietzsche sur la musique*, p. 65-66; W. F. Nietzsche, "Über Musik und Wort", in: *Nietzsche's Werke*, Zweite Abtheilung, Band IX, p. 218-220.

Sugerir Retrospectivamente

Nas canções e nos poemas sinfônicos acompanhados de programa, é o sentido o que precede, e a música o que desprende, secundariamente, o sentido desse sentido. Também ocorre, porém, que o sentido do sentido se desprenda retrospectivamente, mas de modo direto, de uma música pura e sem pretextos. O próprio Liszt, que anuncia de antemão seu "programa", penetra a alma e o coração por algo de outro que os poemas de seus poetas, por um não-sei-quê de divino e inquietante que não estava contido nem no *Fausto* de Johann Goethe nem nos "Sonetos" de Francesco Petrarca nem no "Mazeppa" de Victor Hugo, mas que *depois de tudo*, mas que *em suma*, terá exprimido a essência mais profunda destes textos. Como Ravel, que, sem ao menos falar espanhol, terá tido mais êxito que De Falla em exprimir a íntima essência da Espanha! Nos *Prelúdios* de Debussy, o sentido do sentido expressa-se imediatamente a partir da música, enquanto na música programática (mesmo quando esta não é uma tradução em linguagem musical), o sentido do sentido se desprende secundariamente de um sentido antecipado. Neste último caso, a música ocupa um lugar intermediário entre o sentido e o sentido do sentido, entre a essência e a quintessência, entre o Sentido e o Encanto, ao passo que, no primeiro, o Encanto exala diretamente como um perfume. Sabemos que, nos *Prelúdios* de Debussy, o título é colocado ao fim, e o álbum de *Histórias* de Jacques Ibert, as belas *Visões* de Anatoli Alexandrov e a coletânea de *Reminiscências*[110] de Nikolai Miaskóvski o fazem da mesma forma. Em todas essas peças, o cenário não nos é dado de antemão, como um tema, e sim retrospectivamente proposto e de algum modo sugerido. É assim que o sentido de uma grande vida, incerto e incompleto, enquanto vive seu protagonista, desprende-se retrospectivamente graças ao efeito retroativo da morte. É assim que uma evolução irregular, caprichosa e descontínua no atual momento se revela retrospectivamente progressiva: tal evolução era um envelhecimento. Imperceptível durante seu processo, mas sempre verificável

---

[110] Alexandrov, *Vidienia*, Op. 21 (1919-1923); Miaskóvski, *Vospominanie*, Op. 29.

a partir de seu termo, o envelhecimento é o sentido geral de nosso devir, ainda que não progrida regularmente em proporção direta com a fuga dos dias e com a usura do tempo. Assim, o fim desprende o sentido do começo! Não é este efeito retroativo que Schelling chamava de *Erinnerung*?

Eis aqui algumas vagas tercinas que poderiam ser retalhos de tarantela, desfiando-se na fantástica descostura dos ritmos e das serenatas interrompidas: uma vez retomado o silêncio, Debussy nos propõe "As Colinas de Anacapri", mas, naquela circunstância, o título "Capricho" teria caído igualmente bem! Os pontos de suspensão que prolongam no indeterminado a moribunda vibração da fermata final tornam essa evocação ainda mais atmosférica e evasiva. Anacapri é um cenário entre outros, entre centenas de outros, propício para fixar as ideias. Eis que surge um ritmo apaixonado de habanera, com alternâncias violentas de forte e piano, além de arpejos semelhantes aos soluços da guitarra: como a habanera evoca mais Madri que Nápoles, diremos depois do último acorde, se assim o desejarmos: "La puerta del vino". Entretanto, é desnecessário dizer que a evasiva tarantela e a habanera tão parisiense também poderiam se intitular "Les Fées sont d'exquises danseuses". Algumas vezes, como em "La Terrasse des audiences du clair de lune", a sugestão é puramente fantástica a fim de pôr o mínimo de entrave à imaginação do intérprete. E ainda ocorre, tal é a anfibolia característica ao encanto de todos os encantos, que o título seja involuntariamente ambíguo: este é o caso de "Voiles", que sugere a oscilação de um barco a vela sobre a água, e, em certa medida, por suceder às dançarinas de Delfos, a ondulação de um véu no ar. E quem sabe Debussy não jogou com o equívoco, esquivando-se de dissipá-lo? Fauré prefere deixar toda a liberdade nas mãos da imaginação e concede como único título de seus *Nove Prelúdios* o nome de sua tonalidade. Além disso, é o nome do gênero musical que serve de título – título abstrato e genérico – a suas peças para piano. Em contrapartida, à diferença dos prelúdios irreais de Fauré, os prelúdios objetivos, mas oníricos, de Debussy induzem em nossa alma imagens retrospectivas.

Todavia, a força do hábito, da associação e da convenção, consolidando a sugestão fascinante do gênio, acaba por tornar organicamente necessário e quase normativo o sentido plausível proposto pelo compositor. Considerando algumas obras de Chopin, ninguém mais será capaz de conceber a *Sonata n. 2* em outro tom senão o de Si bemol menor, a *Barcarola* em outro tom senão o de Fá sustenido maior; até mesmo o tom de Dó menor tornou-se elegíaco *a posteriori* a partir do *Noturno n. 13*, assim como o tom de Ré bemol maior tornou-se noturno após a aparição da *Berceuse*. E de modo semelhante, enfim, ao escutar, ao piano, trêmulos elétricos, frêmitos, *gruppetti* ou passagens de floreios, não se pode imaginar nada além dos "Poissons d'or"[111]. Retrospectivamente, a música terá tido sua significação própria e até mesmo sua metafísica, embora nunca seja possível precisar sua intenção de maneira unívoca no momento em que está sendo executada. É esta a finalidade da vida, sobre a qual Bergson afirma que é sempre retrospectiva e jamais antecipada... Tal incerteza, que exclui toda previsão, não é algo irritante? O sentido da música presta-se unicamente a profecias em retrospectiva, a significação musical só se dá no futuro composto do modo subjuntivo (quando a obra *estiver concluída*).

Exprimir o Inexprimível ao Infinito

Portanto, a música não é nem uma "linguagem", nem um instrumento para comunicar conceitos, nem um meio de expressão utilitário (pois nunca somos obrigados a cantar), no entanto, a música não é pura e simplesmente inexpressiva, assim como o *Espressivo* não é nenhum pecado! Robert Siohan, em sua crítica ao atonalismo e ao atematismo contemporâneos, mostra que a música não pode ser concebida sem uma "intenção": seja ela representativa ou não, *movimento* e *qualidade* permanecem como a única garantia de uma relação humana entre a música e a audição[112]. Por sua vez, Roland-Manuel, reabilitando as posições de Michel Paul Guy de Chabanon, reencontra na música uma *ars bene movendi* independente de todo conceito: a música só

---

[111] Terceira peça do segundo livro das *Images pour piano*, de Debussy (N. da T.)
[112] Cf. R. Siohan, *Horizons sonores*, 1956.

comove porque move[113]... A música se presta de bom grado, na canção, à tradução musical de um poema; na ópera, ao comentário lírico de uma ação dramática; no poema sinfônico, na música sacra e na música programática, ilustra de bom grado uma lenda, uma ação litúrgica ou histórica. Seria a música "impura" menos musical que a música pura? De fato, a música "expressiva" só é musical à medida que nunca equivale à expressão unívoca e inambígua de um sentido.

Cabe aqui distinguir a expressão propriamente dita do processo de interpretação[114]: um único texto se presta a uma infinidade de composições musicais radicalmente imprevisíveis, uma única composição musical remete a uma infinidade de textos viáveis. É impossível, na presença de um poema dado, prever a melodia que o músico criador dele extrairá, pois este é o segredo de uma liberdade genial, segredo bem mais misterioso que a novidade do tempo vindouro. Como prever o *Finale* que Alexander Borodin teria escrito caso tivesse completado sua *Sinfonia n. 3*? Contudo, pressentimos que, caso tivesse sido escrito, seria ao mesmo tempo absolutamente borodiniano e absolutamente diferente de tudo aquilo que imaginamos, impossível de ser antecipado e, no entanto, vinculado ao gênio de Borodin por uma espécie de necessidade orgânica. Por outro lado, não é menos impossível, tomando como ponto de partida uma composição musical já escrita, reconstruir o texto ou adivinhar o pretexto que a gerou: isto seria querer abraçar o mundo! A música é uma linguagem geral, e a generalidade aqui se particulariza pelo que já conhecemos sobre o tema e o autor. Por um lado, adivinhar a música a partir do texto é colocar-se no cruzamento de incontáveis possibilidades: se não fosse assim, como Fauré e Novák, a partir de um mesmo texto de Verlaine, "La Lune blanche"[115], como Édouard Lalo e Liszt,

---

113 Cf. Roland-Manuel, *Sonate que me veux-tu?* II.
114 Como constatamos pela sequência desta passagem, a "expressão propriamente dita" refere-se à concreção (criativa, composicional) da obra que há de se plasmar a partir de um elemento dado (um texto poético, uma emoção ou uma experiência), enquanto a "interpretação" diz respeito à tentativa de identificação, efetuada *a posteriori*, das possíveis motivações (extramusicais) de uma composição. Assim, neste contexto, o segundo termo não equivale, ou ao menos não se limita, à execução musical. (N. da T.)
115 Novák, "Jasná noc" (*Noční Nalady*, Op. 39, n. 5); Fauré, "La Lune blanche luit dans les bois" (*La Bonne chanson*, Op. 61, n. 3).

a partir de uma mesma "Guitarra" de Victor Hugo[116], como Balakirev, Rimski-Korsakov e Rachmâninov, a partir de um mesmo poema de Púschkin[117], teriam chegado a versões tão diferentes? Por outro lado, adivinhar o texto pela música é como se dedicar a uma adivinhação em que só há incógnitas e, assim, tatear indefinidamente à espera de um acaso miraculoso. Isto porque, em nenhuma circunstância, a interpretação é capaz de percorrer de trás para frente o caminho da criação ou de retornar em linha reta (exceto quando conhece antecipadamente a solução) à intuição original. Com efeito, as nuances inexprimíveis da disposição, os estados de alma e os sentimentos são, na criação, tão incontáveis quanto as composições às quais podem dar à luz. Como, num movimento de retorno, o intérprete seria capaz de selecionar e, além disso, acertar, em meio a esse leque de infinitas nuances qualitativas, a imagem específica ou a intuição indizível[118] da qual brotou esta ou aquela peça? De uma parte à outra diante de nós estende-se o infinito, o possível, o indeterminado, e o espírito se perde num entrecruzamento inextricável de bifurcações bifurcadas, numa rede labiríntica de encruzilhadas ramificadas e de encruzilhadas de encruzilhadas. Não há mais um dado simples, só há uma complicação complexa ao infinito. Não é o equívoco infinito o regime natural da música? Chamemos *Espressivo* inexpressivo o primeiro desses equívocos.

**Séria e Frívola, Profunda e Superficial.
A Ambiguidade Musical**

Como definir, sem nos deixar prender nas antinomias, este fato desconcertante da "Expressão inexpressiva" ou da "Inexpressão expressiva"? Mal lhe atribuímos um predicado e o predicado oposto já reclama

---

[116] Lalo, "Comment disaient-ils?" (*Six mélodies*, Op. 17, n. 1); Liszt, *Comment disaient-ils?*.
[117] Balakirev, *Chanson géorgienne*; Rimski-Korsakov, "Não cantes para mim, ó bela donzela" (*Cinco Romances*, Op. 51, n. 2); Rachmâninov, "Não cantes para mim, ó bela donzela" (*Seis Romances*, Op. 4, n. 4).
[118] É importante ressaltar que neste e em alguns outros momentos pontuais da obra, o "indizível" (*indicible*) aparece como sinônimo do inexprimível positivo, contrariando, assim, a distinção terminológica entre o "indizível" e o "inefável", formulada pelo próprio filósofo, infra, p. 119. (N. da T.)

seu direito. A música, por exemplo, é séria ou não? Só podemos dar uma resposta ambígua a esta questão. Chegamos a mostrar como o humor (*humour*) musical serve não para exprimir, mas, antes, para reprimir, e como, ao exprimir outra coisa, essa tendência ao álibi não deixa de nos fazer uma confidência indireta. O humorista engana as especulações, desloca nossa atenção do mistério que traz consigo: peneirada de *staccati* e salpicada de *pizzicati*, a humoresque desse humorista é literalmente a arte de roçar sem insistir e de deslizar sem pressionar. Se a gravidade, com toda sua importância, sobrecarrega o som, o gracejo alado, ao contrário, voa por cima do teclado como se simplesmente não o tocasse. Assim, a música provoca o humor à medida que despede o *pathos*. Mas, ao contrário, na medida em que a seriedade é a totalidade, indiferença ao cômico e ao trágico reciprocamente neutralizados, a música, imprópria a exprimir sentimentos partitivos e precisos, é toda inteira séria: sim, o humor é sério nesse sentido! E o *scherzo* mendelssohniano, um gênero de humoresque, é, no mesmo sentido, tão sério quanto as *Variações Sérias*... A seriedade não caracteriza simplesmente, como em Felix Mendelssohn, o estilo ligado (*legato*) em oposição ao estilo destacado (*staccato*), a continuidade patética em oposição à descontinuidade e ao pontilhismo dos *scherzi*[119], nem somente, como em Franck, certo clima de música pura em oposição ao frívolo repertório de imagens dos ilustradores. Robert Siohan observa em sintonia com Schopenhauer: é a música, em seu conjunto, que se mostra incapaz de traduzir por si só ou sugerir pelos próprios meios sentimentos representativos e superficiais como o sentimento do cômico. O risível só procede de associações formadas secundariamente pelo espírito a propósito da frase musical: o *Raiok*[120] de Mussórgski não causaria o riso sem as palavras que explicitam sua intenção satírica. Em si mesmas e

---

[119] Mendelssohn, *Variações sérias*, Op. 54 (1841).
[120] Espetáculo de rua, popular na Rússia do século xix, composto por uma câmera escura na qual se viam imagens através de lentes de aumento, acompanhadas pela declamação de rimas jocosas e mordazes. O autor aqui se refere à sátira musical para canto e piano, intitulada *Raiok* (*Le Guignol*), de Mussórgski, composta em 1870, inspirada em figuras da cena musical russa da época, tratadas como personagens (desenhos ou fantoches) do mencionado espetáculo. (N. da T.)

em sua musicalidade pura, isto é, separadas de toda imaginação literária, as lorotas dos fantoches de *Raiok* estão longe de ser lorotas, assim como os desatinos do *Seminarista*[121] estão longe de ser desatinos. Em si mesmas, as notas repetidas e destacadas desse *Seminarista* não são mais "engraçadas" que os acordes trágicos e as marchas fúnebres dos *Cantos e Danças da Morte*. Do mesmo modo, *Sous les lauriers roses* e *Recuerdos de mi rincón* só fazem sorrir graças ao pequeno enredo sobre o qual Déodat de Séverac e Turina, respectivamente, basearam suas peças e que acaba por exercer influência sobre elas. Sem o texto que as acompanha, que ouvinte desavisado seria capaz de perceber o acento burlesco dessa ininteligível música desconexa ou sequer de adivinhar sua intenção humorística? Apostamos que, se não fosse por trapaça, ninguém se daria conta de nada. Os *pizzicati* de *Till Eulenspiegel lustige Streiche* são da ordem da farsa, enquanto aqueles que caracterizam Mefistófeles, na *Sinfonia Fausto*, são sarcasmos diabólicos. Contudo, deve-se conhecer de antemão o "programa" para distingui-los: entre o demônio e o bufão, a decisão é do escritor. O humor de Satie, por sua vez, é menos um fenômeno auditivo que um efeito das mirabolantes indicações disseminadas entre as pautas. E quem sabe se a opereta não deve ao libreto toda sua comicidade?

Discurso vago e difluente, a música situa-se, portanto, para além das categorias disjuntas do cômico e do trágico e nas próprias profundezas da vida vivida: a "burla" musical, em Bartók, Prokófiev e Tansman, não é o cômico aplicado ao trágico? Assim, podemos dizer, perfeitamente, que a música é toda ela um jogo ou toda ela séria, partilhando esta posição equívoca com a poesia, o teatro e o romance, enfim, com a arte em geral. A música é inteiramente lúdica porque permanece à margem da existência utilitária e prosaica; no entanto, considerando seu sentido imanente, é inteiramente séria, e tão afastada da fragmentação cômica quanto do envolvimento trágico... Frívola ou não? Depende... A música, antes, representa *outra Seriedade*, uma Seriedade ulterior paradoxalmente estranha à Seriedade pura e simples,

---

[121] Canção para voz masculina e piano de Mussórgski, composta em 1866, sobre texto do próprio compositor, que mescla com comicidade passagens em latim e em russo, proferidas por um seminarista fortemente atraído pela jovem filha de um sacerdote. (N. da T.)

isto é, à Seriedade real da percepção e da ação. Em outros termos, a música é em si e por completo uma *festa*, e inumeráveis composições atestam em seus títulos este caráter festivo: "Fêtes", *Pour une fête de printemps*, "Fête-Dieu à Seville", "Svetly Prazdnik", *Festklänge*[122]... Mas se a meia hora de recreio que chamamos de sonata se assemelha a um oásis encantado ou a um jardim fechado no deserto dos dias úteis, a uma ilha benfazeja no interior do oceano da cotidianidade, essa mesma meia hora, ao formar um eterno presente, um universo à parte e uma totalidade, é, pelo contrário, absolutamente séria.

Do mesmo modo, a música é simultaneamente "alegórica" e, como teria dito Schelling, "tautegórica". É alegoria na medida em que se exprime, por pudor, em meias palavras e obliquamente. Entretanto, se a alegoria for um desvio da intenção expressa ou do expressionismo intencional, um sistema de cifras, de hieróglifos ou de ideogramas, a música é, ao contrário, "tautegoria". Ao significar algo além de si mesma, torna-se tão suspeita quanto uma pintura engajada, uma poesia didática ou uma arte simbólica: não há mais música, mas, sim, uma ideologia ou um sermão edificante. Considerando sua verdade ingênua e imediata, a música não significa outra coisa além do que é: a música não é a exposição de uma verdade intemporal, mas é a própria exposição, única e séria verdade. Essa é a diferença entre o geômetra, o poeta e o flautista: o geômetra, como o Código Civil, diz justamente aquilo que há para se dizer com vistas a sua demonstração, sem excrescências nem subentendidos, sem floreados nem alusões, pois os trilos e os arpejos não são da alçada do matemático. O poeta diz outra coisa, muito mais ou muito menos, mas o fato de amplificar ou de sugerir prova que as palavras do poeta já carregam um sentido. Quanto ao flautista, este não exprime absolutamente nada, reduzindo-se todo seu discurso a trinados e passagens virtuosísticas. A distinção entre a frase e a perífrase, entre a locução e a circunlocução, entre a melodia e o ornamento ou o floreado denuncia ainda o preconceito dogmático e pragmático segundo o qual a

---

122 Debussy, "Fêtes" (*Noturnos*, n. 2); Albert Roussel, *Pour une fête de printemps*, Op. 22; Albéniz, "Fête-Dieu à Séville" (*Ibéria*, I, n. 3); Rimski-Korsakov, "Svetly Prazdnik" (*A Grande Páscoa Russa*); Liszt, *Festklänge*, S. 101 etc.

música, como a linguagem, serviria para transmitir pensamentos. Contudo, não cabe mais distinguir entre substância e maneiras de ser circunstanciais, entre a essência e o ornamento num campo em que o próprio "tempo perdido" é um ingrediente do tempo musical, em que as cadências *senza tempo* e as passagens de floreios ainda podem integrar a verdade. Tempo perdido, pensamento perdido, sofrimentos perdidos e, até mesmo, vida perdida, não é este o paradoxo da poesia[123]? Ora, ocorre que este tempo perdido, como o do passear ou do perambular, é um tempo ganho, um tempo imediatamente reencontrado. A meta da música – seja prelúdio, improviso ou mesmo sonata – não é, com efeito, ir a algum lugar gastando o mínimo de tempo e chegar ao destino o mais rapidamente possível, como um empregado apressado que traça seu itinerário em função do princípio de economia: pois, nesse caso, nem sequer seria preciso começar a cantar! À linha reta, que, como todos sabem, é o caminho mais curto para ir de um ponto a outro, a música prefere a linha curva, as circunvoluções supérfluas e as notas que a nada conduzem. E até mesmo quando atinge sua máxima concisão, como nas pecinhas de Satie e de Mompou, a preocupação utilitária do menor gasto nada tem a ver com sua braquilogia. Muito pelo contrário, a peça breve é aqui alongada, prolongada, perenizada pelas sugestões de um devaneio no qual sua lembrança e sua ressonância sobrevivem ainda por muito tempo depois que a voz se extinguiu. Vã deambulação e vagabundear sem rumo, o discurso musical é uma velocidade que diminui o passo e não se dirige a parte alguma. Assim, tudo pode ser verdadeiro, tudo pode ser falso, dependendo apenas de atribuirmos ou não ao *melos* a função comunicativa do *lógos*. Isto não quer dizer que haja, literalmente, paralipômenos (*paraleipómena*[124]) na arte dos tocadores de flauta, como teria dito Platão, o antirretórico, ou floreados na ode e no epodo: na verdade, toda a música é um floreado, um desvio, uma refinada eflorescência da vida. Como os vocalizes do rouxinol, é a música toda inteira o paralipômeno luxuoso e gracioso da vida prática.

---

[123] J. Cassou, *Trois poètes*, p. 69 (sobre Milosz).
[124] παραλειπόμενα.

Todas essas ambiguidades resumem-se finalmente a uma só: a ideia de profundidade é *ou* não é aplicável à música? Uma vez mais, devemos responder em estilo normando, isto é: sim *e* não! A música, presença sonora, repousa por completo na atualidade superficial da audição; dito de outro modo, ela repousa na fenomenalidade de sua aparência sensível. Neste primeiro sentido, não há nada a se buscar por trás da fachada: nenhuma conclusão a extrair, absolutamente nenhuma consequência a deduzir. É em si mesmo que o encantamento tem seu fim, seu sentido e sua razão de ser. Sob este ponto de vista, a música é exatamente o que parece ser, sem intenções secretas nem motivações ocultas... E como teria motivações ocultas, se não é sequer uma motivação? Decididamente, ela só adquire a complexidade e a falsa dimensão da profundidade a partir da ideologia e das especulações marginais do músico. Como a sensação isenta de toda interpretação, a música só diz aquilo que diz, ou melhor, nada "diz", na medida em que "dizer" é comunicar um sentido. Assim, dá razão àqueles que a consideram um jogo despreocupado ou um divertimento frívolo inteiramente dirigido às delícias da aparência e à ingenuidade das sensações. "O delicioso prazer de uma inútil ocupação": palavras de Henri de Régnier inscritas por Ravel no cabeçalho de suas *Valsas Nobres e Sentimentais*. Nesse caso, vale dizer, a futilidade resulta justamente do abandono às evidências sensoriais.

No entanto, o fenômeno de superfície não é estranho a toda profundidade, ainda que a profundidade não possua, nesse contexto, nenhum caráter didático ou dialético. É certo que a música não é um sistema de ideias a ser desenvolvido discursivamente, nem uma verdade que se deva percorrer por etapas sucessivas, explicitando suas implicações, extraindo seu alcance, inferindo distantes consequências. Apesar de tudo isso, assim como as riquezas de sentido implícitas e latentes repousam nas palavras de um texto "profundo", uma composição musical "profunda" acumula em suas notas, num estado de implicação recíproca, um sem-número de virtualidades. Do mesmo modo que o todo, segundo Bergson, é imanente a cada parte, assim toda a melodia adormece, recolhida, em cada harmonia. Por este motivo, intenções ocultas podem, de início, passar despercebidas.

Por outro lado, nos dois casos, a impressão de profundidade nos é sugerida pelo esforço que seria necessário para penetrar as intenções do filósofo e do músico ou, melhor ainda, pelo tempo exigido para atualizar tudo o que há na obra de virtual: em suma, a profundidade, metáfora espacial, é a projeção desse tempo de atualização. Uma frase "carregada de sentido", por exemplo, é uma frase que nada aparenta ser, mas que *vai longe* e desencadeia uma extensa série de pensamentos: algumas palavras foram suficientes para formulá-la; volumes e mais volumes, porém, não serão suficientes para comentá-la, nem uma vida inteira para meditá-la. Talvez a profundidade não seja nada mais que esse imenso porvir de reflexões e de perplexidade a envolver algumas palavras de uma simples frase. Tais possibilidades, cumpre esclarecer, não estão literalmente contidas ou conservadas em cada membro da frase, em cada fragmento da melodia, pois é o progresso do discurso que as faz surgir pouco a pouco, levando-nos a concluir que lhes eram imanentes. Contudo, o tempo exigido para o aprofundamento e a intelecção de uma doutrina pode depender da fraqueza de nosso intelecto. Nesse caso, um espírito de infinita sagacidade leria de uma só vez, atravessando de um extremo a outro, todas as intenções do pensador e, assim, alcançaria uma intuição perfeitamente simples da mais intrincada complexidade. Para um anjo, a *Sinfonia Fausto* é tão superficial quanto *Les P'tites Michu*[125].

À diferença da poesia, do romance e do teatro, a música não é secundariamente, mas, sim, essencialmente uma arte temporal. Decerto, o tempo é necessário para se executar um drama, todavia a peça teatral pode ser lida do começo ao fim ou por fragmentos, não importando a ordem da leitura. A peça musical só existe no tempo da execução: ora, a execução ocupa, em função do andamento, certo intervalo de duração que podemos minutar, um lapso cronometrável, porém incomprimível, que não poderia ser nem abreviado nem estendido. Eis porque a sonata, a bem dizer, não é uma sucessão de conteúdos expressivos que se desenrolam *no* tempo: cronologia encantada e devir melodioso, ela

---

[125] Opereta em três atos de André Messager, sobre libreto de Albert Vanloo e Georges Duval, composta em 1897. (N. da T.)

é *o próprio tempo*, o tempo sonoro e a realização temporal das virtualidades contidas nos dois temas. Ora, a descoberta dessas virtualidades pelo ouvinte, a penetração da alma no coração dessa imanência também tomam tempo: há, portanto, um tempo de aprofundamento e este, perpendicular ao tempo de execução (se ousamos empregar tal linguagem), é o tempo empregado pelo ouvinte para penetrar na espessura desse sentido destituído de sentido. Para começar, o tempo é necessário para apreender as intenções operativas do músico, para identificar um tema sob as variações que o deformam até torná-lo irreconhecível, para perceber todas as alusões que formam o contexto psicológico e o entorno ideológico de uma obra. Por outro lado, necessita-se de tempo para se familiarizar com uma beleza insólita e com harmonias estranhas a nossos hábitos auditivos: a desagradável dissonância de hoje há de tornar-se o refinado prazer de amanhã. Assim, a prova do tempo é o critério mais seguro da "profundidade"... Uma composição musical profunda é como uma rica natureza interior cujas aptidões e personalidade não somos capazes de apreciar desde a primeira tarde... Não, a desconfiança em relação ao que agrada desde o primeiro instante não se deve unicamente ao complexo de austeridade ou à mania anti-hedonista. Não há profundidade insondável, mas há uma inesgotável, incansável, inexaurível possibilidade de emoção. Na resistência ao fastio, no permanente frescor das grandes obras, o milagre da eterna juventude se concretiza. A repetição, em música, não é com frequência uma verdadeira inovação? A profundidade da obra temporal é, em suma, outro nome para designar o pudor de uma alma que não revela, desde o primeiro instante, todos seus recursos, nem propaga de uma só vez todo o sentido de seu sentido. E já que a obra musical se faz escutar e executar ao longo do tempo, não deve nos surpreender que a riqueza de sua significação insignificante e de sua expressividade inexpressiva se manifeste não como algo que se estende no espaço, mas, sim, como algo que se desvela pouco a pouco para ouvidos atentos e pacientes. A profundidade musical remete à nossa profundidade!

O Indizível e o Inefável. O Sentido do Sentido

Sem dúvida, a máscara inexpressiva que, hoje, a música assume de bom grado corresponde, portanto, ao propósito de *exprimir o inexprimível ao infinito*. A música, dizia Debussy[126], é feita para o inexprimível. Sejamos, no entanto, mais precisos: o mistério que a música nos transmite não é o inexprimível esterilizante da morte, mas o inexprimível fecundo da vida, da liberdade e do amor; dito em poucas palavras, o mistério musical não é *indizível*, mas *inefável*. É a noite negra da morte o indizível, porque é treva impenetrável e desesperante não ser, e também porque um muro intransponível nos obstrui o acesso a seu mistério. É indizível, desse modo, aquilo sobre o qual nada há a se dizer e que torna o homem mudo ao prostrar sua razão e ao petrificar seu discurso. E o inefável, exatamente ao contrário, é inexprimível, porque sobre ele há infinitamente, interminavelmente o que se dizer: assim é o insondável mistério de Deus, o inesgotável mistério do amor, que é mistério poético por excelência. De fato, se o indizível, congelando toda poesia, parece-se com um sortilégio hipnótico, o inefável, graças a suas propriedades fertilizantes e inspiradoras, age antes como um encantamento, diferindo do indizível do mesmo modo que o encantamento difere do enfeitiçamento. A própria perplexidade que o inefável provoca é, como o embaraço de Sócrates, fecunda aporia. "A palavra falta", escreve em algum lugar Janaček[127]: onde falta a palavra, começa a música, onde as palavras se detêm, o homem só pode cantar. Heinrich Heine[128] dizia o mesmo. O inefável desencadeia no homem o estado de inspiração. Sobre o inefável haverá o que falar e cantar até a consumação dos séculos... E quem pode afirmar, nesses assuntos, que tudo foi dito? Não, ninguém jamais haverá de acabar com um encanto que nem mesmo intermináveis palavras e incontáveis composições musicais seriam capazes de esgotar. Neste campo, há muito a se fazer, muito

---

[126] Citado por R. Siohan em: Possibilités et limites de l'abstraction musicale, *Journal de Psychologie*, p. 258 e M. Emmanuel em: *Pelléas et Mélisande de Debussy*, p. 35.
[127] Janaček, "Nelze domluvit!" (Faltam palavras!), sexta peça do ciclo para piano *Po zarostlém chodníčku* (Sobre um Caminho Recoberto).
[128] Citado por Tchaikóvski, carta a Nadiejda von Meck a propósito da *Sinfonia n. 4*.

a se meditar, muito a se dizer – muito a se dizer e, incessantemente, tudo a se dizer! Junto com as promessas contidas no inefável, a esperança de um vasto futuro nos é ofertada. Penetra-se, sem fim, nessas profundezas transparentes e nessa jubilosa plenitude de sentido que, caso seja infinitamente inteligível, é também infinitamente equívoca. O exprimível-inefável, ao ser exprimível ao infinito, é, assim, portador de uma "mensagem" ambígua e assemelha-se, neste ponto, ao não-sei--quê de Henri Bremond. A distância entre a negatividade indizível e a positividade inefável não é tão grande quanto aquela que separa as trevas cegas da noite transparente ou o silêncio mudo do silêncio tácito? É no rumor longínquo dos pianíssimos que há de germinar a música. O sentido do sentido é, portanto, verdade inefável. Se o sentido do sentido, quando se trata da vida, é um *nonsense* – pois o sentido do sentido da vida não é mais que o absurdo letal, isto é, a morte –, o sentido do sentido desprendido pela música é um mistério de positividade.

A reticência, a expressão global, a sugestão retrospectiva são, como se vê, meios paradoxais para se exprimir de maneira mais eficaz. A música nada significa, mas o homem que canta é o lugar de encontro das significações. A música é o regime ambíguo do *Espressivo* que nada exprime: em oposição a um pensamento sério, honesto e sincero que necessariamente concebe ou exprime, em dado momento, uma ideia presente, particular e circunscrita, a música nada sabe da exigência nominalista. É assim que a própria polifonia é equívoca ou plurívoca por definição, na medida em que conduz simultaneamente a variadas intenções heterogêneas e subterrâneas. As palavras da linguagem, portadoras de sentido, são naturalmente unívocas: assim o equívoco – homonímia ou paronímia – é um jogo que o virtuoso em trocadilhos joga com os sons. O equívoco, ao contrário, é o regime normal de uma linguagem que carrega indiretamente o sentido e sugere sem significar. Na música, a mutualidade paradoxal do "ser-dentro", o milagre do *inesse* recíproco cumpre-se a cada passo... Como a consciência com suas ocultas motivações subconscientes, com suas segundas intenções inconscientes, a música ignora o princípio da não contradição. Os diferentes temas de *Pelléas et Mélisande*, em Debussy, são como relâmpagos quase imanentes um ao outro e dão margem para a expressão dos pressentimentos mais sutis: a música não é mais obrigada a optar entre sentimentos contraditórios e, indiferente à lógica da alternativa, compõe com eles um estado de alma único, um estado de alma ambivalente e para sempre indefinível[129]. Portanto, a música é inexpressiva não porque nada exprima, mas porque não exprime esta ou aquela paisagem privilegiada, este ou aquele cenário à exclusão de todos os outros. A música é inexpressiva no momento em que implica inumeráveis possibilidades de interpretação, entre as quais nos permite escolher. E, em vez de se obstaculizarem, como se obstaculizam, no espaço, os corpos impenetráveis situados cada qual em seu devido lugar, tais possibilidades se penetram mutuamente. Linguagem inefavelmente geral (se é que ela seja uma "linguagem"), a música se presta docilmente a incontáveis associações. Roussel intitula *Évocations* três imagens para orquestra inspiradas na Índia: mas a música, em sua anfibolia e complacência às mais diversas interpretações, é capaz

GABRIEL FAURÉ.
Balada em Fá Sustenido Maior, Op. 19, Compassos 79-85.

[129] Também no estudo *Bergson*, Jankélévitch se refere a *Pelléas et Mélisande*, mais precisamente a seu Prelúdio, a fim de abordar o recurso musical da polifonia, que, relacionado à "imanência da coexistência" presente nos organismos, aparece como fator de ampliação da ambiguidade semântica própria à arte sonora. Cf. V. Jankélévitch, *Bergson*, p. 6. (N. da T.)

de evocar igualmente bem tudo aquilo que nos aprouver imaginar. Às vezes, é sussurrando algo que a música nos guia, outras vezes, é com vagas evocações que sugere um lugar desconhecido: o lago de Wallenstadt, a noite passada em Granada. Sopra-nos um nome misterioso, canopo, que agita a imaginação poética, e este nome diz a nossa alma: represente o que quiser, escolha sua quimera, pois tudo o que você imaginar é admissível. Isto é, em síntese, o que Fauré escreveu, em 1906, a propósito do *Andante* do *Quarteto n. 2*, a única, entre todas suas obras, que parece conter uma sugestão exterior bastante vaga: o rumor de sinos distantes trazido pelo vento do oeste, no povoado de Ariège. No entanto, este "pensamento" é tão impreciso que parece antes remeter a um *desejo de coisas inexistentes*[130]... O pitoresco não é, absolutamente, uma especialidade de Fauré.

Esta é a disposição poética indeterminada que sua divina *Balada em Fá Sustenido Maior* infunde em nossas almas e em nossos "corações extasiados". A mesma *Balada* que para Joseph de Marliave se recobria de sabor primaveril e silvestre carregar-se-á para outro ouvinte da inefável nostalgia de um passado já consumado. A *Balada* que está em toda e em nenhuma parte, a *Balada* distante e próxima pode, assim, ser como um eco de nossa juventude que parte ou, quem sabe, como a voz amiga, a voz da lembrança irreversível que, enquanto a tarde cai, sussurra ao ouvido de nossa alma coisas secretas e indizíveis. Sim, cada homem pode se reconhecer nessa obra de encanto e de inexistência, na inquietação incompreensível que ela nos traz. Por acaso, não seria isso o que chamamos de música? Desse modo, para além das metáforas, a arte dos sons é, de fato, a intimidade da interioridade e o foro íntimo das demais artes: para se admitir que a música traduza a alma de um contexto[131], tornando-a perceptível ao ouvido de nossa alma, não é necessário lhe atribuir um alcance

---

130 Cf. Fauré, *Lettres intimes*, p. 131-132; Ph. Fauré-Fremiet, *Gabriel Fauré*, p. 28 e 156.
131 É provável que aqui o autor tenha em mente a original reflexão schopenhaueriana sobre a música. Segundo o filósofo alemão, no parágrafo 52 do Livro III de seu *opus magnum*: "se, em presença de um espetáculo qualquer, de uma ação, de um acontecimento, de qualquer circunstância, percebemos os sons de uma música apropriada, essa música parece revelar-nos seu sentido mais profundo, dar-nos a sua ilustração mais exata e clara". A. Schopenhauer, *O Mundo Como Vontade e Representação*, p. 276. (N. da T.)

transfísico... Com efeito, a sonoridade física já é coisa mental, fenômeno que pertence imediatamente ao espírito: se os sinos da invisível cidade de Kitej, em Rimski-Korsakov, emitem harmonias audíveis, isto não se deve ao fato de a música do bronze já ser sobrenatural?

O Encanto e o Álibi

A Operação Poética

O *Espressivo* inexpressivo, obra de encanto, não é um Dizer, mas um Fazer (*poieîn*[1]), e, neste sentido, a música se assemelha ao ato poético[2]. "Compõe música", ordena o sonho a Sócrates, "e a executa": *mousikēn poíei kaì ergázou*[3]. O Fazer pertence a uma esfera completamente distinta do Dizer! Compor uma peça musical, tocá-la interpretando-a, cantá-la ou escutá-la recriando-a, não são estes três modos de se operar três atitudes bem mais vigorosas que gnósticas? O criador, o executante que é um recriador ativo, o ouvinte que é um recriador fictício participam todos os três de uma espécie de operação mágica: o executante coopera com o primeiro operador, permitindo que a obra exista efetivamente no ar em vibração durante certo lapso de tempo, enquanto o ouvinte, recriador em terceiro grau, coopera, recorrendo à imaginação ou a gestos nascentes, com os dois primeiros[4]. Refazer, como dizíamos, é fazer, e o recomeço talvez seja um verdadeiro começo: o poeta que faz e o intérprete que refaz, o compositor que inventa e o ouvinte que compreende, a produção, "poesia" primária,

---

1 ποιεῖν.
2 I. F. Stravínski, *Poétique musicale*, p. 8-9. Cf. J. Cassou, *Situation de l'art moderne*, p. 38.
3 μουσικὴν πόίει και; ἐργάζου. Platão, *Fédon* 60e.
4 Cf. Ph. Fauré-Fremiet, *Pensée et recréation*, II e VII; G. Brelet, *L'Interprétation créatrice*.

e a *re*produção, "poesia" secundária, o começo original e o começo em continuidade, a iniciativa e a repetição podem, portanto, seguir o mesmo caminho, no mesmo sentido e sob o mesmo ponto de vista, de modo a constituir um único ato. A segunda vez, ainda que sem possuir prioridade cronológica, não é com bastante frequência tão incoativa, instauradora e inaugural quanto a primeira? Do mesmo modo, diz Henri Bremond[5] que se deve interpretar a experiência poética *refazendo-a*. Isto porque o intérprete, semelhante ao amante neste sentido, refaz o ato primordial como se tivesse sido o primeiro a fazê-lo, como se ninguém jamais o tivesse feito antes dele: por conta própria e diante de si mesmo, reinventa os elementos de Euclides! E esta reinvenção, cada um de nós a faz sozinho, cada um por si! Não obstante, a música é um ato (como a peça de teatro no dia da representação) num sentido ainda mais drástico e dramático: está ligada a um evento histórico que conta com data marcada nas efemérides e com local privilegiado nas salas de apresentação. É, portanto, identificável nas crônicas, localizável no espaço: este evento é a execução em concerto. Certamente a poesia, por sua vez, é aprendida de cor e recitada, a poesia implica ritos de declamação e de exclamação. Contudo, o que é esse ato diante da grande aventura de um recital de piano? Para um pianista, alguns quartos de hora de intensificada tensão e de constante vigilância, de presença de espírito, sangue-frio e coragem concentram toda a realidade militante da música. A música não existe em si mesma, mas somente durante a perigosa meia hora em que, *tocando-a*, fazemo-la ser: a verdade eterna torna-se, então, operação temporal e decorre, efetivamente, de acordo com as coordenadas das datas e dos horários. É o que chamamos de "ter lugar". Portanto, a anfibolia da expressão e da inexpressão, ou seja, da expressão infinita, resolve-se, finalmente, na eficácia de um ato.

 A música possui este ponto em comum com a poesia e o amor e, até mesmo, com o dever: não é feita para que falemos sobre ela, é feita para que a *façamos*; não é feita para ser dita, mas para ser "tocada". Não, a música não foi inventada para que falemos sobre ela! Não é

---

5 Cf. H. Bremond, *Prière et poèsie*. p. 12.

essa a definição do Bem? O Bem é feito para ser feito, não para ser dito ou conhecido; e o mal, de maneira semelhante, é mais uma maneira de cometer o ato que uma coisa sabida: o bem e o mal são de ordem, senão dramática, pelo menos drástica. O bem é a tarefa dos militantes! A poesia, nesse aspecto, não é uma espécie de *beneficência*? Faça como se diz e, até, faça sem dizer[6]: sem dúvida, este seria o lema daquele cuja única vocação intencional e direta é fazer, fazer transitivamente, fazer pura e simplesmente, e não fazer fazer... E o que é a palavra, senão uma ação secundária, uma ação com um expoente ou, melhor ainda, como na arte de persuadir os reitores, uma ação sobre a ação? O Dizer é um Fazer atrofiado, abortado e um pouco degenerado: ação em defasagem ou simplesmente esboçada, a palavra é facilmente farisaica e não age senão de modo indireto... Há, é claro, uma exceção: a poesia, na qual o próprio dizer é o fazer. O poeta fala, mas não são palavras para serem ditas, como as palavras do Código Civil: são palavras destinadas a sugerir ou cativar, palavras de encanto. A poesia é feita para se fazer, imediatamente, o poema, e a poética, que é um fazer com um expoente, para se refletir sobre a poesia.

A mesma diferença separa, na música, o criador e o teórico. Hoje, muito se fala para se ter algo de musical a se dizer! Do mesmo modo, os filósofos, esquecendo-se de filosofar, falam da filosofia do vizinho... E, na falta de uma filosofia pessoal, este, por sua vez, fala da filosofia de seu vizinho e, assim, ao infinito, cada um apontando para outro que funciona como o álibi providencial capaz de nos dispensar da necessidade de emitir opinião própria sobre os problemas. De um *placitum* a outro, deveriam o reenvio e a recorrência nos remeter ao primeiro sábio, que, sem possuir predecessores, viu-se obrigado a pensar por si só? Os *dógmata* mediatizam nosso contato com os *pragmata*[7], afrouxam nossa aderência às coisas originais: a filosofia torna-se doxografia e, até mesmo, logologia! Hoje, todos falam, dissertam, analisam... E já que até nós pretendemos falar sobre o indizível, falemos sobre ele pelo menos para dizer que não precisamos falar

---

[6] A. Flávio, *O Encheirídion de Epicteto*, 46.
[7] δόγματα (plural de *dogma*: "opiniões"; "crenças"); πραγματα (plural de *pragma*: "fatos"; "atos"; "coisas concretas"; "questões"; "negócios").

sobre ele e para desejar que esta seja a última vez... A mediocridade pretensiosa e intolerável de certas parolagens sobre a música tem algo de deprimente. Isto não significa que a autêntica musicologia seja suspeita *a priori*, o que comprovamos ao observar suas fontes: por um lado, os musicólogos mais profundos de hoje são compositores ou músicos práticos e, por outro, o fazer e a teoria não estão entrelaçados na obra de Jean-Philippe Rameau? Não faltam músicos que, como Rimski-Korsakov e Bartók, Dukas e Debussy, Arnold Schoenberg e Stravínski, conjugaram em si mesmos a lucidez especulativa e o gênio criador: mas essa lucidez nada tem em comum com o pedantismo estéril de uma especulação doutrinal! Com maior frequência, o criador dispõe de uma única maneira de refletir sobre a criação, a saber, criando. Seus neologismos sem precedentes criarão, por sua vez, precedentes. Assim, Gabriel Fauré emprega os modos antigos sem haver sequer planejado e, apenas retrospectivamente[8], reconhece uma escala hipolídia na música de dança de *Calígula*. Também Mussórgski e os geniais autodidatas de seu grupo[9] falam uma língua cujas locuções serão posteriormente etiquetadas pelos gramáticos. Por sua vez, Serguêi Prokófiev emprega instintivamente a linguagem atonal quando um não-sei-quê lhe recomenda, e olha espantado para o jornalista que o interroga sobre a crise da tonalidade: ele nunca havia se colocado tal questão! A tarefa que lhe cabe é fazer, como a tarefa do rouxinol é cantar e a da abelha produzir mel. Neste aspecto, tanto o rouxinol como o poeta assemelham-se ao herói: este não faz conferências sobre o heroísmo e demonstra seu heroísmo não pelo que diz, mas pelo que faz. Igualmente, os rouxinóis fazem vocalizes e não conferências sobre vocalizes. Fevrônia, a virgem de Kitej, não apresenta comunicações no Instituto, mas, quando se levanta, a rena vem chorar de amor a seus pés. É essa simplicidade da operação poética que torna tão decepcionantes as mensagens, os testamentos e as profissões de fé do criador quando este, por acaso, é tentado a escrever

---

[8] Carta inédita de Fauré a seu filho Philippe a respeito de *Calígula*, "Air de Danse".
[9] O autor refere-se ao célebre "Grupo dos Cinco", integrado, além de Mussórgski, pelos compositores Balakirev, César Cui, Rimski-Korsakov e Borodin, unidos, na segunda metade do século XIX, pelo objetivo comum de constituir uma música autenticamente russa. (N. da T.)

a teoria da própria criação! Em geral, o pensamento do criador está completamente absorvido em seu Ser ingênuo e na necessidade cega e profunda do Fazer. Nesse caso, é pertinente dizer: não leia o que professam, escute o que fazem! Por exemplo, não leia o que diz Tolstói pregador, leia o que faz Tolstói romancista.

O compositor está na situação de um cantor que não sabe falar e só pode cantar, ou de um pianista que, encarregado de fazer um discurso, senta-se ao piano sem dizer uma única palavra: pois assim, como ele bem sabe e cada um compreende de imediato, expressar-se-á mais profundamente e melhor responderá a nossa interrogação. Poderiam dizer que esta não é uma resposta: entretanto, tal atitude muda é de fato *uma resposta* e, por sinal, bastante eloquente! Trata-se da resposta manual e drástica dada pelo músico. Liszt, como já recordamos, cita com frequência, na forma de epígrafes, os textos que inspiram seus poemas: um soneto de Petrarca, o capítulo dos *Fioretti* sobre a pregação aos pássaros, algumas linhas de Lamartine, "Ce qu'on entend sur la montagne" de Victor Hugo. Contudo, quando, por sua vez, o piano ou a orquestra elevam a voz, sentimo-nos invadidos por algo pertencente a uma *ordem completamente distinta*, algo de difluente e enevoado em que a voz da natureza e a voz da humanidade ainda são indistintas, algo que não é mais o caos, nem o planisfério do mundo: esse algo é a ordem eficaz e irracional da música. Pela mesma razão, não existem dissertações sobre Fauré, por mais eloquentes que sejam, cuja profundidade se equipare à audição do *Quarteto n. 2*. Isto porque o *Adagio* que o compõe não é uma obra sobre a qual se possa comentar: é necessário consentir a esse longo e maravilhoso devaneio noturno e à serenidade sideral por ele irradiada para perceber verdadeiramente a cantilena da viola; mensageira das "coisas inexistentes" e do inquietante desejo que nos move em direção a elas, esta cantilena talvez nos diga: "tenho grandes partidas inalcançadas em mim", pois esta será a última frase de *Le Horizon chimérique*[10]* e estas serão, de certo modo,

---

[10] "Car j'ai de grands départs inassouvis en moi" é, como diz o autor, o último verso da *mélodie* "Vaisseaux, nous vous aurons aimés", quarto e último número de *Le Horizon chimérique*, Op. 118, por sua vez, o último ciclo de canções de Fauré, composto sobre poemas de Jean de la Ville de Mirmont. (N. da T.)

as *ultima verba* do compositor. A inquietante nostalgia encontrará finalmente a paz, as três últimas páginas tão quietistas do *Adagio*, que apresentam a grande frase noturna suavemente mergulhada no pacífico oceano do sono, desafiam toda análise, assim como ultrapassam toda palavra. Isso não vale menos para o *Réquiem*, pois sua audição é, assim como sua execução, um ato, e este evento único, mas renovável, sempre acrescenta algo de inteiramente novo à ideia que fazíamos dele, como a execução real, feita no instrumento, da peça que deciframos sempre acrescenta algo de imprevisto à leitura mais minuciosa. Aquele que não ouviu o "Sanctus" do *Réquiem* executado pela orquestra, com seus pianíssimos sobrenaturais, o murmúrio de suas harpas, a efusão serena e estelar de seus coros, a apaziguante cantilena de seus arcos, suas dissimuladas modulações e todo esse não-sei-quê tocado em surdina, que é propriamente bergamasco[11] e a nada mais se parece, aquele que não ouviu nada disso não pode "realizar" o mistério em Fauré, não conhece nem sequer o início da primeira palavra de um encanto que somente os brutamontes podem descrever antecipadamente. Sim, é preciso ter saboreado desse fruto de suavidade para fazer uma ideia dele, pois se trata da experiência insubstituível de algo incomparável. E assim como nenhuma leitura pode suprir o amor real de uma mulher real, assim como, segundo Proust, nenhuma descrição, por mais alucinante que seja, pode fornecer uma ideia de Veneza àqueles que efetivamente nunca lá estiveram, nem aspiraram seu odor, nenhuma imaginação pode antecipar, nem representar a si mesma o que há de indefinível na *Balada em Fá Sustenido Maior* de Gabriel Fauré sem tê-lo provado. No entanto, para aqueles que tiveram debaixo dos próprios dedos o mistério de seis

---

[11] A "bergamasca" é uma dança do fim do século XVI, provavelmente originada do distrito de Bérgamo, no norte da Itália. Como dança, costuma associar-se a um esquema harmônico específico. Contudo, Jankélévitch utiliza o substantivo adjetivado nesta obra a fim de sugerir algo da atmosfera singular, indefinível e inapreensível que emana, sobretudo, das obras de Gabriel Fauré. De modo semelhante à alma humana, a música etérea do compositor francês é, seguindo os versos de Verlaine, musicados por Fauré ("Clair de lune"): *un paysage choisi / que vont charmant masques et bergamasques / jouant du luthe et dansant et quasi / tristes sous leurs déguisements fantasques* ("uma paisagem escolhida / que encantando vão máscaras e bergamascas, / tocando alaúde e dançando, e quase / tristes nos seus disfarces extravagantes"; tradução de Fernando Jorge Azevedo). (N. da T.)

sustenidos, que o sentiram palpitar sobre as teclas negras e brancas, algo de *completamente outro*[12] ressoará, sobre o qual ninguém poderá sugerir a ninguém. Não há um universo, há diversos universos e uma infinidade de universos, há universos de universos entre a *Balada* cuja análise temática elaboramos e aquela que tocamos no teclado de marfim. E o odor de Veneza, embora *sui generis*, é uma qualidade específica bastante grosseira perto da embriaguez sutil e do delírio irrepresentável, *theîa manía*[13], que a *Balada* provoca em nós. Este encanto em ato e o inebriamento lírico que lhe corresponde compõem toda a "filosofia" de Gabriel Fauré, como a oração de Fevrônia no quarto ato de *Kitej* e o acalanto da czarina dos mares em *Sadko* constituem toda a metafísica de Nikolai Andreievitch. Nesse encanto em ato, não há nada a se pensar ou, *o que vem a ser o mesmo*, há, de algum modo, infinitamente a se pensar: esse encanto é fonte inesgotável de especulação e de fecunda perplexidade, nasce também ele do amor. A especulação infinita, quando não é mais que exaltação, coincide com o estado poético... É assim que o *Réquiem* nos fala da confiança[14], da esperança em outro mundo, da esfera invisível e supralunar a que aspira nossa nostalgia – já presente, a bem da verdade, na esfera sublunar – e de muitas outras coisas sobre as quais, sem dúvida, Fauré não tinha nenhuma ideia. Essas coisas, Fauré as diz com arpejos e chega a fazer melhor que dizê-las, pois sua música sabe tocá-las e cantá-las, sugerindo ao infinito o que nenhuma língua seria capaz de exprimir. Quando os divinos arpejos do *Réquiem* se evaporarem no ar – "In paradisum deducant te angeli" –, cada qual terá compreendido que outros comentários não são mais necessários; então tudo terá sido dito, e os homens entreolhar-se-ão em silêncio: *siōpēsantas deî apeltheîn*[15]. É o que propõe

---

12 Provável alusão à expressão alemã "*ganz Andere*", cunhada por Rudolf Otto em seu clássico texto *O Sagrado* (*Das Heilige*), para abordar a realidade divina, numinosa. É interessante observar que a aplicação de tal expressão à experiência musical dá margem a uma fecunda aproximação entre os âmbitos espiritual e estético. (N. da T.)
13 θεῖα μανία (delírio divino). Esta expressão aparece no diálogo platônico *Fedro*, 256b e suas implicações encontram-se mais plenamente desenvolvidas em *Fedro*, 265a. (N. da T.)
14 Ph. Fauré-Fremiet, La Genèse de Pénélope, in: Le Centenaire de Gabriel Fauré, *Revue musicale*.
15 σιωπήσαντας δεῖ ἀπελθεῖν ("é preciso calar-se e desistir"). *Enéada* VI, 8, 11.

Plotino, pois, quando a alma fica assim transtornada diante de algo grande e grave – o sublime canto de Boris Godunov no segundo ato da ópera homônima, o silêncio sobrenatural que se estabelece ao fim da *Sinfonia Fausto*, quando o coro masculino entra em cena para cantar o "Chorus Mysticus" –, nada resta senão calar. Assim diz Tolstói[16], referindo-se ao mistério da morte: compreenderá aquele que deverá compreender. Tal qual o Deus dos cânticos da natureza, a música não responde, portanto, a nossas perguntas diretamente: são os oráculos dos pagãos que o fazem, quando vamos consultá-los em suas tendas. Como falam esses pequenos deuses tagarelas! E, se tanto falam, é, sem dúvida, porque nada sabem... Deus, por sua vez, permanece silencioso: prefere responder com os arpejos de seus rouxinóis, os gritos agudos de suas andorinhas e o murmúrio de suas folhagens proféticas. Àqueles que auscultam o silêncio noturno para perceber a música inaudível das esferas, as harmonias invisíveis e os sinos da cidade pneumática de Kitej, a noite sussurra um segredo. Trata-se, contudo, de vozes longínquas e incontáveis, de respostas confusas... Esta é a maneira ambígua pela qual a música nos responde. A música, como os rouxinóis de Deus, responde com fatos e *enquanto faz*: cabe a nós saber compreender a cativante mensagem.

Fevrônia ou a Inocência

Dizíamos com Aristóteles: é tocando a cítara que nos tornamos citaristas e é tangendo as cordas da harpa que nos tornamos harpistas. E isto vale tanto para a criação poética quanto para a aprendizagem: o músico exprime-se durante a própria operação criativa e ao longo da operação. Quanto à música feita pelo músico em questão, ela há de significar algo retrospectivamente. O sentido se forma, portanto, no presente e se desprende no futuro composto do modo subjuntivo: mas não é jamais, no artista, planejado de antemão ou *a priori*[17], pois é o ideólogo que delibera antes de fazer! *A priori* o músico não deseja

---

[16] L. Tolstói, *A Morte de Ivan Ilitch*, sub finem.
[17] J. Cassou, *La Rose et le Vin*, "Commentaire".

exprimir um sentido, mas cantar: ora, é cantando, ou seja, fazendo, que ele se exprime, assim como é forjando que um homem se torna ferreiro ou como é tomando impulso que Aquiles experimenta o movimento. Logo, comece forjando e tocando! Comece pelo "fazer", supondo que o problema esteja resolvido, para depois resolvê-lo: comecemos, portanto, pelo fim e o resto virá por acréscimo[18], sem mesmo que pensemos nele, "como o viço da juventude para os que se encontram na flor da idade"[19]. Contudo, se buscamos intencionalmente esse "resto", ele nos escapará. Em definitivo, a música, mesmo aquela considerada "pura", encontrar-se-á apta a exprimir algo passavelmente sob a única condição de não o ter desejado. Em definitivo, o músico obterá a aprovação de seu público se, como Fauré, não tiver buscado intencionalmente essa recompensa, assim como um remorso sério e sincero, isto é, verdadeiramente desesperado, talvez obtenha a redenção se não a exigir como uma espécie de salário devido a seus méritos[20]. É a consciência demasiadamente esclarecida que transforma o desespero no *disperato* teatral! Contudo, a graça há de nos proporcionar uma esplêndida surpresa: ela, que recusava o cabotinismo de um arrependimento interessado e mercenário, inundar-nos-á quando deixarmos de fazer pose ou de fitar os próprios méritos, ou seja, quando o agente deixar de assumir a óptica da testemunha. Opondo *ephexēs* e *exaíphnēs*[21], Diotima de Mantineia diz que, enquanto a iniciação é uma dialética gradual, a contemplação é repentina: e, com efeito, é preciso ter se submetido a um árduo trabalho para merecer a intuição. No entanto, isto não quer dizer que a intuição seja a recompensa obrigatória e o desfecho esperado de todo

---

18 L. Tolstói, fim de *Ressurreição*. Cf. Idem, *O Reino de Deus Está em Vós*, § 5.
19 Em francês: *comme à la jeunesse sa fleur*. Como esta passagem parece ser uma referência à *Ética a Nicômaco* (Livro x, 1174b 32) de Aristóteles, optamos por citá-la na tradução de Leonel Vallandro e Gerd Bornheim. Cf. Aristóteles, *Metafísica* (Livro I e Livro II); *Ética a Nicômaco; Poética*, p. 224. (N. da T.)
20 É interessante observar, neste ponto, a confluência entre as ideias éticas e estéticas do filósofo. Como sugere na sequência do texto e em diversos momentos de sua obra, o autor valoriza, também no campo da práxis, as ações realizadas por um sujeito que não se apresenta como um espectador de si próprio. É na pura gratuidade para além de qualquer planejamento e auto-observação que ocorrem os gestos máximos do perdão e da caridade. (N. da T.)
21 ἐφεξῆς ("sucessivamente"); ἐξαίφνης ("repentinamente"). Platão, *O Banquete* 210e.

nosso esforço, posto que ninguém, na verdade, tem direito à inspiração. Portanto, a condição necessária nunca é suficiente, e, ainda que a intuição esteja ligada *de maneira geral* (e bastante ambígua) à iniciação, a intuição permanece em si mesma uma graça essencialmente caprichosa e imprevisível. Aquele que busca imperiosamente a Deus não o encontrará; por outro lado, aquele que busca com inocência e sem a menor autossatisfação pela busca já encontrou: encontrou ao desviar-se do espelho no qual a consciência de si lhe devolve sua imagem...

Certo estado de inocência não é menos necessário ao artista[22]: os grandes inovadores, como Emmanuel Chabrier, são aqueles que inovam sem tê-lo desejado expressamente. Os grandes inovadores, como Fauré, não buscam tanto inovar. Os grandes inovadores, como Fauré e Prokófiev, não se colocam, enfim, tantas questões! São os pulgões e os pigmeus que, em sua pequenez, conjecturam... Contudo, o criador compõe uma obra musical, em primeiro lugar, porque tem algo a dizer e sente a necessidade de dizê-lo. É só mais tarde que sua composição revelará um caráter inovador graças à espontaneidade inventiva e improvisadora do gênio. Portanto, a verdadeira originalidade não implica forçosamente a intenção expressa de *fazer o novo*; antes, exclui por completo a busca da novidade a qualquer custo. O mesmo ocorre com a expressão. "Querer dizer" é, com frequência, o meio mais seguro para não convencer. Aquele que deseja pregar nos desanima e desencoraja nosso consentimento; aquele que deseja convencer em demasia deixa de ser convincente e provoca, ao contrário, a resistência do ouvinte. Aquele que deseja provar em demasia torna-se suspeito. A intenção de converter ou de edificar, enfim, por pouco que se deixe notar, suscita imediatamente a contradição. O melhor é inimigo do bom! É a dialética do "em demasia" que zela, assim, pela neutralização de toda expressão forçada ou pesadamente arquitetada. Em Tolstói, *Anna Karenina* é verdadeiramente mais "edificante" que *O Poder das Trevas*,[23] assim como uma obra de

---

[22] "Não fingir": Alain, *Préliminaires à l'Esthétique*, p. 203.
[23] Drama em cinco atos escrito por Tolstói, em 1886, de atmosfera brutal e naturalista, na qual emerge explícita mensagem de esperança cristã. Título original: *Vlast tmy*; título em francês: *Et la lumière luit dans les ténèbres*. (N. da T.)

arte é mais "edificante" que um sermão ostensivo. Eis a razão pela qual a propaganda é tão fraca, tão ineficaz, tão pouco persuasiva, porque o propagandista deve simular espontaneidade a fim de cativar seu público. Infelizmente, a espontaneidade mais ou menos dissimulada torna-se estratagema de uma estratégia: não se pode mais sair do círculo infernal do automatismo. Uma propaganda que, em vez de carregar ingenuamente a verdade, manifesta, de modo explícito, o propósito de fazer propaganda e confessa sua intenção publicitária, torna-se *ipso facto* inoperante. A morte do mártir ou o sacrifício do herói não é propaganda! Literalmente, o santo e o herói[24] pregam pelo *exemplo*: em outros termos, a própria pessoa e a própria presença do herói são responsáveis pela lição de heroísmo. Destarte, o herói é eloquente não por seus discursos, mas por seus atos e pelo exemplo mudo de sua vida heroica: somente este exemplo é exaltador, brilhante e comunicativo, despertando em nós o desejo de nos assemelhar a ele; somente o exemplo efetivo, seja poético, seja heroico, é capaz de modificar não só nossa opinião, mas nossa conduta. Um retórico age sobre seu público por sugestão consciente, isto é, tenta influenciá-lo, adulá-lo ou doutriná-lo, mas o poeta nos eleva além de nós por uma espécie de contágio dilatador, que está para o sugestionamento assim como a propagação está para a propaganda. É uma verdadeira reação em cadeia. Valéry dizia que o poeta faz do leitor um inspirado[25]: a poesia do criador induz no outro uma espécie de poesia secundária. E como a liberdade liberta aqueles que vivem sob o efeito de sua irradiação, como o movimento mobiliza os corpos inertes que atravessa, assim a poesia torna um pouco poéticos aqueles que interpela: os homens mais prosaicos, atingidos por esse entusiasmo comunicativo, por esse delírio divino, por essa embriaguez contagiosa, experimentam, por sua vez, a inspiração e se põem a cantar.

Também a música faz de todo ouvinte um poeta. Esse poder persuasivo pertence propriamente à música: chama-se Encanto e a Inocência é sua condição. À inocência do criador no processo

---

[24] Cf. H. Bergson, *Les Deux sources de la morale et de la religion*.
[25] P. Valéry, *Variété* V, p. 138.

de compor corresponde a inocência do intérprete no processo de recompor: inteiramente absorvido na execução da obra a ser recriada, na extática tensão de quem concentra todos seus esforços em transpor os obstáculos, o intérprete se esquece dos espectadores que o observam. Onde encontraria o prazer de fazer pose ou de se desdobrar pelo exercício da autoconsciência? A lição eloquente e muda do encanto só opera por uma sugestão nesciente e inteiramente espontânea por parte do operador: se o operador muito quer, é o paciente que não quer mais; se o operador começa a se exercitar, o paciente deixa de consentir e o encanto então se rompe! Não há receitas para encantar, mas, sim, para ser um encantador, ou seja, um histrião. Como pressentia Angelus Silesius, antes mesmo de Schelling[26], tudo o que é precioso e precário pertence a esse mesmo gênero: só se pode *ser* com a condição de não *ter*, só se pode *ter* com a condição de não *saber*[27]. "Não sei o que sei", diz Mélisande a Arkel: é a inocência diáfana, agonizando sobre seu leito de morte, que assim se espanta frente à preocupada consciência. Como já havíamos dito, a expressão mais alucinante não é aquela que não desejava se exprimir? Talvez seja neste sentido que devamos compreender o *"exercitium occultum nescientis se numerare"* ou, como na paráfrase schopenhaueriana de Gottfried Leibniz, *"nescientis se philosophari"*. É a virgem Fevrônia Muromskaia, de Rimski-Korsakov, a sublime encarnação da nesciência, cujo verdadeiro nome é Inocência. Como Orfeu e Francisco de Assis, a terna Fevrônia vive em comunhão com as andorinhas, os rouxinóis e os tigres. Assim como o bardo Sadko, é ela mesma um pequeno rouxinol (*soloviuchka*) a encantar as feras e a humanizar toda a natureza, sem ter consciência de como e por que isso se dá. "Ignoro o que vou cantar, sei somente que um canto amadurece em mim"[28], escreve o poeta russo Fet[29]. Entre a virgem russa de *Kitej* e as cândidas

---

[26] F. W. J. Schelling, *Zur Geschichte der neuren Philosophie*, Werke v. x, p. 100-101.
[27] "Não sei quem sou. Não sou o que sei. / Uma coisa e uma não coisa, um pontinho e um círculo." (SILESIUS, Angelus. *O Peregrino Querubínico*, Livro I, n. 5). Célebre dístico do místico alemão do século XVII, muitas vezes citado por Jankélévitch e aqui apresentado de modo adaptado. (N. da T.)
[28] Citado por Tolstói, apud M. *Trois Russes*, p. 16.
[29] O poeta Afanasi Fet (1820-1892) exerceu, com seus versos ricos em "variedade rítmica, nuanças de sentimento e impressões fugidias" (S. Emmons; W. W. Lewis, *Researching the Song*, p. 172),

criaturas da imaginação que povoam a obra de Debussy, Mélisande e a Menina dos cabelos de linho[30], há uma fraternidade profunda: como suas irmãs, Fevrônia, jovem tão pura, tão sábia, encarna a operação inocente do encanto. O encanto é a operação inteiramente graciosa, destituída de autossatisfação, exaltação ou desse voltar a si característico à reflexão: é a força eferente e transformadora irradiada pela terna Fevrônia dos cabelos de linho.

Por conseguinte, torna-se compreensível que a música moderna tenha desejado ser, em certos aspectos, um retorno ao espírito da infância. Tal espírito, que permeia as *Dietskaia* (O Quarto das Crianças) de Mussórgski e as refinadas *Canções Infantis* de Anatoli Liadov ou de Serguêi Liapunov, também pode ser reencontrado no *Mladi* (Juventude) de Novák, assim como no delicioso dístico *Yvonne en visite* de Albéniz. O candor inteiramente original e a nova aurora suscitados pelas peças infantis e as traquinagens de Bizet, Debussy, Ravel e Séverac, as criancices balbuciantes de Satie, a ingenuidade matinal de Mompou e as claras sonatinas de Koechlin, tudo isso manifesta o espírito da infância. Nos músicos do século XX, chamem-se eles Prokófiev ou Bartók, Tansman, Stravínski ou Milhaud, o "Cantinho das Crianças"[31] não cessa de se expandir. Diante das quatro estações, diante dos bichos que rastejam, voam ou zumbem, diante dos encantamentos da floresta e das metamorfoses, diante dos "prodigiosos prodígios" cujo espetáculo a natureza apresenta a um olhar casto e ingênuo, Ravel e Rimski-Korsakov reencontram uma alma de criança maravilhada. Somente a inocência é capaz de uma visão amena e quase pueril como essa de Nikolai Andreievitch; somente a inocência, na medida em que é uma pureza, mostra-se capaz dessa objetividade extática... De todas as artes, talvez seja a música a mais estranha a todo erotismo. Em oposição a essa insuportável erotomania que é

---

profunda influência sobre o simbolismo russo. Além de traduzir para seu idioma textos de poetas latinos, Goethe e Schopenhauer, teve muitos de seus poemas musicados por Rachmâninov, Rimski--Korsakov, Nikolai Medtner, Anton Arenski, entre outros. (N. da T.)

30 Debussy, "La Fille aux cheveux de lin" (*Prelúdios*, I, n. 8). (N. da T.)
31 Referência à suíte *Children's Corner*, de Debussy, que, dedicada à pequena filha do compositor, Claude-Emma, reúne seis pecinhas alusivas ao universo da infância. (N. da T.)

uma expressão do marasmo cotidiano e do enfado mortal, a inocência de um Mussórgski, de um Albéniz e de um Ravel não representa uma maravilhosa lição de pudor e pureza? Apesar de nutrir um gosto doentio pela sujeira, nossa terrível época conseguiu guardar a nostalgia da inocência a ponto de não ser insensível à voz de um coração simples e puro quando esta se faz ouvir.

A Miragem Espacial

Até aqui tratamos, sobretudo, dos ídolos da retórica que assimilam a música a uma linguagem. Não obstante, os ídolos ópticos são ainda mais tentadores e enganosos. O animal falante é um animal visual e só é capaz de compreender com clareza o que projeta no espaço. Não é a metáfora por excelência uma transposição espacial? A "metafísica" da música, como já mostramos, repousa toda inteira sobre essas metáforas... Seria necessário outro Bergson para desconstruir, no âmbito da estética musical, as miragens da espacialização. Mais que qualquer outra, a duvidosa, nebulosa e controversa verdade do devir musical solicita o emprego da metáfora: é a visão que toma as rédeas da audição e projeta na dimensão espacial, sob coordenadas espaciais, a ordem difluente e temporal da música. As imagens inspiradas pelas artes plásticas, pintura ou escultura formam hoje o que há de mais patente no jargão em moda. Muitas vezes sugestiva e, em alguns casos, suspeita, a correspondência entre as artes[32] não nos convida a considerar a música uma espécie de arquitetura mágica? Tudo não passa de "estruturas", planos e volumes, linhas melódicas e colorido instrumental... E pode-se até mesmo perguntar – na medida em que toda a linguagem está moldada para a tradução de experiências visuais – se, por ventura, existem outros meios para se exprimir o inexprimível da sinfonia, para se dizer o indizível da sonata. As próprias preposições e os advérbios que empregamos para designar as relações das linhas melódicas ou dos sons entre si – "dentro", "em cima", "embaixo" – são de origem espacial! Caso não a tomemos como uma similaridade

---

[32] Étienne Souriau estuda a fundo esta questão em *La Correspondance des arts*.

literal, a analogia das cores e das tonalidades[33] não poderia se justificar pneumaticamente pela confluência das impressões sonoras e visuais no seio de uma consciência que as associa, compara e interpreta umas pelas outras, traduzindo um mesmo estado de alma sobre diferentes teclados, ou seja, em registros heterogêneos? Além do mais, três quartos do vocabulário musical, de "desenho" a "forma", de "intervalo" a "ornamento", são tomados de empréstimo do mundo da visão... Deveremos renunciar a esses recursos? Contudo, a estética metafórica deseja ir ainda mais longe: deseja que o fenômeno musical seja algo demarcável e localizável, pretende responder de maneira unívoca à questão *o quê?* e à questão *onde?*; àquela por definições, a esta por localizações! Enfim, onde se situa a música? Situa-se sobre o plano do teclado ou da corda vibrante? Está adormecida na partitura ou talvez nas ranhuras do disco? Estaria ela na ponta da batuta do maestro? Com efeito, os caracteres geralmente atribuídos à música costumam existir somente para os olhos e graças aos artifícios das analogias gráficas. Simples modos de escrita, resultantes da projeção simbólica do fato musical sobre duas dimensões, servem para caracterizar a "curva" melódica. A melodia que é, fora do espaço, sucessão de sons e pura duração sofre o contágio dos signos horizontalmente inscritos sobre a pauta. Até mesmo o acorde, harmonia de múltiplos sons percebidos simultaneamente, tende a se confundir com o agrupamento vertical das notas que o esquematizam. E as partes, na música polifônica, parecem "se superpor". Os artifícios do papel pautado acabam por desalojar as realidades acústicas! No *Mikrokosmos*[34], Bartók inclui duas pecinhas nas quais um conjunto de notas bem apertadas sobre um pedal de tônica se traduz por um grafismo que evoca a alternância da linha e do ponto. E quem sabe se o "redemoinho" das tercinas não nos é sugerido, em decorrência de uma associação habitual, pela imagem gráfica dessa figura sobre o papel? Robert Siohan denuncia, com toda a razão, o "visualismo" de certos procedimentos caros à música serial: "jogo de espelhos", formas

---

[33] Cf. A. Remizov, Les Couleurs, *Nouvelle Revue Française*.
[34] Bartók, *Mikrokosmos*, ii, n. 64, "Linha e Ponto".

invertidas etc.[35]: o ouvido, com muita frequência, nada percebe. Seria preciso até mesmo incriminar o visualismo de todos aqueles que falam de inversões e rimas musicais[36]. Isto implica não levar em conta que a música é feita para ser ouvida, não para ser lida, e que a simetria, intuição visual, não é reconhecível por meio do ouvido. Na medida em que, com efeito, um trajeto no espaço pode ser percorrido nos dois sentidos, aplica-se à música a ideia de um ciclo ou de um ir e vir como se o movimento musical fosse reversível. Ora, se há uma lembrança da coisa repetida, não há simetrias nem centro num devir irreversível e orientado no qual a própria reexposição *vem em continuação* e no qual a *seconda volta*, ainda que indiscernível da primeira, desta já se distinguiria imperceptivelmente pelo simples fato de sua segunda posição, ou seja, pela prioridade cronológica da primeira vez. A projeção ao futuro, assim como a participação da memória, impede que o círculo se feche.

O evento musical também pode ser contaminado pelas impressões cinestésicas: a "Roca" de Nikolai Shcherbatchev parece ter recebido este título graças ao movimento oscilante da mão esquerda por cima da direita e da graciosa ondulação que resulta, sobre as teclas, desse cruzamento. A associação que se estabelece entre o som e os deslocamentos da mão sobre o teclado, entre a música e suas escansões coreográficas[37], entre o enfraquecimento do som pela distância e a experiência do deslocamento no espaço, tudo isso concorre para criar a nossa volta um espaço auditivo, meio híbrido, que possui, como todo espaço, um alto e um baixo, pelos quais a música se faz distante, sobe e desce. Assim, a coreografia acaba completando a cena. A teoria do nativismo não se enganou: há um espaço concreto de cuja edificação todos os sentidos participam. Mas a ideia de uma densidade e, como vimos, de uma profundidade musical só faz sentido quando posta em relação com o tempo: é o tempo que torna o

---

35 R. Siohan, *Horizons sonores*, p. 113-114, 116.
36 Como atesta a canção de Charles Bordes, *Le Son du cor s'afflige vers les bois*.
37 "Para obter um oco", escreve Érik Satie entre as pautas da terceira de suas *Gnossiennes*: mas é fácil perceber que o compositor se refere, na verdade, à posição imposta à mão direita sobre as teclas. Cf. Shcherbatchev, Op. 8, n. 3.

encanto evasivo e difuso, que torna a ipseidade musical uma presença ausente infinitamente fugaz e decepcionante. Na ordem-inteiramente-distinta da temporalidade musical, o mesmo sempre aparece, por sua vez, outro que ele mesmo! A música não é uma caligrafia projetada no espaço, mas uma experiência vivida como a própria vida. E isto não equivale a recordar simplesmente que a música se dirige ao órgão chamado ouvido?

A Temporalidade e o Noturno

Portanto, não há necessidade de ainda explicar por que toda filosofia da música é uma aposta perigosa e uma contínua acrobacia. Negamos à música o poder do desenvolvimento discursivo: mas não lhe negamos a experiência do tempo vivido. Fauré e Séverac embarcam no "caminho mais suave"[38] que tantos outros seguirão. Ora, essa deambulação é sempre um pouco onírica e noturna... Chama-se devir! Fluente, não itinerante: assim é a música. Sua dimensão é, entre todas as outras, a menos manipulável e a mais evanescente, dado que tal dimensão é o devir, já compreendido por Aristóteles como quase inexistente, pois só o pensamos recorrendo a um pensamento crepuscular e como se através da bruma de um sonho. O devir não permite o arredondamento do objeto em seus limites corporais, é, antes, a dimensão segundo a qual o objeto se desfaz sem cessar: forma-se, deforma-se, transforma-se e logo se reforma. A sucessão dos estados do corpo – isto é, a mudança – faz com que se dissolvam os limites solidificados por nossas fragmentações. A Variação e a Metamorfose correspondem perfeitamente a esse regime de mutação continuada que é o regime musical por excelência: o tema que é o objeto, o insignificante objeto da Variação, anula-se entre as reencarnações e as metamorfoses. A "grande Variação" não é modelagem de um objeto plástico, mas, antes, modificação de um extremo a outro,

---

[38] Turina, "Caminando" (*Miniaturas*, Op. 52, n. 1); *Álbum de viaje*, Op. 15; *Viaje marítimo*, Op. 49 etc.; Prokófiev, "Progulka" (Passeio) (*Três Peças*, Op. 59, n. 1); Mussórgski, "Promenade" (*Quadros de uma Exposição*, n. 1, 3, 5, 8, 11).

modificação modulante, modificação sem modos e até sem a substância cujas modalidades seriam os modos, sem o ser cujas maneiras de ser seriam as maneiras. Talvez seja justamente essa fluidez temporal que explique a predileção de Fauré pela continuidade ao mesmo tempo arrebatada e flexível das barcarolas. *Le Ruisseau*, "Au bord de l'eau", "Eau vivante"... O fluxo heraclitiano das águas correntes não foi para Bergson uma espécie de imagem sensível do tempo vivido? Neste sentido, a continuidade, em Fauré, está mais próxima de Bergson que a descontinuidade em Debussy, as treze *Barcarolas* são mais "bergsonianas" que *La Mer* e a barcarola das águas-vivas mais bergsoniana que as águas estanques do impressionismo.[39]

A água-viva dissolve as formas e a noite esfuma seu contorno. A música é, portanto, naturalmente noturna e de tal modo noturna, que mesmo as composições do meio-dia, como os três *Noturnos* sinfônicos de Debussy, conservam-se, de algum modo, crepusculares. Crepusculares e oníricas são ainda as paisagens íntimas de Fauré, o azul celeste de Séverac e, até mesmo, as peças solares de Rimski-Korsakov. Satie, compositor das "nove horas da manhã", escreve para piano *Cinco Noturnos*: na obra dos músicos, a luz antes subtrai que delimita ou localiza. Em Gabriel Fauré, não só os treze *Noturnos* são noturnos. As *Barcarolas* também são um pouco noturnas, assim como as quatro *Valses-caprices*, a *Balada em Fá Sustenido Maior*, o *Adagio* do *Quarteto n. 2* e o "Prelúdio n. 1". Já em *Calígula*, quando o abandono às "horas da noite" sucede aos ritmos marciais das "horas do dia", os acordes entram em fusão: os arpejos líquidos, desenovelados e desenlaçados acompanham o escoar da sonhadora *Dumka*. Com suas sombras movediças e seus murmúrios confusos, o *Poema Noturno*, Op. 61, de Scriabin, é o verdadeiro poema da deliquescência dionisíaca. Tantas "Berceuses", Serenatas, Noturnos e "Clairs de lune" testemunham a preferência constante da música pelo momento privilegiado em que as formas e as imagens se desfazem na indistinção do caos e, em seguida, pela meia-noite que submerge em suas

---

[39] O caráter "estagnante" da obra de Debussy já havia sido tratado pelo autor, também em contraposição com a fluidez fauréana, em *Debussy et le mystère*, capítulo II, seção 1, "Stagnance". (N. da T.)

trevas toda variegação multicor. O primeiro momento é aquele do naufrágio do sono, o segundo, aquele da difluência noturna propriamente dita, o primeiro é hipnótico e o segundo, onírico[40]. É a grisalha da noitinha que dissolve as divisões espaciais do Grande Dia, mas é o negror noturno que engole e submerge a coexistência estática das coisas singulares e obriga a consciência cega a avançar tateando. Tudo é dado simultaneamente para um espectador que, empoleirado em seu observatório e protegido pela posição elevada, alcança uma visão global, imediata e altaneira das existências. O drama desenrola-se como um tapete aberto: esta é a óptica do espectador, este é o ponto de vista contemplativo que se obtém sobrevoando. O homem vidente *olha* para não *ser*.

O universo musical não se apresenta como algo exposto diante do espírito ou proposto ao espírito: a música, por mais objetiva que pretenda ser, mora em nossa intimidade. Vivemos a música como vivemos o tempo, através de uma experiência fruitiva e de uma participação ôntica de todo nosso ser. A noite contribui para transformar o problema especulativo em drama vivido. Até mesmo nas ocasiões em que escolhe, como Liszt e Mussórgski[41], o quadro de um pintor ou a estátua de um escultor como pretexto para seu devaneio, o músico transpõe a atualidade óptica da obra plástica para a dimensão noturna do devir: o ouvinte viverá um após outro os eventos que, para o espectador, são dados simultaneamente, ou seja, num Agora intemporal. A consciência, privada pela noite de seus panoramas sinópticos do mundo, mergulhada na imanência das trevas como o soldado de infantaria de Tolstói em Borodino, experimenta as coisas uma depois da outra e uma de cada vez como uma série de eventos sucessivos. Até Franz Liszt, no topo da alta montanha ao qual foi conduzido por Victor Hugo, não vê o universo como um mapa-múndi estendido a

---

40 No ensaio "Le Nocturne" (1942), o filósofo já havia abordado, em maior detalhe, as etapas da noite, segundo as divisões estabelecidas por são João da Cruz em *Subida do Monte Carmelo* (Livro I, Capítulo 2, § 5) e por Schumann em suas *Fantasiestücke*, Op. 12 ("Des Abends", Op. 12, n. 1; "In der Nacht", Op. 12, n. 5). Cf. Jankélévitch, "Le Nocturne", in: *La Musique et les heures*, p. 249-250. (N. da T.)
41 Liszt, "Sposalizio" e "Il pensieroso" (*Anos de Peregrinação*, II, n. 1 e 2); *Hunnenschlacht* (Batalha dos Hunos) etc.; Mussórgski, *Quadros de uma Exposição*; Fibich, *Malirské Studie*, Op. 56 (segundo Ruysdael, Brueghel, Correggio, Watteau, Fra Giovanni da Fiesole).

seus pés: o que o compositor *ouve* sobre a montanha não é algo que possa dominar, mas, sim, algo no qual se envolve temporalmente pela própria dinâmica da música. Os lugares simultâneos, distribuídos e descortinados sobre o atlas por um efeito de altitude tornam-se momentos musicais experimentados um a um: a coexistência visual se derrama em difluência musical. Antes, o homem sobranceava o mundo ou o contemplava como um afresco, agora está nele imerso e deixa advir um devir que o arrasta. O afresco, que figurava como a ordem espacial dos coexistentes, desenrolar-se-á como um filme.

Compreende-se, assim, por que o encanto é o poder específico da música. Se a Beleza consiste na plenitude intemporal, no cumprimento e no arredondamento da forma, na perfeição estática e na excelência morfológica, o encanto possui algo de nostálgico e precário, um não-sei-quê de insuficiente e inalcançado que se exalta graças ao efeito do tempo. O encanto não nos traz a solução de um problema, mas é, antes, um estado de infinita aporia que provoca no homem uma perplexidade fecunda: neste sentido, ele é mais inefável que indizível. O encanto está sempre em estado nascente, pois a sucessão só nos concede o momento atual ao subtrair o momento anterior. Toda a melancolia da temporalidade reside nesta alternativa. Assim, a música intensifica ao máximo esse perfume inexprimível das lembranças que perturba e embriaga uma alma vagarosamente impregnada pela condição pretérita do próprio passado. "Em quais longínquas paragens desaparecestes, dias dourados da minha primavera?", pergunta Vladimir Lenski, pouco antes do duelo fatal que o confrontará com Oneguin[42]. Por sua vez, o poeta Alexis Tolstói conheceu de perto a tristeza de Olympio[43] e interroga os espectros da reminiscência:

Te souvient-tu, Marie,
Des jours perdus ?[44]

---

42 Tchaikóvski, *Eugene Oneguin*, n. 17 (II, 2). A. Púschkin, *Eugene Oneguin*, Canto VI, 19.
43 Referência a "Tristesse d'Olympio", célebre poema de Victor Hugo. (N. da T.)
44 "Lembra-te, Maria, / Dos dias perdidos?" (N. da T.)

O evento fugaz e irreversível, a qualidade evanescente, a ausência, a ocorrência já passada e que nunca mais voltará a ser: estes são os objetos privilegiados da suave melancolia musical. Não é a música uma espécie de temporalidade encantada? Uma nostalgia idealizada, sossegada, purgada de toda inquietação específica? Ainda assim, se a música, por um lado, é inteiramente temporal, por outro, é ao mesmo tempo um protesto contra o irreversível e, graças ao recurso da reminiscência, uma vitória sobre o próprio irreversível, um meio de fazer reviver o mesmo no outro. Conforme dizíamos, na música, a repetição não é reiteração! Em páginas anteriores, interpretamos a reminiscência como um modo evasivo e alusivo de evocar, que, justamente ao evocar, se apresenta como um modo de subtrair. Ora, ela também é a arte de reter: a arte da lembrança! "Nezabudka": "Não me esqueças"; esta meditação de Arenski[45] sobre uma flor seca exprime, em sua linguagem característica, a fidelidade ao passado, o culto das coisas distantes e consumadas, mas, ainda assim, infinitamente preciosas. Exprime também o esforço do poeta para reter o voo das horas e a fuga dos dias. Quando, antes da conclusão do *Noturno n. 6* de Fauré, a grande frase inicial finalmente emerge do trecho em Lá maior, suspenso como uma nuvem sobre toda a extensão do teclado, quando, após a fermata, o pedal é pouco a pouco levantado, é então que a grande frase noturna vem a nosso encontro como uma amiga distante e fiel. Na verdade, o passado fraternal nunca havia nos abandonado! O Tema não é, por si mesmo, no fluxo do devir melódico, uma espécie de reminiscência afetiva e uma lufada de lembranças indizíveis? Assim são as perturbadoras "Vzpominani" (Reminiscências) que encerram, em Suk, a coletânea *De Matince* (Sobre a Mamãe)... Na paz enfim reconquistada, podemos reencontrar, algumas vezes, um eco de nossa juventude, uma lembrança das primaveras que nunca mais voltarão, um canto familiar: aquele que mamãe cantava quando ainda era menina; aquele que mamãe cantava, à noite, para seu filho doente; aquele formado pelas batidas do coração materno[46]. O *Noturno n. 6*

---

[45] Arenski, "Nezabudka" (*Morceaux caractéristiques*, Op. 36, n. 10).
[46] Estes três "contos" correspondem a três títulos das cinco peças que compõem a suíte para piano de Suk previamente citada (op. 28, n. 1, 3 e 4).

de Fauré e o álbum de Suk são, cada um a sua maneira, uma versão condensada de nosso tempo vivido: ambos terminam sonhadoramente, como algumas vezes se encerra a vida, após tantas provas e tempestades, na serenidade meditativa de um longo fim de tarde.

A Divina Inconsistência. Kitej, a Invisível

Nessas condições, pode-se compreender o estado de exagero passional que, com frequência, a música cria em seus ouvintes. Esses quatro homens vestidos de preto que nada contam, que se alegram ou se entristecem por nada, que gesticulam no vazio, esses quatro homens são um quarteto de cordas. Por que Tolstói repreende esse quarteto de vaidades? Repreende-o porque produz em nós uma espécie de exaltação vazia, geradora de sentimentos sem objeto, de melancolias sem razão de ser e de entusiasmos imotivados. Também Mikhail Lérmontov, em *Um Herói do Nosso Tempo*, aborda as alegrias infundadas e as tristezas ilusórias nascidas da música. Para ser mais exato: a música cria no homem uma espécie de lucidez enganosa e falsamente gnóstica. Na própria obra, traz consigo uma transparência especiosa que não passa de uma impenetrável opacidade, uma pseudoevidência que não é mais que confusão; quando ela me embaralha o cérebro, acredito compreender o que não compreendo, quando a musa de Cária me faz perder a cabeça, acredito experimentar o que não experimento, poder o que não posso! A música me oferece, como que contrabandeadas, possibilidades tanto inéditas como imaginárias, transportando-me a uma situação completamente distinta daquela na qual me encontro, de fato... Tolstói escandaliza-se pela desproporção chocante e desonesta entre minha emoção e o barulho melodioso: esforça-se para não ser capturado pela causalidade negra, pela etiologia fraudulenta que nos tira do prumo. Alguns anos após *A Sonata a Kreutzer*, *O Poder das Trevas* confirma tal condenação e o livro *O Que É Arte?* a fundamenta teoricamente[47]: a música, que nos faz tudo esquecer, serve apenas para adiar os problemas. A música tudo obscurece, é o protótipo da clareza

---

[47] L. Tolstói, *A Sonata a Kreutzer*, § XXIII; *O Poder das Trevas* II; *O Que É Arte?*, § XVI.

aparente, a falsa luz nas trevas. Na verdade, trata-se de uma perspectiva um tanto injusta em relação aos delírios que nos fazem titubear. O homem, ao escutar o inefável, não sabe o que fazer para se elevar à altura do que saboreia. Encontra-se diante do *Andante spianato* de Chopin ou do *Adagio* do *Quarteto n. 2* de Fauré como se encontra no dia da primeira brisa primaveril, da primeira brandura, do primeiro perfume exalado pelos primeiros lírios. Ao sair da estreiteza e da estagnação invernal, o homem perturbado pela nova tepidez, embriagado pelo sol da primavera renovada, indaga-se o que deverá fazer ou dizer para merecer tão grande festa. Vestir-se-á, por sua vez, com roupas festivas? Sob o influxo poético da poesia universal, comporá, talvez, um poema? Cedendo ao embalo da suave manhã e das macieiras em flor, quem sabe se apaixonará pelo primeiro sorriso feminino que passar a sua frente? O amor também é poeta... O homem envelhecido que tenta se colocar em sintonia com a primavera descobre uma realidade infinitamente mais pura e casta que ele mesmo, diante da qual ensejaria manifestar, por tantos dons imerecidos, sua indizível gratidão. Nas formas desajeitadas em que se exprimem nossa admiração e nosso reconhecimento, vislumbra-se a humildade do homem frente ao caráter incompreensível do dom gratuito. Deve-se, portanto, perdoar o ouvinte do *Andante spianato* caso não saiba como agradecer nem se colocar à altura daquilo que saboreia. Deve-se perdoá-lo caso celebre de modo desmedido aquilo que é incomensurável a toda celebração: pois só balbuciando abordamos o inefável, *balbuciendo*, como já dizia João da Cruz[48].

Na verdade, é a desestimulante inconsistência da realidade musical que explica esses exageros e justifica as parolagens: não sabemos a qual objeto devemos nos prender, nem a qual objeto devemos visar. Todos se colocam à margem[49] da questão: para começar, o ouvinte que finge escutar... De fato, escutar o quê? Prestar atenção em quê?

---

48 Verbo utilizado pelo santo carmelita na explicação (*declaración*) por ele mesmo formulada à sétima canção de seu *Cântico Espiritual*. Neste contexto, o balbuciar é uma reação a um não-sei-quê (*no-sé-qué*) de ordem mística, indicativo de uma experiência inexprimível e incognoscível, porém altamente efetiva e fecunda, como o próprio *je-ne-se-quoi* imanentizado por Jankélévitch. (N. da T.)
49 "*À côté*": esta expressão encontra-se em I. F. Stravínski, *Chroniques de ma vie*, II, p. 162.

O ouvinte acredita compreender algo em que, na realidade, não há nada a ser compreendido. O objeto precisamente musical ao qual se dirige essa atenção, sem matéria nem ponto de aplicação, é inatingível, impalpável e, por assim dizer, inexistente. Não acredite nos tolos que, com a testa franzida pela meditação e o rosto desfigurado pelos quartetos de cordas, fingem "seguir" o tema A e o tema B. Seguir: não se lê ainda neste verbo uma analogia dialético-retórica estimulada pela ilusão do desenvolvimento discursivo e do itinerário? Conduz o maestro, segue o ouvinte... Nada poderia ser mais claro e mais simples! Reconhecemos um tema, colhemos uma harmonia no momento em que irrompe, fisgamos uma frase do oboé, e a tudo isso junto damos o nome de seguir! Há algo de estranho na seriedade infinita que caracteriza a atitude dos ouvintes diante desse gaguejar harmonioso destituído de significação. Há algo de cômico, quando conhecemos a frivolidade dos homens e a futilidade de suas preocupações, nesse silêncio religioso por eles observado ao longo do concerto e nesse maníaco temor de serem distraídos. Distraídos de quê, faça-me o favor! Esse homem dotado de profundidade, a escutar com os olhos fechados, pensa, com efeito, nas próprias questões, mas isto não é culpa sua, se for verdade que ninguém pensa sinceramente na música.

Não estamos mais aptos para pensar a música em *si mesma*, ipsa, ou a ipseidade da música, que para *pensar o tempo*: aquele que acredita pensar o tempo, no sentido de que o tempo é complemento direto e objeto de um pensamento transitivo, pensa os eventos que estão no tempo ou os objetos que duram, ou seja, não pensa o puro devir, mas, sim, os conteúdos que "devêm". Do mesmo modo, aquele que pretende pensar na morte (na qual, por definição, não há nada de pensável) delira mais do que pensa: eis porque a "meditação da morte" é uma meditação completamente vazia, vazia como o cenotáfio diante do qual ela se concentra; eis porque a reflexão sobre a morte, incapaz de encontrar pontos de apoio, assemelha-se a um estado de sonolência. Não é este o caso de toda "reflexão" sobre Deus ou sobre o céu noturno? A atenção dirigida à música nunca há de alcançar o centro intangível e inatingível da realidade musical, desvia-se, mais ou menos, para as adjacências circunstanciais dessa realidade: o recolhimento do ouvinte imerso em sua audição, ocupado em simular a atitude do fiel no santuário, é um recolhimento vazio. Não pensamos "a música", em contrapartida, podemos pensar conforme a música, em termos musicais ou musicalmente, ou seja, com a música cumprindo a função de advérbio de modo do pensamento. Logo, aquele que pretende pensar na música pensa em outra coisa ou então, como ocorre ainda com maior frequência, não pensa em nada, pois todos os pretextos lhe valem para não escutar. Entre aquele que pensa em outra coisa e o ouvinte que dorme, encontramos todos os graus de sonolência e delírio. Ígor Stravínski zombou, espirituosamente, dessa forma fútil de melomania[50]. A maior parte dos homens exige da música a leve embriaguez necessária para acompanhar suas associações de ideias, ritmar seu devaneio, embalar suas ruminações. A música nem ao menos lhes serve para recobrir o drama na atmosfera lírica da ópera, mas se torna para eles, no sentido irônico dado por Satie, simples música decorativa, melodioso ruído ambiente para as refeições e conversações. Assim, tampouco é "declamação acompanhada" ou, seguindo a nomenclatura de Albéric Magnard, "tragédia em música"[51], mas, sim, fundo musical para os homens atarefados. O ouvinte se diz: pensemos em outra coisa! E, por sua vez, o musicógrafo decide: falemos de outra coisa! Como da biografia e dos amores do compositor ou quiçá de sua importância histórica. Os conferencistas papagueiam, soltam vagidos, rugem. E quanto aos escritores, que não sabem em que se apoiar, chegarão a apreciar um músico por razões que nada têm a ver com a música: terão interesse em Debussy ou Satie, por exemplo, em virtude das sedutoras implicações literárias ou artísticas de suas obras e negligenciarão Fauré, porque este oferece menos sugestões para a imaginação do pintor e do romancista. Os mais pedantes falarão da gramática e do ofício, também são eles, sem dúvida, os mais astutos, pois parecem ter como foco uma realidade especificamente musical, localizável em certas locuções. Enquanto isso, recorrem à afetação técnica como um simples meio para não demonstrar simpatia, para subtrair-se ao encanto

---

[50] Idem, *Chroniques de ma vie*, I, p. 158.
[51] Este é o subtítulo dado por Magnard a suas óperas *Guercœur* e *Bérénice*.

e, enfim, para romper a aliança entre inocência e ingenuidade sobre a qual repousa todo encantamento. O espírito forte que, após escutar o violinista encantador, analisa as arcadas, esquadrinha a mão esquerda e o antebraço do instrumentista, discute a sonoridade e o *pizzicato*, prova, por meio desta atitude, que não é tolo e não cede ao feitiço, pois os espíritos fortes não estão sujeitos a fraquezas! Conhecemos bem todas essas mentes calculistas que, depois do concerto, exibem afetado interesse pela maneira como a obra "está feita". A análise técnica é um meio de recusar esse abandono espontâneo à graça ao qual o encanto nos convoca. A fobia do consentimento, o temor de parecer enfeitiçado, o coquetismo da recusa, a vontade de não "aderir" são formas gregárias e sociológicas da alienação, assim como o espírito de contradição é uma forma de mimetismo. O anti-hedonismo maníaco de nossos técnicos assemelha-se, em matéria de frivolidade, ao amor pelas valsas vienenses.

Concluindo brevemente, quase ninguém fala sobre a música, e os músicos bem menos ainda! Do mesmo modo, ninguém fala verdadeiramente sobre Deus, o que vale, sobretudo, para os teólogos!... Precisaríamos, de fato, da música em si mesma, *autē kath' hautēn*[52], como teria dito Platão, e não da música em relação a outra coisa ou ao que a circunda... Infelizmente, a música em si mesma é um não-sei-quê tão inapreensível quanto o mistério da criação. Mistério do qual somos capazes de apreender só o antes ou o depois: o antes, isto é, a psicologia, a caracterologia e a antropologia do criador, o depois, isto é, a descrição da criatura. Como captaremos o divino instante entre ambos, aquele que mais nos importaria conhecer, mas que tão obstinadamente nos escapa? Do mesmo modo, o irritante e enganador segredo da música se esconde e parece zombar de nós.

A realidade musical está sempre alhures, como as paisagens evocadas na obra de Gabriel Fauré por uma expressão evasiva e anfibólica. Essa geografia pneumática na qual o álibi esfuma e embaralha sem cessar a identificação unívoca dos lugares torna liquefeita e fugidia toda localização: não dizíamos que a música, fenômeno temporal,

---

[52] αὐτὴ καθ' αὑτήν.

recusa em regra qualquer tipo de espacialização? Um conto de Hans Christian Andersen, "O Sino", permite-nos compreender esse ponto de modo admirável: um sino soa misteriosamente na floresta sem que ninguém saiba onde está a igreja, onde está o sino, nem de onde vem seu maravilhoso som. Na verdade, é a grande igreja da natureza e da poesia, a igreja onipresente e oniausente, que faz perceber a Aleluia do santo sino invisível. O país dos sonhos, a terra de ninguém, a pátria das coisas inexistentes, a Jerusalém mística do *Réquiem*, a Cidade para além do mundo físico e visível de Kitej também designam a duvidosa pátria de um encanto que não se situa nem aqui, nem ali, mas por toda e por nenhuma parte. "Tua alma é uma paisagem escolhida."[53] Assim como a alma recusa ser localizada em qualquer região do cérebro e Deus, em qualquer região da Terra, também a Kitej celeste, a Kitej ausente e onipresente, próxima e distante – imagem da pura música em si mesma – não consta em nenhum mapa: a cidade de Utopia, como a *phílē patrís*[54] dos neoplatônicos e como o distante torrão natal do trovador, escapa de toda topografia.

O helenismo, na obra de Gabriel Fauré, longe de invalidar essa indiferença ao pitoresco etnográfico e geográfico, confirma-a. Como Satie, autor de *Sócrates*, Fauré tampouco viajou pela Grécia... Para esses músicos, o helenismo não representava somente a escola da lítotes e da sobriedade: significava ainda a pureza abstrata, a nudez "gimnopédica", o intemporal, a ausência de todo traço distintivo assim como de toda cor local. No *Hino a Apolo*, reconstituído por Théodore Reinach, Fauré glorifica as águas de Castália, *Kastalídos eúydrou námata*[55]: "Castália, fonte pura e fria, de água virginal e transparente"[56], diz Michelet. Castália, fonte de águas incolores, insípidas e castas, castas como as águas de Ilissos, em cujas margens Fedro e Sócrates perambulam: *katharà kaì diaphanḕ tà hydátia*[57].

---

[53] Citação do verso inicial do poema "Clair de lune", de Verlaine. (N. da T.)
[54] φίλη πατρίς ("pátria querida").
[55] Κασταλίδος εὔυδρου νάματα ("as fontes plenas de água de Castália").
[56] J. Michelet, *Bíblia da Humanidade*, p. 204-205.
[57] καθαρὰ και; διαφανῆ τὰ ὑδάτια ("puros e transparentes os fios d'água"). Platão, *Fedro* 229b. Satie, *Sócrates*, II, p. 22 (do libreto).

Quando Stravínski vier a renegar o asiatismo da *Sagração da Primavera*, o russismo de *Petrushka*, o folclore de *Les Noces*, será para se unir com Apolo, condutor das Musas. Na verdade, o compositor volta-se para a Grécia a fim de extrair dela não ritmos de dança ou cantos populares, mas uma expatriação feita simultaneamente de *ubiquidade* e *utopia*. No entanto, mesmo nas peças matizadas pelo pitoresco, o sotaque ibérico, o orientalismo e o exotismo aparecem ainda como meios de fugir para longe do que é. Neste sentido, a "Danseuse" evocada por Fauré em *Mirages* não é mais irreal que as jovens polovtsianas de Borodin[58], e Mélisande, nascida "longe daqui"[59], não é mais remota que Fevrônia.

O Encanto Bergamasco. Melodia e Harmonia

Como o sorriso ou o olhar, o encanto é *cosa mentale*; não se sabe em que se sustenta, nem em que consiste, nem ao menos se consiste em algo, nem onde o fixar... Não se situa nem no sujeito, nem no objeto, mas passa de um para o outro como uma espécie de influxo. De modo ainda mais geral, pode-se dizer que nada é musical *em si*, nem uma nona da dominante, nem uma cadência plagal, nem uma escala modal. No entanto, tudo pode se tornar musical, de acordo com as circunstâncias: tudo depende do momento, do contexto, da ocasião e de milhares de condições capazes de fazer de uma novidade uma engenhosidade afetada ou pedante e de um acorde banal um achado genial. Portanto, não há um critério unívoco nem um sinal decisivo que permita distinguir o encanto de sua falsificação, o autêntico de seu simulacro. Um simples arpejo de Fá maior serve como tema inicial para a admirável *Sinfonia n. 5*, Op. 76 de Dvořák, mas quão tocantes e profundos são os pensamentos contidos nesse inspirado arpejo! Em Emmanuel Chabrier, pode-se certamente apontar os achados que, a cada passo, tornam tão saborosa e insólita a linguagem de *Le Roi malgré lui* e de

---

[58] Referência às "Danças Polovtsianas" para coro e orquestra de Borodin, que concluem o segundo ato da ópera *Príncipe Ígor* (N. da T.).
[59] Debussy, *Pelléas et Mélisande*, I, n. 1 e III, n. 1; *La Boîte à joujoux*, III.

Sommation irrespectueuse[60]: um encadeamento inédito, um arrebatador agregado de notas, uma modulação imprevista... Todos estes procedimentos, porém, seriam meras voltas gramaticais ou particularidades ortográficas absolutamente indiferentes, sem a verve que as faz surgir no momento oportuno, brindando-nos com suas delícias. E, do mesmo modo, as invenções cuja autoria deve ser atribuída, sem contestação, ao gênio criador de Debussy seriam simples *curiosa* e, com o passar do tempo, fórmulas de retórica, lugares comuns, banalidades estereotipadas e maçantes sem o divino não-sei-quê capaz de torná-las, de uma só vez, eloquentes e convincentes. Isto porque uma escala de tons inteiros, evidentemente, não é nada, como não é nada uma sucessão de sétimas paralelas: é, no máximo, um clichê para os imitadores ou um procedimento mecânico para os industriais da fabricação em série. Imprevisível antes da passagem em que ocorre e para quem a tenta antecipar, surpreendente quando surge, organicamente necessária para a sequência da peça e para uma reflexão retrospectiva: é assim que percebemos, em Debussy, a novidade revolucionária. Sem dúvida, o mesmo poderia ser dito a respeito dos requintados achados de Maurice Ravel, tão facilmente reproduzíveis e tão rapidamente convertidos em chavões pelos imitadores: sétima maior, décima primeira natural... Em Gabriel Fauré, ao contrário, a novidade é antes difusa e não repousa, senão em pequena medida, em detalhes identificáveis. Neste sentido, Fauré está para Debussy como Tchaikóvski para Mussórgski: é seu idioma, em geral, que constitui uma novidade, uma insidiosa novidade. E, do mesmo modo, Fauré é francês como Tchaikóvski é russo: por um não-sei-quê atmosférico que climatiza sua música e que não se deve a estes ou àqueles galicismos determinados. O milagre reside, precisamente, na atmosfera harmônica sutil de uma música que aparenta utilizar as locuções mais comuns e que, de modo algum, busca as combinações quintessenciais. De fato, não é impossível notar as marcas distintivas – as cadências gregorianas, os acordes sobre a mediante ou a escrita modal – que supostamente caracterizam a linguagem de Fauré. Contudo, aquele que enumerasse estas marcas

---

[60] Canção póstuma sobre palavras de Victor Hugo.

nada ainda teria dito! Aquele que as conhece uma a uma nada sabe se ainda desconhece *a maneira* e a ocasião[61]... É esta maneira própria de Fauré que se deveria definir, e o gramático, por mais avançado em sua análise, será sempre um iniciante. O problema do inexprimível permanece intacto, ou seja, eternamente problemático, impondo-nos uma regressão ao infinito. Na *Balada em Fá Sustenido Maior*, o importante não são os três motivos analisáveis e desmontáveis – o motivo noturno do exórdio, o motivo do *Allegretto* e um motivo duas vezes esboçado numa lenta improvisação, em seguida desenvolvido ora no ritmo oscilante de uma barcarola, ora como um *scherzo* jocoso, ora por meio de trinados –, o importante, de fato, é o mistério alado, o *arcanum maximum*, o *quase-nada*[62] sem o qual os temas não seriam mais do que são.

Do mesmo modo, não podemos localizar o encanto *sui generis*, a *kháris epithéousa*[63], o sabor indefinível e irredutível que impregna o *Andantino* intitulado "Le Plus doux chemin". Esse encanto repousa na sonoridade? Ou seria na quietude nostálgica das cadências plagais? Ou talvez no sabor eólico da sensível nessa equívoca tonalidade de Fá menor? Em nada disso! No entanto, eleve a sensível em um semitom, substitua o quarto grau pela dominante, converta em natural o Sol bemol melancólico nos últimos compassos, mude uma única nota no "Ofertório" ou no fim do "Prelúdio em Ré Menor"[64]: tudo se torna prosaico e banal, tudo se achata! Do *divinum Nescio quid* não permanece mais nenhum vestígio... Isto quer dizer que o quarto ou o sétimo grau era a sede do encanto? Esse encanto que um mero sopro é capaz de destruir repousava num bemol? Digamos mais propriamente que, ao alterar uma nota, substituímos uma totalidade por

---

[61] A maneira está intimamente associada, na tradição estética, ao traço singular e irrepetível do artista, ou seja, a um *je-ne-sais-quoi* que não poderia ser capturado pelos termos de abrangência mais geral da técnica e da linguagem. Cabe ainda lembrar que "La Manière et l'occasion" é justamente o título dado pelo filósofo ao primeiro volume de *Le Je-ne-sais-quoi et le presque-rien*. (N. da T.)

[62] Ao lado do *je-ne-sais-quoi* (não-sei-quê), o *presque-rien* (quase-nada) aparece como um dos conceitos fundamentais do singular pensamento jankélévitchiano. Para uma visão abreviada do *presque-rien*, recomendamos a leitura da conferência "O 'quase-nada'" (1954), incluída na coletânea póstuma *Primeiras e Últimas Páginas*. A fim de evitar termos estrangeiros e tornar mais acessível a presente obra, optamos por apresentar este conceito, assim como o *je-ne-sais-quoi*, traduzidos no corpo do texto. (N. da T.)

[63] Palavras de Plotino já citadas e traduzidas, supra, p. 101. (N. da T.)

[64] Em Fauré, quinto dos *Nove Prelúdios*, Op. 103, para piano. (N. da T.)

outra: o clima diatônico, com sua sensível elevada, tomou o lugar da atmosfera modal. Henri Bergson e Henri Bremond[65] já haviam notado que quando deslocamos uma única sílaba no meio de um verso ou quando alteramos a menor vogal saqueamos toda a poesia: os desgastes são desproporcionais em relação à alteração material: o não-sei-quê se torna irreconhecível...

Portanto, um músico genial pode ser um inovador sem ser pro-

priamente um inventor. E, assim, aqueles que anseiam por grandes "achados" se decepcionarão. Não duvidemos disso: a devoradora exigência de novidade, tão característica à escalada de lances moderna, implica a ideia de que o fato musical seja uma coisa. A música estaria no mesmo nível de toda técnica: assim como as técnicas se prestam a

GABRIEL FAURÉ.
"Le Plus doux chemin" (*Duas Canções*, Op. 87, n. 1), Compassos 10-12 (1o sistema); 28-33 (2o e 3o sistemas).

---

[65] H. Bremond, *La Poésie pure*, p. 21, 24.

um aperfeiçoamento indefinido (esta é a lógica dos salões de automóvel ou de inovações domésticas que, a cada edição, trazem melhorias inéditas[66]), o progresso perpétuo seria a lei da música. Sempre mais longe, mais rápido e mais forte! Nessa corrida armamentista, cada composição musical, ao bater os recordes da precedente, apresenta-se como a última tendência da modernidade: cada músico, rechaçando seus antecessores como obsoletos e fora de moda, reivindica seu brevê de inventor. Numa época em que o pastiche da "pesquisa científica" praticamente se tornou um costume geral, os músicos se sentiram na obrigação de serem eles mesmos "pesquisadores" como todo mundo. O que pesquisam, em suma? Um acorde desconhecido, uma nova partícula? Apostemos que a sede de inovações traduz, neste contexto, o declínio da inspiração. Scriabin foi um verdadeiro pesquisador, porque também era um inspirado. E, vice-versa, aqueles que não têm nada a dizer atribuem uma importância exagerada às novidades de vocabulário.

Logo, a essência da música não consiste nem nisto, nem naquilo. Perguntemos de modo mais específico: tal essência reside na melodia ou na harmonia? Colocada dessa forma, a alternativa se mostra de fato insolúvel, e, assim, o debate entre melodistas e harmonistas poderia durar até o fim dos séculos[67]... Em si mesma, a melodia não é nada; em si mesma, a harmonia não é nada. E, por sua vez, a harmonização não é muito mais que ambas. Uma melodia sem harmonia é indiferente, uma harmonia sem melodia é morta: pois até um acorde requintado, quando não se apresenta como o momento de uma sucessão rítmica, é uma simples curiosidade privada de alma, um objeto raro, uma joia preciosa e nada mais. Como um neologismo ou um exemplo gramatical, um acorde que não se insere entre o antes e o depois num devir ritmado, orientado e significativo permanece no estado da materialidade

---

[66] Cf. J. Cassou, *Situation de l'art moderne*, p. 98-99.
[67] Alusão à célebre querela protagonizada, no século XVIII, por Rameau e Jean-Jacques Rousseau. O primeiro, autor de um *Traité de l'harmonie*, encontra na estrutura numérica da harmonia o fundamento comum e estável para toda a produção musical, em certa continuidade com o pitagorismo. Já o segundo compreende a melodia como o princípio musical originário que, também presente na natureza, é capaz de expressar as inflexões das paixões humanas. Cf. E. Fubini, *L'estetica musicale dal Settecento a oggi*, p. 57-58. (N. da T.)

intemporal. Algumas vezes, ouvimos dizer que, se a harmonia é algo como o corpo da música, a melodia deve ser sua alma. Contudo, jamais alguém viu uma alma sem corpo, nem sequer, propriamente falando, um corpo sem alma, uma vez que o corpo privado de vida perde, por decomposição, sua forma orgânica para se tornar cadáver. A música, por sua vez, é indissoluvelmente "psicossomática": uma melodia desencarnada permanece indeterminada até o momento em que a harmonia lhe confere um sentido[68]. E, do mesmo modo, são os baixos que conferem ao canto uma intenção significativa e poderes insuspeitados. Nem a vertical morta, nem a horizontal absolutamente nua e linear contêm a essência do fato musical[69]. Quanto à monodia, esta só se oferece como um organismo completo em ocasiões excepcionais, e à custa de muito esforço, exigindo que contenha em si seu acompanhamento, como diz Georges Migot, e isto com a ajuda da memória auditiva, pelo jogo das repetições e dos vocalizes, que criam a seu redor uma atmosfera harmônica[70]. É o que se verifica especialmente nas monodias de Migot e na *Syrinx* para flauta solo de Claude Debussy. Bartók e Prokófiev têm grande estima pelo "uníssono"[71], mas a melodia dobrada em oitava reencontra, como no caso de Mussórgski, a densidade sonora. Melodia e Harmonia remetem constantemente uma à outra: é assim que Françoise Gervais[72], invertendo, de modo paradoxal, as ideias comumente difundidas, pôde nos apresentar Fauré como um harmonista e Debussy como um melodista. Isto porque a melodia, no primeiro, toma emprestado todo seu sabor modal de uma linguagem harmônica, enquanto

---

[68] É interessante notar que uma imagem análoga pode ser encontrada nas artes plásticas, cenário, nas últimas décadas do século XVII, de outra querela semelhante à musical, a saber, a disputa entre os partidários do desenho (princípio racional) e da cor (princípio sensorial) como o cerne da pintura. Tentando superar tal dicotomia, o crítico de arte Roger de Piles (1635-1709) explica que assim como "não há homem se a alma não estiver unida ao corpo, da mesma forma não há pintura se o colorido não estiver unido ao desenho" (apud M. Jimenez, *O Que É Estética?*, p. 66-67.). (N. da T.)

[69] Tais expressões ("vertical morta" ou "horizontal nua e linear") referem-se, respectivamente, às dimensões harmônica e melódica da estrutura musical. Na transposição dos conceitos de verticalidade e horizontalidade à arte sonora, frequente ao vocabulário dos músicos e aqui retomada pelo filósofo, percebe-se a presença dos "ídolos ópticos" denunciados nesta obra. (N. da T.)

[70] Art, Monodie. In: G. Migot, *Lexique de quelques termes utilisés en musique*.

[71] Bartók, *Mikrokosmos*, 18-21, 52, 77, 104, 108, 112, 116, 137.

[72] F. Gervais, *Étude comparée des langages harmoniques de Fauré et de Debussy*, p. 13, 152.

os blocos, no segundo, estão a serviço de uma melodia que vêm a iluminar com suas múltiplas cores cambiantes. A linearidade do canto, em Fauré, seria tão persuasiva sem o atavio sutil que a decora? Devemos admitir, portanto: a música, que não se localiza nem aqui, nem ali, tampouco pode ser identificada como isto ou aquilo. Abordando suas relações com a poesia, dizíamos: o encanto do encanto, como o sentido do sentido, está presente no conjunto do poema, ainda que jamais esteja presente em tal ou qual palavra, em tal ou qual verso... Não encontraremos o pensamento no encéfalo, por mais minuciosamente que o dissequemos, assim como o microscópio não localizará a vida *em si mesma* perscrutando o núcleo da célula, os cromossomos e os genes desse núcleo. Muito menos somos capazes de ler o mistério da morte no último suspiro do moribundo, nem de decifrar o mistério de Deus nas estrelas cintilantes, ainda que arregalemos os olhos e nelas fixemos toda nossa atenção: como a meditação da morte, a meditação do céu estrelado é tão insondável quanto vazia. De modo semelhante, aquele que procura pela música *em algum lugar* não a encontrará, frustraremos nossa curiosidade se esperarmos que a revelação nos seja dada por alguma anatomia do discurso musical. Mas se, finalmente, concordamos que se trata de um mistério e não de um segredo material, de um encanto e não de uma coisa, se compreendemos que esse encanto repousa por inteiro na intenção, no momento temporal e no movimento espontâneo do coração, se reconhecemos que a frágil evidência, ligada a fatores imponderáveis e incontáveis, depende em primeiro lugar de nossa sinceridade, talvez então compreendamos esse consentimento ao encanto que é, na música, o único e verdadeiro estado de graça.

Allegretto Bergamasco.
Pianissimo Sonoro, Forte Con Sordina

Logo, para que se diga algo sobre a indizível Kitej, seria necessário ou empregar somente as proposições negativas da teologia apofática, ou (o que vem a ser o mesmo) aplicar simultaneamente a esse encanto – sem nunca esgotar sua essência infinita – duas afirmações contraditórias que se aniquilarão uma à outra ao se entrechocar[73]. Cabe acrescentar: para definir essa impalpável coincidência de opostos, para formular esse mistério desconcertante, nem mesmo incontáveis pares de predicados, negados um pelo outro, seriam suficientes. Esse encanto evasivo, sobre o qual Verlaine, Antoine Watteau e Johannes Vermeer não chegam a nos transmitir uma ideia completa, é, justamente, a marca de Fauré, e somos tentados a chamá-lo *bergamasco*: é, como a penumbra, particular mescla de luz e mistério. Uma ambiguidade característica e um contraste que anuncia a mensagem inefável podem ser encontrados em muitos dos grandes criadores. Ravel soube conciliar simplicidade e refinamento, e a profunda ingenuidade de seu coração contrasta com a sutilíssima complexidade de sua arte. Em Albéniz, a suntuosa riqueza das harmonias não consegue dissimular a simplicidade quase popular da inspiração. Bartók, apesar de toda sua ciência polifônica, nunca perde o fio de ouro da melodia. E Prokófiev, a despeito dos sarcasmos e das violências inauditas, mantém sua alma virginal em seu alvo reino de Dó maior. Ao mesmo tempo ingênuo e sábio como a douta ignorância, cândido e astuto como a infância, terno e impassível como um coração secreto, presente e ausente como Deus, familiar e remoto como a morte, patente e latente como uma alma, diáfano e misterioso, límpido e profundo como uma noite de verão ou como esse lago da *Noite de Maio*, sobre o qual Rismky-Korsakov faz dançar todas as quimeras do luar, o encanto bergamasco recobre, em Gabriel Fauré, a tranquila cantilena do "Agnus Dei" e de "Le Plus doux chemin". Os equívocos enarmônicos[74] assim como a modalidade que elude a disjunção entre o maior e o menor são sintomas de uma ambiguidade mais profunda.

---

[73] Como podemos observar ao longo desta obra, a abordagem negativa ou apofática também caracteriza a aproximação jankélévitchiana da experiência musical, descrita pelos termos "inefável", "inexprimível", "imaterial", "impalpável", "inapreensível", "inconsistente", "indeterminada" e como portadora de um *je-ne-sais-quoi*. Além dos termos propriamente privativos, a locução criada pelo filósofo, *espressivo* inexpressivo, remete à combinação de termos antitéticos, ou seja, aos oximoros tão caros a uma tradição que remonta à *Vida de Moisés* de Gregório de Nissa e ao apofatismo de Pseudo-Dionísio Areopagita. (N. da T.)

[74] Fauré, *Quarteto n. 2*, Op. 45, primeiro movimento: antes em C e depois em J.

Essas antinomias inerentes ao encanto atmosférico exigem do intérprete certas qualidades por si mesmas incompatíveis: como encontrar, em meio às contradições desconcertantes, uma metronomia essencialmente evasiva e ambígua, a saber, essa velocidade média, essa *rapidez tranquila* cujo nome é *allegretto* e que constitui, por excelência, o tempo característico em Fauré? Este é o andamento da sétima variação do *Thème et variations*: variação que, ao mesmo tempo precisa e indolente, deveria ser tocada toda inteira sem pedal. Por sua vez, o *Impromptu n. 2* também exige do pianista uma execução *a tempo*, sem precipitações, capaz de resistir à tentação oferecida pelas cataratas de acordes, avalanches de pedrarias e chuvas de diamantes. Não é a aceleração um sintoma suspeito do *appassionato*? Em Fauré, até os prestos amolecem e as fiandeiras vagueiam[75]. Como é pequena a semelhança entre as fiandeiras do primeiro ato de *Pénélope* e aquelas de Mendelssohn, com seu endiabrado moto perpétuo! Contudo, não queremos dizer que não haja prestos em Fauré: o *Impromptu n. 5*, que corre como água-viva, é a autêntica escola da velocidade e do movimento perpétuo. Mas o verdadeiro movimento característico a sua obra é aquele da barcarola, simultaneamente vivo e tranquilo. A *Valse-caprice n. 2*, apesar de sua celeridade, possui algo de longínquo, de sonhador, em suma, de noturno, que, constituindo o próprio humor bergamasco, aproxima-a da indolência das barcarolas. É necessário um tato excepcional tanto para adotar esse movimento de tranquila rapidez como para tocar sem atropelos os "anapestos" do passeio amistoso, desse passeio nem arrastado, nem apressado, cujos rastros seguimos em todas as variedades de obras bergamascas: o "Agnus Dei" do *Réquiem*, o "Clair de lune" de *Fêtes galantes*, a *Serenata Para Violoncelo e Piano*, Op. 98, o "Jardin de Dolly", o *intermezzo* das tocadoras de flauta no primeiro ato de *Penélope*.

O tato não é menos necessário para obter certas nuanças por sua vez também contraditórias: o *pianissimo sonoro*, em especial,

---

[75] G. Fauré, *Lettres intimes*, p. 142 (carta de 12 de agosto de 1907). Cf. Ph. Fauré-Fremiet, *Gabriel Fauré*, p. 150-151, sobre o andamento do *Impromptu n. 2*.

é um desafio que Debussy e Albéniz[76] exigem com frequência do pianista. E não é diferente quando se trata do *forte con sordina*, que exerce, no *Noturno n. 6* de Fauré (e em Georges Migot), o mesmo papel do pianíssimo sonoro nos *Prelúdios* de Debussy e na suíte *Ibéria* de Albéniz. Sem dúvida, as duas nuanças desembocam no mesmo resultado e se encontram, efetivamente, num mesmo *mezzo forte*. Não obstante, suas intenções são inversas: enquanto o pianíssimo sonoro é um mistério revelado pela metade, o *forte una corda* é um estrondo atenuado, uma intensidade enfeltrada pela surdina. O forte abafado está para o pianíssimo sonorizado como o *allegretto* para o *andantino*: ambos os andamentos confluem numa mesma velocidade intermediária, no entanto, o primeiro é um *allegro rallentato* e o segundo um *andante accelerato*. Este é precisamente o caso das tonalidades enarmônicas sinônimas no sistema temperado: Ré bemol e Dó sustenido, Sol bemol e Fá sustenido coincidem sobre as teclas, mas (por uma diferença fisicamente inaudível), enquanto a ortografia bemolizada corresponde à intenção de subtrair, a ortografia sustenizada corresponde a um desvelamento. Vale notar que esse imperceptível não-sei-quê diferencial é tão fundamental quanto a oposição entre o crepúsculo e a aurora: é uma "diáfora" intencional, sustentada toda ela no caráter imponderável, indefinível, irreconhecível da temporalidade. Com efeito, trata-se de dois movimentos inversos e, por conseguinte, incomparáveis: o primeiro que, já noturno, tende ao sono, aos sonhos e à volúpia; o segundo que tende em direção ao dia e às necessidades matinais. Assim, diante de uma mesma quantidade de luz e de uma mesma altura estática do Sol, é a qualidade que, em cada circunstância, distingue-se por completo. De modo semelhante, diferem, numa mesma tonalidade[77],

---

76 Debussy, fim das "Danseuses de Delphes" e de "Les Collines d'Anacapri" (*Prelúdios* I, n. 1 e 5), *Masques*, "Cloches à travers les feuilles" (*Images*, II, n. 1). Cf. Bartók, *Tanz-Suite*, IV; Albéniz, "El polo" (*Ibéria*, III, n. 8), fim de "L'Été" (*Les Saisons*, Op. 201, n. 2); Balakirev, fim de *Au jardin*.

77 Cabe observar que Jankélévitch não foi aqui preciso ao mencionar uma distinção localizada "numa mesma tonalidade". O autor refere-se, no contexto em questão, às tonalidades enarmônicas, como Ré bemol Maior e Dó sustenido Maior. Estas, além de corresponder, como bem mostra o filósofo, a diferentes intenções composicionais e luminosidades (e, até mesmo, a alturas ligeiramente distintas nos instrumentos de afinação variável), constituem, com suas diferentes armaduras, duas *diferentes* tonalidades, ainda que possam ser sonoramente sinônimas no sistema de temperamento *igual* (N. da T.)

GABRIEL FAURÉ.
Compassos iniciais de:
"Clair de lune" (*Duas Canções,* Op. 46, n. 2), "Le Jardin de Dolly" (*Dolly*, Op. 56, n. 3); *Pénélope*, I, n. 4; "Agnus Dei" (*Réquiem*, Op. 48, n. 5); *Serenata Para Piano e Violoncelo*, Op. 98.

a luminosidade agonizante da bemolização, já orientada em direção à noite, e a luminosidade nascente do sinônimo sustenizado, todo ele um emergir para a luz. E as duas luminosidades em questão não são nem psicologicamente intercambiáveis, nem equivalentes. Seria o *Noturno n. 6* de Fauré concebível em Dó sustenido maior? Há, em Fauré, Balakirev, Albéniz e também em Leoš Janaček, toda uma poesia da sonoridade bemolizada que serve para atenuar a luz e que exprime, essencialmente, a penumbra, a meia-tinta, a meia-luz.

Se Ré bemol maior, como o *forte con sordina*, corresponde, em Fauré, a uma intenção noturna, por sua vez, o *pianissimo sonoro* traduz mais propriamente o mistério debussysta, que é mistério do meio-dia e desabrochar de subentendidos em plena luz meridiana. A sexta, e última, das *Épigraphes antiques* de Debussy, o maravilhoso "Jeréz" de Albéniz estão inteiramente escritos nessa atmosfera suavemente sonora (*dolce ma sonoro*) que é, ao mesmo tempo, vibrante e esmaecida, intensa e enevoada. No entanto, como seria possível obter, simultaneamente, a plenitude sonora e o sussurro imperceptível, o *legato* e o *staccato*? Como conjugar, numa mesma sonoridade, o estrondo e o silêncio? Como dar voz a uma qualidade tímbrica indefinível na qual, segundo a proposta de Verlaine, "o indeciso se junta ao preciso"[78], e na qual, paradoxalmente, o desfocado parece claro? Em termos concretos, essa *coincidentia oppositorum* é impossível, assim como não existe uma receita simples e unívoca para obter essa espécie de *sotto voce ma sonoro*, que concede aos *staccati* da "Serenata interrompida" e de "El Albaicin" a precisão evasiva, o aspecto vaporoso e, ainda, a secura a eles característica. Poderíamos dizer o mesmo a respeito do *forte con sordina* recorrente em Fauré, estrondo atenuado, que denota um tipo inverso de ambiguidade. Como seria possível falar alto e baixo ao mesmo tempo? É aceitável que o *forte* e o *piano* se alternem e se sucedam, mas seriam eles capazes de coexistir? Com frequência, encontramos em Fauré, como no *Réquiem*, indicações de *crescendo* que desembocam num *piano*: essa nuança paradoxal < p, ao evocar a força reprimida, a profundidade, o pudor e, novamente, a lítotes, isto é, a inflação interrompida, figura como a respiração interior do "Ofertório". E não só nele, mas no *Noturno n. 6*[79] e na *Fantasia para flauta e piano*, adivinhamos a onda do falso crescendo que infla e se esvazia, sucessivamente.

---

[78] "Pesar palavras será preciso, / Mas com certo desdém pela pinça: / Nada melhor do que a canção cinza / Onde o Indeciso se une ao Preciso." Segunda estrofe de "Art poétique", de Verlaine (tradução de Augusto de Campos), poema que sintetiza, em tom de manifesto, a poética simbolista. (N. da T.)
[79] Fauré, *Noturno n. 6*, Compassos 50 e 52, 93 e 96.

GABRIEL FAURÉ.
Noturno n. 6, Compassos 49-50; "Ofertório" (*Réquiem*, Op. 48, n. 2), Compassos 26-28.[80]

Se, no âmbito da dinâmica, o falso crescendo exprime a força contida, no âmbito das resoluções harmônicas, o ímpeto refreado é expresso pelo circuito de modulações simuladas que retornam à tonalidade inicial após fazer de conta que fugiam rumo a outros horizontes. Há, sem dúvida, certa beleza em não realizar tudo o que podemos, em não revelar de uma só vez toda a magnitude! O crescendo minguado é um paradoxo, mas o *forte con sordina* é literalmente intocável, pois nele o *forte* e o *piano* tornam-se simultâneos. Se se prescreve o uso do pedal *una corda*, qual o sentido de tocar forte? E se o *forte* é que deve prevalecer, qual o sentido de abafá-lo? Basta recordar que um *forte* amortecido pela surdina, por um lado, e um *mezzo forte*, por outro, não se equivalem: não partilham uma mesma qualidade sonora, um mesmo timbre, um mesmo sabor... Da oposição entre a força contrariada e a surdina que a reprime se desprende, nos primeiros compassos do *Noturno n. 6*, o mistério de uma potência contida. A fobia do pedal direito, do *rubato* e do *rallentando* já não nos havia aparecido como um sintoma da lítotes? Cabe aqui repetir: de fato, não existe um meio para se concretizar fisicamente uma

---

80 Devemos observar que o exemplo do "Ofertório" não coincide, estranhamente, com o aspecto descrito no corpo do texto, uma vez que o *crescendo* não desemboca num repentino *piano*, mas, sim, na esperada dinâmica *forte*. Concluímos, assim, que o autor provavelmente tenha se equivocado na escolha do referido excerto. (N. da T.)

sonoridade que seja ao mesmo tempo potente e vaporosa, não existe um meio para se revelar apagando, para se desvelar ocultando, para se afirmar subtraindo, para se dizer, conjuntamente, sim e não! Um toque imponderável, uma mão esquerda *cantabile* e que não pese – dedos de ferro em luvas de veludo[81] – chegarão a alcançar o paradoxo acústico próprio a uma sonoridade na qual, com frequência, a precisão se mostra vaga e a densidade se compraz em parecer negligente? A sutileza desses baixos ao mesmo tempo macios e delicadamente articulados talvez seja *cosa mentale*, coisa mental[82].

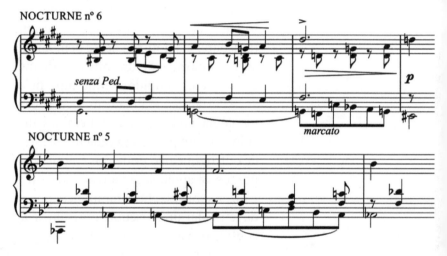

GABRIEL FAURÉ.
Noturno n. 6, Compassos 40-43;
Noturno n. 5, Compassos 37-39.

Certamente, no início do *Noturno n. 6* e no *Noturno n. 5*, o ataque das notas fundamentais do acorde, o espaçamento das vozes e os baixos profundos algumas vezes percutidos em contratempo são responsáveis em parte pela formação de uma atmosfera vaga, até mesmo crepuscular. Esta é caracterizada por uma espécie de indolência aristocrática que não só encobre o rigor dos ritmos, mas dissimula a admirável economia de intensidade própria a um pianismo

---

81 Como nos mostra o próprio filósofo em outra obra de teor musicológico, a expressão francesa *"une main de fer dans un gant de velours"* é aplicada à execução musical por Charles Koechlin, em sua contribuição à *Encyclopédie de la musique et dictionnaire du Conservatoire*, 2ª parte, tomo I, p. 662, apud V. Jankélévitch, *De la musique au silence: Fauré et l'inexprimable*, p. 98. (N. da T.)
82 Fauré, *Noturno n. 6*, a partir do Compasso 38; *Noturno n. 5*, Compassos 39 e 41.

verdadeiramente noturno. No entanto, sempre é bom lembrar... Seriam necessários dedos de arcanjo para se obter a mencionada ambivalência de uma sonoridade simultaneamente afirmada e recusada; como, sem dúvida, seria necessário um dom de adivinhação quase milagroso para encontrar, entre as duas tentações extremas do *presto* e do *adagio*, a calma celeridade do *allegretto*; como, enfim, seria rigorosamente necessária uma sorte de musicalidade celeste para se compreender uma arte que soube reunir a áspera violência de *Prométhée* com o suave langor de "Les Roses d'Ispahan". É, de fato, no movimento pneumático da interpretação que tais contradições irracionais se resolvem e que o *allegretto bergamasco* assim como a transparência noturna de Ré bemol maior revelam seu inefável mistério. Tratava-se de um mistério de inocência. E não é a inocência uma obscura limpidez e uma superficial profundidade?

Portanto, a realidade musical não está nem na literatura, nem na ideologia, nem na técnica, nem nas anedotas biográficas. Por outro lado, está um pouco em cada um desses âmbitos e ainda em milhares de outros que não podemos enumerar. Nossa tarefa não é encontrar pontos de apoio sobre a realidade em questão para, assim, ter algo a dizer sobre ela, nem tampouco, por analogias interpretadas ao pé da letra, dar uma pseudoconsistência à suprema inconsistência. Ao contrário, pautando-se em Plotino, que, multiplicando e destruindo as metáforas uma a uma, inclina suavemente o espírito em direção ao grande *mathema* platônico, ainda é possível esperar que, recorrendo a todas as artes e a todas as analogias extraídas de todas as sensações, acabaremos por sugerir ao espírito alguma intuição do quase-nada musical. Não se trata de defini-lo ou de apalpá-lo com os dedos, mas, antes, de *refazer* com aquele que fez, de cooperar com sua operação, de recriar aquilo que ele cria. Graças ao entusiasmo poético que o terá impulsionado, o recriador de segunda ordem, fecundado e, por sua vez, convertido em poeta, reproduzirá – um dia, quem sabe? – o ato inicial e a poesia original sobre os quais as obras são improvisadas. No entanto, há de se convir que a simples audição ou a própria execução são infinitamente mais eficazes nesse sentido que a mais fulgurante das intuições: a audição musical cria, num único instante, aquele estado de graça que páginas e mais páginas de metáforas poéticas não seriam capazes de alcançar. Devemos aceitar esta conclusão, por mais irracional que nos pareça: é a audição que nos fornece a entrevisão da inefável Kitej. É ela que nos revela, de repente, a Kitej invisível, mas audível, transportando-nos, de uma só vez, para a Kitej esotérica do encanto e do encantamento. A audição ultrapassa, de imediato, o limite da intelecção poética. Isto porque, quando as palavras não valem mais a pena ser ditas, o que podemos fazer, senão cantar?

Sabedoria e Música

Assim se explica tanto a profunda falta de evidência de toda a música quanto o lado equívoco e controverso das certezas que ela nos oferece. Como o valor objetivo de uma obra (uma vez que "a obra" quase não *existe*) não dependeria da sinceridade de seu autor (que, por sinal, é uma qualidade moral e ambígua), como não estaria em função de um condicionamento espiritual infinito e de todo um contexto pessoal no qual nossa emoção e todo nosso passado estarão envolvidos? No entanto, frente a tudo isso, qual se tornará o critério unívoco ao qual a estética aspira? É preciso concordar: a música inevidente, a arte do homem moderníssimo, quase não existe, irrompe de surpresa e por apenas um quase-nada deixa completamente de existir – o que realça a nulidade absoluta de toda a música de má qualidade. Como Anima na parábola de Paul Claudel, a inocente Fevrônia cessa seu canto assim que os doutores a observam. A música é um encanto: feita de nada, em nada apoiada, talvez nem sequer nela mesma, ao menos para aquele que espera alguma coisa encontrar ou apalpar. Como uma bolha de sabão irisada que, por alguns segundos, tremula e brilha ao sol, a música estoura assim que é tocada, não existe senão durante a tão duvidosa e fugidia exaltação de um minuto oportuno[83]. Inconsistente,

---

[83] Como esclarece Lisciani-Petrini, a comparação da música com a bolha de sabão, fundamentada na inconsistência material e na extrema brevidade da arte sonora, provém possivelmente das reflexões estéticas do romântico alemão W. H. Wackenroder. Cf. E. Lisciani-Petrini, *Charis*, p. 160n. (N. da T.)

quase inexistente é a música! Lugar de pensamentos crepusculares e em estado de dissolução! Arrebatadora ambiguidade! Refinada e enganosa miragem de um instante! Como tudo o que é precário, deleitável, irreversível – uma borrifada de passado fugazmente sorvida num perfume, uma lembrança da juventude que não volta mais –, a música converte o homem num ser absurdo e apaixonado. Este se apega apaixonadamente, infinitamente, àquilo que não dura mais que um segundo ou que não acontece mais que uma vez, como se o único fervor de sua dileção pudesse reter e perenizar a divina inconsistência. Embora renovável, o encanto da música lhe é precioso como nos são preciosas a infância, a inocência ou os seres queridos condenados à morte. O encanto é lábil, frágil, e o pressentimento de sua caducidade recobre de poética melancolia o estado de graça que suscita.

    A música torna sábio o homem? Não há sabedoria se não houver, conjuntamente, perenidade e serenidade: a sabedoria não só perpassa o transcurso de toda uma vida, mas nos traz calma e pacifica nossa inquietude. Ora, a esse respeito, tudo indica que a música nunca nos concede a sabedoria total, mas somente uma meia sabedoria: por um lado, quando produz efeitos duráveis, estes são perturbadores; por outro, quando traz tranquilidade, esta é geralmente efêmera. A serenidade da alma e a permanência no tempo nunca são dadas de uma só vez! Assim, o que devemos escolher: a seriedade sem a serenidade ou, antes, uma serenidade imediata sem a seriedade de um envolvimento total? Por um lado, quando séria, a música não é absolutamente tranquilizante... Não, a música, nesse sentido, não torna especialmente sábios aqueles que a praticam! Com efeito, ela antes evoca uma existência pouco razoável e de certo modo orgíaca, uma consciência frenética assolada por tragédias e delírios, presa da saudade e das tempestades da paixão furibunda. A embriaguez é uma coisa, a sabedoria, outra! Seria, porventura, sábio lisonjear a cobiça humana e a complacência à infelicidade? O *Poema Trágico* de Scriabin não concederá a ataraxia aos homens inquietos, nem a *Sinfonia Patética* nos dará a apatia... Sabemos que Tolstói acusa a música de trazer à tona tudo o que há de túrbido, impuro e ilícito no coração do homem. Quando a música invade a vida inteira é para transtorná-la e, ao contrário, é como um divertimento local e superficial que aquieta a existência. Isto quer dizer que a música seja pacificante e sedativa, mas não séria? Certo é que, se renuncia a exprimir, em nossa vida, a tragédia do destino, a música ainda pode nos trazer as escanções harmoniosas que, por um momento, estilizam a existência. Em substituição ao sono físico, ela também pode nos proporcionar temporariamente a paz da alma: a purgação das emoções, *pathēmátōn kátharsis*[84], sobre a qual fala Aristóteles, não decorre naturalmente da música de Fauré? É nesse sentido que o *Réquiem*, a canção "Le Plus doux chemin" e o delicioso *Le Ruisseau* para vozes femininas são lições de equanimidade: derramam em nós o "vasto e terno apaziguamento"[85] prometido aos corações noturnos. Este é, enfim, o benefício da catarse musical: passar do estado de opressão ao estado de libertação, do estado de guerra ao estado de paz e da preocupação à inocência – não é este um habitual efeito da sabedoria? E a música não só torna o homem, por alguns instantes, amigo de si mesmo, mas o reconcilia com toda a natureza: em *L'Enfant et les sortilèges* de Maurice Ravel, as feras encantadas pelo movimento do coração reconciliam-se com a criança, como o urso selvagem, em Rimski-Korsakov, vem lamber as mãos de Fevrônia. A criança compadece-se do esquilo ferido como Fevrônia se inclina sobre a ferida de sua amiga, a rena.

Mas podemos falar de sabedoria quando a serenidade não tem amanhã? Uma estabilidade de alma que não se prolonga para além do instante seria de fato uma estabilidade de alma? Antes de tudo, cabe precisar: a música, mesmo em suas violências e cadências *senza tempo*, é uma estilização do tempo, mas esse tempo não passa de uma provisória suspensão do tempo amorfo e desalinhado, prosaico e tumultuoso da cotidianidade; o tempo estilizado é uma interrupção não somente temporal, mas temporária, da duração sem estilo. Melhor dizendo, o tempo estilizado é vivido no presente como um eterno Agora, mas essa eternidade, se assim podemos dizer, é uma eternidade provisória: não a eternidade definitiva e literalmente

---

84 παθημάτων κάθαρσις. Aristóteles, *Poética*, 1449b 27-28.
85 Passagem do poema "La Lune blanche", de Verlaine, musicado por Gabriel Fauré. (N. da T.)

intemporal que nos promete a imortalidade escatológica, mas a irrisória eternidade de um quarto de hora, a eternidade de uma sonata! O que é uma sonata, recortada dessa sonata das sonatas, desse drama de todos os dramas que se chama vida humana? O que é uma sonata no curso do intervalo[86] e em relação à continuidade caótica da existência? Infelizmente, esse tempo exemplar em quatro movimentos é um lapso temporário, um tempo encantado, entretanto limitado, um maravilhoso atraso tão bem demarcado em nossa biografia quanto a estátua sobre seu pedestal ou o quadro em sua moldura. O músico desbasta, no campo de nossas ocupações laboriosas, um "momento musical"[87] em que a duração própria às expectativas cotidianas se torna imperceptível[88]; porém, para uma supraconsciência transcendente, esse belo momento terá fim. Todavia há algo a complementar: dentro desse "momento musical", a musicalidade da música talvez repouse numa conjuntura ainda mais breve, num brevíssimo instante de um breve momento, num minuto oportuno, num único tempo de um único compasso: tal acorde arrebatador em *La Sulamite* de Chabrier, tal encadeamento cativante na *Dumka* de Tchaikóvski, tal cadência gregoriana ao fim do "Prelúdio n. 5" de Fauré... O encanto repousa, portanto, na musicalidade imponderável de uma ocasião, de um evento-relâmpago.

---

[86] Conceito vinculado à experiência temporal mais costumeira, ou seja, à continuidade característica tanto à percepção empírica quanto à ciência metaempírica das relações. Se o intervalo permite o acesso ao *quid*, ou seja, às qualidades e à posição do objeto percebido, sem nos oferecer um contato com seu núcleo, o instante fugidio é a via pela qual se apreende o *quod*, a pura efetividade, própria à "filosofia primeira" jankélévitchiana, da qual nos escapam, ao contrário, os aspectos secundários (quididade) da realidade experimentada. É assim que, segundo o autor, o instante da intuição e do evento musical, também compreendido como "ponta de graça", apresenta-se ao sujeito como um *je-ne-sais-quoi* (*nescio quid*). (N. da T.)

[87] Rachmâninov, *Moments musicaux*, Op. 16.

[88] Em outras palavras, o "momento musical" é capaz de romper com o regime da continuidade empírica, possibilidade que também se verifica na Filosofia da Música schopenhaueriana. (N. da T.)

PIÓTR ÍLITCH TCHAIKÓVSKI.
Dumka, Op. 59, Compassos 82-83.

    Poderíamos então instalar a sabedoria sobre essa delicada e imperceptível ponta do instante? Não basta responder, seguindo Andersen, que a jornada do Efêmero, infinitamente repleta de instantes, equivale, em riqueza intensiva, à longa vida do carvalho centenário[89]: a duração do homem preexiste e sobrevive aos "momentos musicais", momentos encantados, que, mesmo quando prolongados pela ressonância da recordação, tendem a se anular quando absorvidos na mediocridade do devir. Sabemos que a razão dos filósofos tampouco nos transporta ao eterno: embora se limite a conceber as coisas *sob certo aspecto* de eternidade, *sub quadam specie*, pelo menos se coloca como progressiva eternização, pelo menos confere à vida uma dignidade e uma maneira de se portar, um estilo propriamente filosófico que transforma a totalidade da existência; este estilo não é nada mais, nada menos que a sabedoria. Uma sabedoria que não excede o período da tarde, que não ultrapassa a duração de um disco, não é absolutamente uma sabedoria, compreendida como diátese ou maneira de ser permanente capaz de propiciar uma transfiguração da pessoa. É, no máximo, a sabedoria que o Efêmero de Andersen ou um mosquito possui. A sabedoria verdadeira, independente das variações meteorológicas, também deve ser independente

---

[89] Referência a "O Último Sonho do Velho Carvalho", conto de Hans Christian Andersen que elabora, a partir do diálogo entre um inseto (efeméride) condenado a viver apenas um dia e uma frondosa árvore de 365 anos, delicada reflexão sobre a efemeridade da existência (N. da T.).

dos caprichos lunáticos do humor (*humeur*): as Humoresques, os Caprichos e as Fantasias não lhe dizem respeito. Como uma veleidade passageira poderia tomar o lugar da sabedoria? Como as "impressões fugidias" (é assim que se deve compreender as *Mimoliotnosti* de Prokófiev) poderiam proporcionar consolos duradouros? Ocorre que o vasto apaziguamento se reduz a uma indiferença frívola e gentil, à indiferença de um aprazível momento musical, e, assim, a paz perpétua, na verdade, não passa de uma trégua de quinze minutos! Passatempo a pairar na superfície da existência ou, como reza a epígrafe das *Valsas Nobres e Sentimentais*, "delicioso prazer de uma ocupação inútil". Não, não há nada que contribua para a sabedoria em tudo isso! Apostemos, contudo, que Maurice Ravel, natureza secretamente apaixonada, só queira demonstrar certo humor nessa provocação lançada ao romantismo, uma vez que a música nunca foi para ele um almoço na relva[90].

No entanto, podemos ter como certo que a própria intermitência do ofício responde, nesse caso, ao caráter momentâneo, excepcional da evasão: descontínuo é o exercício do ato criador, assim como são descontínuos os instantes sagrados de nosso êxtase e deleite. A música, como a representação trágica, nunca perde completamente seu caráter regional de *divertimento* e de alegre ilusão: propriamente falando, a *Sinfonia em Si Bemol Maior* de Ernest Chausson, com suas inquietudes metafísicas, e a profunda *Sinfonia n. 3* de Tchaikóvski, com seus fatídicos trompetes, não são mais "sérias" que uma suíte de Domenico Scarlatti ou de Domenico Cimarosa. Com frequência, as vidas dos musicistas confirmam essa insularidade fundamental da obra de arte: a sublimidade de suas ocupações costuma contrastar com a mesquinharia de suas preocupações e, estranhamente, muitas dessas vidas tendem a ser pouco aquecidas, iluminadas, transfiguradas pela irradiação de seus minutos de felicidade. Isto porque a música, assim como não nos torna mais sábios, tampouco nos torna melhores[91], ou seja, não possui o poder de melhorar, de modo mais

---

90 Menção a uma das principais obras do pintor Édouard Manet, a tela a óleo *Le Déjeuner sur l'herbe* (1863, acervo Musée d'Orsay). (N. da T.)
91 Platão, *Leis*, Livro VII, 802 d: *beltíous* (βελτίους).

definitivo, nossa vida moral, não implica necessariamente a excelência virtuosa... Por que a virtuosidade isolada e o talento não poderiam caminhar juntos com a micropsiquia? A música nem sempre é algo que podemos repensar: em princípio, e literalmente, a meia hora mágica que denominamos Sonata ou Quarteto de cordas permanece sem amanhã e, até a execução seguinte, desaparece sem deixar traços, como se a obra deixasse de existir entre os momentos em que lhe imprimimos vida, executando-a. E depois? Esta é, em síntese, a pergunta de Tolstói. A sonata deslizará sobre nós sem nos aperfeiçoar? Deveremos a ela uma exaltação superficial e destituída de repercussão duradoura? Nada se seguirá, portanto, a tal experiência? Está verdadeiramente escrito que o estado de graça não deve possuir nenhuma consequência? Deve-se admitir que o encanto simplesmente se esvai?

Lætitiæ Comes

Na realidade, a operação musical, como a iniciativa "poética", é uma ação em nascimento, eis por que merece antes o nome de Encanto (no sentido de Henri Bremond) que o de magia: pois o Encanto é magia no sentido figurado, operação mística e não mágica... Como a dança, movimento sem objetivo, ou como o drama, ação fictícia, como todos os gestos trágicos e cômicos, épicos e poéticos, romanescos e mesmo rituais, a música é uma ação a começar, e a sala de concertos é um espaço tão irreal, um microcosmo tão imaginário quanto o teatro e o anfiteatro. Esse espaço, teatro ou circo, é o espaço consagrado, o envoltório lúdico da arte, e sua delimitação demarca, no oceano das ações sérias, a ilha encantada das quimeras. Como vimos, Tolstói se irrita diante da seguinte situação: a música, seja ela marcha, dança, acalanto ou missa, é uma operação inconclusa e inconcludente, a música nos prepara para grandes coisas que estão a ponto de acontecer... No entanto, infelizmente, essas grandes coisas permanecem para sempre em estágio de preparação, nunca chegam a se realizar. Desse modo, a decepção não é mais que compreensível? A música escande e pontua o trabalho, mas não é o próprio trabalho; a música acompanha os cortejos, mas não equivale a esses cortejos; a música estimula o ardor dos guerreiros, mas não substitui os combatentes, não coloca em fuga o inimigo. Sempre secundária e simbólica, é a acompanhante sem efetividade, a amiga dos feriados e dos dias frívolos, a serva de uma vida séria. Parece que a música não mantém suas promessas... Mas, a propósito, o que ela havia nos prometido? E por que, afinal de contas, uma ação inalcançada seria uma ação abortada? A música não é um gesto elíptico, nem uma ação fracassada: cantar é um modo de *fazer* absolutamente original e que só em termos metafóricos pode ser compreendido em continuidade com as produções laboriosas cotidianas.

Portanto, seria um tanto injusto proclamar em alta voz a própria decepção e queixar-se que o encantamento há de levar, inevitavelmente, ao desencanto. Decerto, o tempo em prosa que nos desencanta quando deixamos os cantos, longe de enganar sua crédula presa, desengana-a. A palavra séria e o ruído musical desiludem o homem iludido pela embriaguez da música e o desiludem de modo ainda mais radical que as auroras de Rimski-Korsakov desembriagam o homem enlouquecido pelas fantasmagorias noturnas, ou que as composições matinais de Satie tornam sóbrio o homem atacado pelo noctambulismo romântico. Todavia, o encantamento, por sua vez, só tem o poder de enganar os candidatos ao angelismo, pois, por um lado, não existe nem cura milagrosa, nem êxtase perpétuo e, por outro, a verdade da meia-noite não é mais verdadeira que a verdade do meio-dia: assim, a embriaguez do luar revela-se necessariamente temporária. Um estado de graça ininterrupto, capaz de fertilizar as longas pausas da aridez cotidiana, não é somente quimérico: trata-se de um *nonsense* irrepresentável e quase sobre-humano, assim como a ideia de um "estado de clímax" é uma espécie de contradição *in-adjecto* e como o sonho de uma eterna festa contradiz a ideia de festa. São as longas semanas de trabalho que fazem os feriados e é o medíocre intervalo empírico que faz do instante abençoado tanto uma evasão quanto uma vitória-relâmpago sobre a alternativa. Logo, a inspiração não é um estado de graça, mas, antes, uma ponta de graça! Uma fina e extrema ponta na qual a alma alcança, por alguns instantes, o ápice de si mesma. Todas as coisas divinas e sublimes cuja entrevisão é concedida ao homem participam dessa natureza deslumbrante e duvidosa: o próprio Absoluto é, para nós, um aparecer desaparecendo[92]. Portanto, o arrebatamento musical é, certamente, uma evasão, mas na imanência. Não é sequer uma brecha, mas um simples furo, semelhante àquele praticado, no que concerne à condição humana, pelo inocente e tão fugidio movimento da caridade: pois é graças a sua ponta afiada que a alma, encantada pelo quase-nada da música, evade-se de sua finitude. Vaidade das vaidades, *mataiótēs mataiotētōn*[93], centelha de uma centelha! Esperando tornar-se o ouvinte eterno de um concerto eterno, o homem finito volta a ser, passado o espetáculo, um ser finito, assim como o criador, que não é um gênio em tempo integral, passado o momento da criação, recai ao mundo das relações empíricas e à imitação de si mesmo, dando prosseguimento ao cronologicamente começado. Contrária à figura do taumaturgo, a tão sábia Fevrônia, a quase inexistente, não torna sábios aqueles que a escutam, nem, sob nenhuma circunstância, ressuscita os mortos. No entanto, faz melhor que tudo isso, uma vez que, em seu misterioso sorriso e em seus olhos de um azul-violáceo, lemos, no lapso de um relâmpago, o segredo do único absoluto ao qual o ser humano tem acesso. E esse divino instante nos preenche mais que vários anos de tranquila felicidade... Como Fevrônia, a assaz vã vaidade não torna sábia a alma senão pelo espaço de um instante: portanto, não a torna efetivamente sábia. Por outro lado, ela é antes o acompanhamento que a causa da minha serenidade. Enfim, seus poderes não são físicos, mas pneumáticos: a música não opera milagres, não cura as escrófulas[94], nem a mordida das serpentes, não faz crescer o trigo, nem cair a chuva, não transforma corujas em princesas, não traz de

---

[92] A compreensão do Absoluto como um quase-nada permite ao filósofo escolher, como imagem privilegiada da divindade, o Cristo que se revela postumamente aos discípulos de Emaús, reconhecido no próprio momento em que sua presença se esvai (Lc 24,28-35). Cf. V. Jankélévitch, *Le Je-ne-sais-quoi et le presque-rien*, v. 2, p. 166-170. (N. da T.)
[93] ματαιότης ματαιοτήτων; Ecl 1,2.
[94] Referência à crença, presente na cultura francesa desde a Idade Média até o século XIX, de que os reis, investidos do poder divino, seriam capazes, pela imposição de mãos, de curar a escrófula, inflamação de origem tuberculosa dos gânglios do pescoço. (N. da T.)

volta o amante infiel, nem tampouco nos torna literalmente dóceis à vontade alheia. A *Berceuse* de Chopin não foi composta para de fato embalar as criancinhas, nem as *Barcarolas* de Fauré para fazerem deslizar as gôndolas, nem as *Polonaises* para treinarem os esquadrões, nem mesmo as *Valsas* para serem dançadas... Entre os *Seis Charmes* a partir dos quais Federico Mompou encadeia suas encantações, o primeiro presta-se a "adormecer o sofrimento", o último, a "invocar a alegria". Com efeito, a encantação musical mais adormece que cura o sofrimento e é sem dúvida neste sentido que funciona, segundo as palavras de Aristóteles, à maneira de um remédio (*pharmakeías khárin*[95]). Quanto à alegria, a música não é sua causa, e sim, sua companhia. Por isso, preferiríamos dizer, com Vermeer: *Musica lætitiæ comes, medicina doloris.*[96] Essas palavras podem ser lidas sobre o cravo em sua tela *Lição de Música*. Música silenciosa, música do silêncio! A música não nos concede a beatitude dos deuses, mas pode – como *comes lætitiæ*, medicamento da tristeza e consolação da aflição – reacender em cada homem, durante um instante, a centelha da alegria e fazer de cada homem um semideus. Se a alegria e a filosofia são filhas do mesmo instante, não estamos bem fundamentados para dizer, parafraseando o *Fédon*, que a filosofia é algo como a música suprema: *hōs philosophías oúsēs megístēs mousikēs*[97]? Mesmo quando reduzida a esse modo inocente e tão decepcionante de atuar, a música ainda vale a pena. Por meio dela, descobrimos nossa alegria profunda, nossa alegria ignorada, não reconhecida, nossa alegria essencial escondida sob as preocupações e recoberta por paixões mesquinhas. Ela nos dá, como esses cantos purgativos sobre os quais fala Aristóteles, a alegria inofensiva, *kharàn ablabē*[98].

Assim o encantamento recompensa aqueles que renunciaram à encantação. Maurice Ravel em *L'Enfant et les sortilèges*, Manuel de

---

[95] φαρμακείας χάριν; Aristóteles, *A Política*, Livro VIII, 1337b, 41-42.
[96] "A música é companhia para a alegria e remédio (alívio) para as dores." (N. da T.)
[97] ὡς φιλοσοφίας οὔσης μεγίστης μουσικῆς ("já que a filosofia é a mais elevada das músicas"); Platão, *Fédon*, 61a.
[98] χαρὰν ἀβλαβῆ; Aristóteles, *A Política*, Livro VIII, Capítulo 7, 1342a 15 (Referência acrescentada pelo tradutor).

Falla em *El amor brujo* associaram a encantação ao encantamento. No entanto, é o segundo que fica com a última palavra: os sortilégios maliciosos, em Maurice Ravel, dissipam-se diante do pequeno nome "Mamãe" e então cai a paz sobre o jardim enlouquecido, consolando a cólera das árvores e o furor das feras. É esse divino encanto que, em "Les Entretiens de la Belle et de la Bête", desenfeitiça o Príncipe Encantado, convertendo a Fera num Príncipe mais belo que o amor. De modo semelhante, os sinos matinais, na conclusão de *El amor brujo*, celebram o beijo que a cigana finalmente recebe de Carmelo. O encantamento esconjura, assim, o enfeitiçamento. O amor encantador exorciza a bruxaria do amor mágico. Candelas, estupefata pela magia negra e intoxicada pelas tisanas, recebe o *consolamentum* de verdade e abandona o círculo mágico que a retinha prisioneira. O filtro de morte transforma-se em elixir de vida e em cordial tonificante. O não-sei-quê da tristeza de amor torna-se impulso alegre, liberdade na luz, divino não-sei-quê. O encanto sucede ao sortilégio e o inefável, ao indizível. Entre todas as transmutações filosofais e alquímicas capazes de metamorfosear as criaturas, nenhuma é mais miraculosa que a de um coração inspirado. "Cantai, sinos, cantai a minha alegria, eis que vem meu amor."[99]

---

[99] Últimos versos de *El amor brujo* (1915), balé de Manuel de Falla, que expressam a reconciliação dos amantes Candelas e Carmelo, juntamente com a chegada de um novo dia. No libreto original, lê-se: *¡Cantad, campanas, cantad! / ¡Que vuelve la gloria mía!* (N. da T.).

Música e Silêncio

"No silêncio": estas duas palavras encerram o *Tratado de Metafísica* de Jean Wahl. Aplicá-las à música sob o pretexto de que, nascida do silêncio, ela se recolhe no silêncio, seria, talvez, confundir o metafísico com o metafórico, desfigurando, assim, o pensamento do poeta-filósofo. Não somos menos tentados, como certa escatologia nos sugere, a imaginar uma tela de fundo sobre a qual, posteriormente, inscrever-se-iam tanto os ruídos da vida e da natureza quanto os sons melodiosos da música. Assim como a experiência, de acordo com as gnosiologias sensualistas e substancialistas, preenche com seus signos a *tabula rasa* da nesciência original, assim como o pincel do pintor deposita sobre a tela incolor e uniforme a pitoresca variegação das cores, a página branca do silêncio, nada (*néant*[1]) original, viria a ser gradualmente povoada pelo tumulto. Nesse caso, é o mundo dos ruídos e dos sons que se revela como um parêntese sobre o fundo de silêncio, que emerge no oceano do silêncio como um raio de luz a clarear por

---

1 Devido à distinção, verificada na língua francesa e ausente no português, entre duas espécies de "nada" – *néant* e *rien* – optamos por manter, entre parênteses, o termo equivalente original. Como o "quase-nada" sempre corresponde ao *presque-rien*, não houve necessidade de incluir sua equivalência. Cabe acrescentar que a distinção terminológica entre *néant* e *rien*, herdada do último Schelling, é examinada e apropriada pelo filósofo não só no decorrer deste capítulo, mas também no ensaio "Le Nocturne". Cf. Jankélévitch, "Le Nocturne", in: *La Musique et les heures*, 228. (N. da T.)

alguns minutos o negro vazio da *khōra*[2] e do espaço homogêneo. É assim que percebemos, na obra de Louis Vuillemin[3], essas badaladas de sinos esparsos e discordantes, provenientes de um litoral distante, deslizando sobre a baía por entre fiapos de nuvens. O ruído está ligado aqui à presença humana: esta, por mais barulhenta que seja, com sua tagarelice e suas gritarias, seus trompetes e suas matracas, é um suspiro que quase não se ouve no silêncio eterno dos espaços infinitos[4]. Essa presença, como a própria civilização, deve se afirmar e se reafirmar sem cessar, por uma tensão e uma atitude defensiva, a fim de resistir ao nada (*néant*) invasor. E, assim como os lugares abandonados se recobrem de mato ao mínimo descuido e as cidades mais efervescentes logo teriam desaparecido abaixo da areia se o homem, por um esforço contínuo de reconquista, não velasse por sua manutenção, as estrondosas celebridades terminarão, mais cedo ou mais tarde, por se extinguir na imensidão oceânica do tempo infinito. O esquecimento, que é uma espécie de silêncio, há de submergi-las em longo prazo, somente sobreviverão algumas recordações distantes que pouco a pouco se desmancharão e terminarão por desaparecer por completo. Se a existência, que para nós se apresenta como frágil, superficial e provisória, tende assintomaticamente ao nada (*néant*), então a música, esgotando pouco a pouco todas as combinações possíveis, tende, de modo inexorável, ao "ano sem fim" do silêncio. Em termos mais gerais, o ruído acompanha a mudança e indica a mutação, que é passagem de um estado a outro e se efetua no tempo. O movimento efetivo ou o deslocamento espacial, que é a mais simples mutação, produz uma vibração acústica da atmosfera e, por conseguinte, perfaz-se na balbúrdia, na agitação e na algazarra. O tempo nu e abstrato é um tempo silencioso, mas o devir preenchido de eventos e ocorrências, abastecido de conteúdos concretos gera ruído. Os ruídos se sucedem e os sons implicam uma continuidade dotada de vigor, como as notas

---

2 χώρα (espaço parcialmente ocupado).
3 Vuillemin, "Au large des clochers" (*Soirs armoricains*, Op. 21, n. 1).
4 Esta expressão, repetida por Jankélévitch em várias de suas obras, é extraída do célebre fragmento de Pascal: *Le silence éternel de ces espaces infinis m'effraie* ("O silêncio eterno desses espaços infinitos me amedronta"). Cf. B. Pascal, *Les Pensées*, XV, 201 (Lafuma), 206 (Brunschvicg). (N. da T.)

apoiadas que o cantor deliberadamente faz vibrar: o tempo é, portanto, sua dimensão natural. E, inversamente, a morte é o marasmo que, interrompendo o devir e o movimento, cala os eventos loquazes. Os vivos, como todos sabem, têm o hábito supersticioso de falar baixinho diante dos mortos, ainda que não se possa incomodar um morto (seria, ao contrário, a ocasião de vociferar!): "Atenção... Agora é preciso falar baixo"[5], diz Arkel, empregando a mesma linguagem de Michelangelo[6]. Assim, é a pessoa viva que se coloca em sintonia com uma eternidade letal em que nada mais advém, sobrevém ou devém: a história e, com ela, o estardalhaço dos eventos se foram para sempre desse novo éon inteiramente vazio de todo e qualquer acontecimento. Essa profundidade de silêncio na qual a vida flutua como sobre uma jangada é o que torna tão precários os ruídos humanos e tão preciosa a ilha encantada da arte. A poesia é uma ilha sonora no oceano da prosa, ou, recorrendo a outras imagens, o vivo oásis da poesia e da música está como que perdido no mudo e imenso deserto da existência prosaica. Assim como a arquitetura preenche artificialmente o espaço com seus volumes, cubos e torres, assim como o pintor povoa a superfície monótona com a animação multicor, isto é, com a positividade e a diversidade contrastante das cores, a poesia e a música animam superficialmente o tempo com seus ritmos e seu ruído melodioso. A música faz um corte sobre o silêncio e precisa desse silêncio como a vida precisa da morte e como o pensamento, segundo *O Sofista* de Platão, precisa do não ser. Em tudo semelhante à obra de arte, a vida é uma construção animada e limitada que se recorta no infinito da morte. Por sua vez, a música, em tudo semelhante à vida, é uma construção melodiosa, uma duração encantada, uma aventura extremamente efêmera, um breve encontro que se isola, entre um início e um fim, sobre a imensidão do não ser.

---

5 Debussy, *Pelléas et Mélisande*, V, n. 2.
6 Referência ao verso final do epigrama, de conotações políticas, escrito por Michelangelo em resposta a outro epigrama, de Giovanni Carlo di Strozzi, que enaltece a obra *Notte* do artista (túmulo de Giuliano di Lorenzo de' Medici). Segundo Strozzi, a estátua, que retrata uma figura feminina adormecida, está tão viva a ponto de ser capaz de despertar em algum momento. Assim, a fim de conservar seu sono, o artista recomenda, em sua réplica: *Parla basso*. (N. da T.)

Nesta perspectiva, torna-se possível distinguir um silêncio antecedente e um silêncio consequente, cuja relação é paralela àquela entre o alfa e o ômega. O silêncio-de-antes e o silêncio-de-depois não são mais "simétricos" entre si que o início[7] e o fim, o nascimento e a morte num tempo irreversível: pois a própria simetria é uma imagem espacial... Esse par de silêncios banha a música de Claude Debussy, que, assim, flutua toda inteira no pacífico oceano do silêncio... *E silentio, ad silentium, per silentium!* Do silêncio ao silêncio, através do silêncio: esse poderia ser o lema de uma música invadida pelo silêncio em todas as suas partes. Se a música de Debussy é, neste ponto, uma espécie de compêndio de uma cosmogonia, uma recapitulação da história do mundo, *Pelléas et Mélisande* é, por sua vez, o compêndio desse compêndio! O primeiro ato começa com o mistério dos baixos atrás do qual se adivinha, surdo e distante, um ritmo de galope que, estabelecendo o tema de Golaud, é logo seguido pelo tema de Mélisande: o destino prepara, com a conjunção dos dois temas, o encontro de dois desconhecidos na floresta. O silêncio é aqui precursor e prenunciador, é silêncio que apregoa as tempestades. Contudo, nem sempre ele anuncia tragédias: é, em geral, silêncio profético, profetiza o surgimento de algo. Assim é o silêncio que se estabelece, de repente, no limiar do concerto, quando a batuta do regente faz calar a cacofonia dos instrumentos e desencadeia, com o primeiro tempo do primeiro compasso, a torrente harmoniosa da sinfonia. Enquanto o silêncio inicial é promessa... ou ameaça, o silêncio terminal designa mais propriamente o nada (*néant*) ao qual a vida retorna: pois a música, nascida do silêncio, retorna ao silêncio. Conforme dizíamos, *Pelléas et Mélisande* está delimitada por esses dois silêncios. No fim do quinto ato, Mélisande, a inconsistente, desaparece num murmúrio: a quase inexistente cessa por completo de existir. "E o resto é silêncio."[8] Não há nada mais, como no fim do "Colloque sentimental", em que a noite de inverno, a solidão e o vento levam as últimas palavras dos dois amantes fantasmas.

---

[7] O silêncio é "o berço da música": J. Cassou, *Trois poètes*. p. 73; Cf. p. 110.
[8] Cf. A. Huxley, *Music at night* (1931).

Escute o silêncio no fim do quinto ato, esse silêncio mais silencioso que a alma, mais silencioso que a morte, mais silencioso que todas as coisas mais silenciosas! Nas estepes da Ásia Central, no interminável tédio da planície, a caravana caminha, escoltada por soldados russos: o canto harmonioso aproxima-se, afasta-se, perde-se, enfim, reabsorvido pela imensidão; a linha horizontal – monótona e obsessiva, constituída pelo pedal da dominante – extingue-se na cinzenta uniformidade; nada mais resta senão areia e silêncio[9]. Expira no horizonte o rangido de uma carruagem que, pesadamente, atravessa a estepe[10]. Os últimos estribilhos da festa em Debussy, os últimos suspiros da cornamusa em Bartók, os últimos soluços do bandolim em Mussórgski[11] dissipam-se no silêncio.

> *On doute*
> *La nuit*
> *J'écoute*
> *Tout fuit*
> *Tout passe*
> *L'espace*
> *Efface*
> *Le bruit.*[12]

Alain admirava estas estrofes de "Les Djinns" de Victor Hugo[13], nas quais são as areias cinzentas do deserto, como na grande solidão siberiana, que submergem os ruídos. Realmente, "nada mais se ouve"[14]. É assim que a obra de Liszt, toda ela ressonância de heroísmo, de epopeia e de estrondos triunfais, vê-se pouco a pouco invadida pelo silêncio, no despontar da velhice: o silêncio materno nela entra

---

9 Borodin, *Nas Estepes da Ásia Central*, poema sinfônico (1880).
10 Mussórgski, "Bydło" (Carro de bois), de *Quadros de uma Exposição*, n. 7.
11 Mussórgski, "Il vecchio castello" (*Quadros de uma Exposição*, n. 4); Bartók, *Pro děti* (Para as crianças), II, série magiar n. 42; Debussy, "Fêtes" (*Noturnos*, n. 2).
12 "Na dúvida / A noite / Escuto: / Já foi-se, / Já passa / O espaço / Embaça / O som." Tradução de Betty Vidigal. (N. da T.)
13 Alain, *Préliminaires à l'Esthétique*, p. 271.
14 Ravel, fim de "Le Grillon" (*Histoires naturelles*, n. 2). Cf. Debussy, *Pelléas et Mélisande*, II, n. 1.

por todos os poros; longas pausas vêm interromper o recitativo; grandes vazios, compassos em branco dilatam e raleiam as notas. A música da *Messe basse*[15], das *Valses oubliées*, de *La lugubre gondola* e do poema sinfônico *Do Berço ao Túmulo* torna-se cada vez mais descontínua: as areias do nada (*néant*) invadem a melodia e ressecam sua vivacidade poética. Não seria possível dizer que o silêncio existe, ao mesmo tempo, antes, depois e durante; que está simultaneamente nos dois extremos e também entre ambos?

No entanto, a relação entre o ruído e o silêncio pode ser concebida de modo invertido. De acordo com a escatologia, isto é, considerando os pontos extremos, tendo em vista o princípio dos princípios e o fim dos fins, é o ruído que se apresenta como uma ilha no oceano, oásis ou jardim fechado no deserto. De acordo com a continuação empírica, ao contrário, o silêncio é uma "pausa" descontínua na continuidade de uma trilha sonora incessante: o ruído não é mais um silêncio suspenso, mas, ao inverso, o silêncio é uma cessação do ruído e uma solução de continuidade. Ainda há pouco, a vibrante variedade fazia um corte sobre a oceanografia uniforme do tédio, isto é, perturbava um *continuum* preexistente e subjacente, uma vez que o silêncio era compreendido como a tela de fundo sobre a qual se sustentava o ser. Agora o ruído é o fundo sonoro sobre o qual se sustenta o silêncio. Esse pedal contínuo, esse baixo fundamental e obstinado sobre o qual se entretecem momentos de silêncio é bem mais imperceptível que o ruído do mar: dura tanto quanto nossa vida, acompanha todas nossas experiências, preenche nossos ouvidos do nascimento até a morte. Interrupção e lacuna momentânea na barulhenta animação que povoa o devir, o silêncio aflora pelos orifícios dessa algazarra perpétua. Seria o que agora chamamos de algazarra o que há pouco chamávamos de silêncio? Ainda há pouco, a fim de esconjurar a angústia da solidão e do silêncio meôntico, isolava-se em sua ilhota de balbúrdia o homem que procurava diversão, assim como, para persuadir-se de que não tem medo, fala e ri bem alto um

---

15 O autor se refere à *Missa pro organo lectarum celebrationi missarum adjumento inserviens* (Missa para órgão, com o objetivo de servir de auxílio à celebração de missas baixas), composta por Liszt para solo de órgão, em 1879. (N. da T.)

viajante perdido na noite, acreditando, deste modo, afugentar os fantasmas da morte graças a esse anteparo protetor. E agora é o inverso: o homem cansado da algazarra, tampando os ouvidos, quer proteger seu pequeno jardim de silêncio, resguardar sua ilhota de silêncio: pois, de agora em diante, o silêncio se revela insular e não mais o ruído. É, sobretudo, em Debussy que a música surge do silêncio, que a música é um silêncio interrompido ou provisoriamente suspenso. Toda inteira em surdina, a música de Fauré, ao inverso, é ela mesma um silêncio e um ruído interrompido, um silêncio a interromper o ruído: portanto, nesse caso, o silêncio não é mais, como o nada (*néant*), objeto de angústia, mas, sim, um porto de recolhimento e quietude. A *Isle joyeuse*, interpretada como ilha sonora sobre o mar de silêncio, ilha de cantos, risos e címbalos retumbantes, não poderia ser senão uma quimera debussysta, pois é para Debussy que a jubilação é um encrave em pleno não ser, parêntese no nada (*néant*). Inversamente, o *Jardim Fechado*, *hortus conclusus*, como diz, antes de Charles van Lerberghe, o *Cântico dos Cânticos*, não pode ser para Fauré senão um jardim de silêncio e de quietude; de modo semelhante, a pequena ilha, cujo mistério é evocado por Rachmâninov e por seu poeta Konstantin Balmont, é toda ela silêncio e sonolência[16]. Essa segunda modalidade de silêncio não é mais o oceano ilimitado, nem a grisalha informe do *ápeiron*, uma vez que delimita uma área bem demarcada no bruaá universal. No interior de suas paisagens pitorescas e fervilhantes, as óperas de Rimski-Korsakov[17] cultivam a presença de um lago circunscrito, imagem de uma zona de solidão e silêncio. Isto porque o lago, espécie de cercado e de *hortus conclusus*, o lago, ilha silenciosa, desbasta um espaço mudo no coração da balbúrdia, como a ilha sonora se isola na imensidão do silêncio. É assim que os silêncios e suspiros intramusicais, que são pausas numeradas, cronometradas e minutadas, enchem de ar a massa do discurso de acordo com uma metronomia precisa. A música só respira quando

---

[16] Rachmâninov, "Ostrovok" (Ilhota) (*Doze Romances*, Op. 14, n. 2). Cf. Chabrier, *L'Île heureuse*; Debussy, *L'Isle joyeuse*.

[17] Rimski-Korsakov, *Noite de Maio*, III; *A Lenda da Cidade Invisível de Kitej e a Jovem Fevrônia*, III, n. 2; *Snegurotchka* (A Donzela de Neve), IV; *Mlada* (Jovem Senhora), II e IV; *Sadko*, II.

envolta pelo oxigênio do silêncio. De maneira inversa, a música do ambiente se infiltra por osmose no interior do compasso vazio para, com seus sons, colorir e qualificar o silêncio[18]. Assim como os microssilêncios – silêncios minutados no interior do silêncio – ventilam a melodia contínua, as praias de silêncio são, em meio à trilha sonora universal, um asilo de repouso e devaneio. Em lugar de se aturdir com conversas vazias no intuito de preencher a todo custo o pesado silêncio, o homem busca agora vastas extensões e pequenos nichos silenciosos para pôr fim ao falatório. Seu propósito já não é a diversão, mas, sim, o recolhimento.

Se o silêncio pode ser buscado... ou recusado em si mesmo, é porque possui para o homem uma função: logo, o silêncio não é o nada (*néant*). O silêncio absoluto é, como o espaço puro ou o tempo nu, um limite inconcebível. *Ou gàr pân tò akinēton ēremeî*[19], já afirmava Aristóteles: "pois nem tudo o que é imóvel está em repouso", essa preguiçosa terra em pousio deve esconder alguma atividade profunda. Segundo Francis Bacon, o silêncio não é apenas o sono que nutre a sabedoria, como também a fermentação do pensamento. O silêncio é uma dessas "grandezas negativas" cuja positividade Immanuel Kant – opondo-se a Leibniz, homem das "pequenas percepções" – teria afirmado. O nada (*néant*), costuma-se dizer, não possui propriedades: um nada (*néant*) não se distingue de outro, pois como seria possível estabelecer tal distinção, a menos que ele contasse com qualidades ou uma maneira de ser, ou seja, a menos que fosse alguma coisa? Dois nadas (*néants*) não passam, portanto, de um mesmo nada (*néant*), de um único e mesmo zero. Ora, o silêncio possui propriedades diferenciais e, consequentemente, o nada (*néant*) em questão não é um *nada em absoluto* (*rien-du-tout*). Em outras palavras, não é, como o nada (*néant*) de Parmênides, o nada (*rien*)

---

[18] Como esclarece Enrica Lisciani-Petrini, em consulta realizada durante o processo de tradução, o autor aqui se refere às poéticas do fim do século XIX e início do século XX que dão voz, em suas obras, à natureza circundante. Este é o caso dos "Ruídos Noturnos", de Bartók e de diversas peças de Debussy, como "Jeux de vagues" (*La Mer*), nas quais predomina um tratamento delicado das sonoridades para que delas possam "emergir" as vozes sutis da natureza. (N. da T.)

[19] οὐ γὰρ πᾶν τὸ ἀκίνητον ἠρεμει; Aristóteles, *Física*, 221 b12. [Passagem completada pelo revisor dos textos em grego. (N. da T.)]

de todo ser, não é um não ser total que negue ou contradiga o não ser total… Na linguagem de Schelling, seria antes *mē ón* que *ouk ón*[20]! Nesse caso, em particular, o silêncio não é o nada (*rien*) simultâneo de todas as qualidades sensíveis, uma vez que exclui apenas uma única categoria de sensações, aquelas relativas à audição. Bergson, denunciando como verdadeiro nominalista o absurdo irrepresentável do nada (*néant*), mostrava que não seria possível suprimir uma categoria de percepções sem reconstituí-la por outra em algum ponto. Aquele que fecha os olhos para criar a escuridão continua a ouvir; aquele que tapa os ouvidos para obter silêncio continua a ver; e, caso se tornasse surdo e cego ao mesmo tempo, continuaria a sentir o calor, os cheiros, a receber as impressões cinestésicas… A supressão de um sentido é sempre o surgimento – em alguns casos, o avivamento – de outro: há alternância e deslocamento da plenitude, mas jamais uma niilização radical. Desse modo, o silêncio, em lugar de se identificar com o nada (*néant*) absoluto, é, por sua vez, um não ser relativo ou parcial. É assim que o silêncio mais característico é o silêncio na luz.

Isto certamente não quer dizer que se deva negligenciar o silêncio noturno! Contudo, é o próprio Schelling quem observa que a noite favorece a propagação do som e reforça os ruídos, assim como intensifica os perfumes: o autor de "Les Sons et les parfums tournent dans l'air du soir" não consagra a segunda parte de "Ibéria" (*Images pour orchestre*) aos "Perfumes da Noite"? E o que é verdadeiro em Debussy não é menos válido para Albéniz: as peças "Córdoba", *La Vega* e a canção "El crepúsculo" sobre texto de Pierre Loti evocam, todas as três, as trevas aromatizadas por cravos e jasmins. Na escuridão, as percepções auditivas se intensificam e, de modo inverso, é talvez à luz do grande dia que o silêncio se mostra mais asfixiante! O silêncio do meio-dia – inexistência auditiva que contrasta com a plenitude da existência óptica – eleva o paradoxo a seu clímax: na imobilidade e na coexistência de todas as presenças, quando o sol em seu zênite reina sobre a assembleia universal dos seres e os convida à sesta, quando

---

[20] μὴ ὄν; οὐκ ὄν. [Segunda expressão corrigida após a consulta do texto de Schelling em questão, *Exposição do empirismo filosófico*. (N. da T.)]

todas as coisas são em ato e a sombra do virtual cessa de criar entre elas efeitos de relevo ou de escavar por detrás delas zonas de subentendidos, quando o tempo, ao atingir seu apogeu, parece ele mesmo hesitar, então o contraste entre a clarividência, que é plenitude, e o silêncio, que é um vazio, atinge o ponto extremo de sua tensão. É a hora meridiana e quase indiferente da claridade máxima, a hora que o *Fedro* de Platão denomina *mesēmbría statherá*[21], a hora por excelência do silêncio debussysta, a hora em que a flauta do fauno começa a derramar sua cantilena: meio-dia não é o prelúdio para essa tarde de verão? Como diz Fiódor Ivanovitch Tiútchev, o grande Pã dorme, ao meio-dia, no antro das ninfas, enquanto as nuvens, preguiçosas, fundem-se no céu. Pã é o silêncio do meio-dia, Algazarra é seu filho e a ninfa Eco, sua noiva. Inventor da *sírinx*, murmúrio das fontes e frêmito do vento, Pã se cala no centro do dia quando a brisa adormece. Então, para não perturbar sua sesta, os pastores evitam soprar seus *chalumeaux*[22]. Schelling abordou, de modo admirável, esse silêncio pânico que se espalha sobre os campos abarrotados de luz... O mutismo das coisas concede caráter paradoxalmente enigmático à desencorajadora evidência que manifestam. No início de sua coletânea de peças *Letni dojmy* (Impressões de Verão)[23], Josef Suk faz vibrar um acorde perfeito, quase imóvel, de Si maior: não é esse fascinante pedal do meio-dia, hipnótico como um acalanto, o pedal do silêncio estático e pânico, o suave rumor do *silentium meridianum*? E até mesmo o primeiro dos *Noturnos* sinfônicos de Debussy, "Nuages", é um silêncio na luz.

Vale acrescentar que o silêncio, além de ser o nada (*néant*) de uma única categoria de sensações, contrabalançado pela plenitude de todas as outras, nunca é completo. O silêncio mais usual é o silêncio das palavras. O *Eclesiastes* distingue as duas "ocasiões",

21 μεσημβρία σταθερα ("meio-dia"; "hora do sol a pino"). Platão, *Fedro*, 242 a.
22 Instrumento de sopro de palheta simples, construído em madeira e em formato de tubo cilíndrico, de som aveludado e tessitura originalmente grave. Vigente nos séculos XVII e XVIII, é considerado o precursor do clarinete, instrumento que conserva, em sua extensão grave, o assim chamado "registro *chalumeau*". (N. da T.)
23 Suk, "V poledne" (Ao meio-dia), de *Letní Dojmy* (Impressões de Verão), Op. 22 b. Cf. Kœchlin, "Midi" (Meio-dia), de *Trois mélodies*, Op. 15, n. 3.

kairòs toû sigân kaì kairòs toû laleîn[24]: o silêncio nos permite descansar da tagarelice ensurdecedora, assim como a palavra nos permite descansar do silêncio opressor. O silêncio não é, portanto, não ser, posto que é simplesmente *outra* coisa que o ruído das palavras. Se for verdade que a loquela, como dizem os pregadores, é o ruído humano por excelência, o mutismo que suprime esse ruído será um silêncio privilegiado. A música é o silêncio das palavras, assim como a poesia é o silêncio da prosa. A música, presença sonora, preenche o silêncio, e, apesar disso, é ela mesma uma espécie de silêncio. Há, portanto, um silêncio relativo que consiste na mudança de ruídos, na passagem da algazarra informe e fortuita à ordem sonora, assim como há um descanso que consiste na mudança de tarefa. Para se dizer que se deve calar, deve-se, desde logo, fazer um pouco de barulho: por exemplo, para se dizer que não se deve falar sobre música, ainda se deve falar sobre ela, e toda a filosofia explica que mais valeria não tentar dizer o indizível. Similarmente, deve-se fazer música para obter o silêncio. A música, que, por sua vez, faz tanto barulho, é o silêncio de todos os outros ruídos, pois, desde o momento em que eleva sua voz, aspira a estar sozinha e ocupar com exclusividade o espaço vibrante: a onda melodiosa jamais há de partilhar com outras um lugar que deseja preencher por si só. A música é uma espécie de silêncio e é necessário o silêncio para se escutar a música, para se escutar o silêncio melodioso. É necessário envolver de silêncio esse ruído melodioso, esse ruído mensurado e encantado que se chama música. A música impõe silêncio ao "zunzunzum" das palavras, ou seja, ao mais banal e volúvel de todos os ruídos, que é o ruído da parolagem: o barulhento se aquieta para melhor saborear a encantação. As presenças coexistem no espaço, mas, na sucessão sonora, os ruídos simultâneos incomodam uns aos outros, assim como ocorre com as vozes discordantes: eles exigem seja a sincronização polifônica, seja a precaução silenciosa que aparta a música da verborreia das conversações. E, por outro lado, a música, caso faça calar a voz dos homens, também pode impor

---

24 καιρὸς τοῦ σιγᾶν και; καιρὸς τοῦ λαλεῖν ("tempo de calar, e tempo de falar"); Ecl 3,7.

a ela a entonação sustentada e um pouco solene do canto. Cantar dispensa o dizer... Cantar é um modo de calar-se! Federico Mompou intitula *Música callada* uma suíte de nove pecinhas – diríamos de nove silêncios[25] – nas quais faz ressoar a *soledad sonora* de são João da Cruz[26]. É no silêncio que se eleva a música, a divina música: quando se extingue, em Ravel, o cricrilar do grilo ("nada mais se ouve"), os vastos acordes se erguem em direção ao céu noturno; quando as conversas vãs se calam, a música, como a oração, povoa o espaço vazio. A música, nesse caso, alivia o peso do *lógos*, desfaz a opressora hegemonia da palavra: impede que o humano se identifique exclusivamente com o falado. Eis aqui a "musicista do silêncio" à qual alude o poeta[27]!

A música não é apenas o silêncio do discurso, mas o silêncio da música é, ele mesmo, um elemento constitutivo da música audível. Em outras palavras, a música não só precisa do silêncio das palavras para entoar seu canto, mas é ainda habitada e amortecida pelo silêncio. O laconismo, a reticência e o pianíssimo são, assim, como silêncios no silêncio. Com efeito, a braquilogia, em Satie e Mompou, é uma espécie de silêncio: a "peça breve" é um silêncio não no sentido de que ela mesma emerge do silêncio, mas, de modo indireto, no sentido de que expressa um desejo de redução e de concentração. É como se habitasse na concisão o desejo de perturbar o silêncio pelo menor tempo possível. Sem dúvida, deve-se considerar a *reticência* um silêncio privilegiado: pois o silêncio não mais "tácito", nem simplesmente "taciturno", mas "reticente" é aquele que, de um momento para outro, estabelece-se à beira do mistério ou no limiar do inefável, quando a vaidade e a impotência das palavras se tornaram evidentes. A reticência é recusa a continuar, resistência a ser arrastada pela inércia e pelas facilidades do automatismo oratório: diz "não" à tentação prolixa, à inflação loquaz

---

25 Em 1961, ano de publicação deste volume, Mompou havia composto somente o primeiro caderno de *Música callada* (1959). Escrita entre 1959 e 1967, a obra completa contém 28 pequenas peças, dispostas em quatro cadernos. (N. da T.)
26 Oximoro utilizado pelo poeta carmelita em seu *Cântico Espiritual* (canção 14). (N. da T.)
27 *Sainte*, poema musicado por Ravel sobre poema de Mallarmé.

e é, nesse caso, uma decisão ao mesmo tempo penosa e surpreendente tomada por nossa liberdade. Assim como a vontade, quando expressa negativamente de acordo com a gramática, pode ser mais positiva que o consentimento, o *não dizer*, com frequência, mostra-se mais persuasivo que o *tudo dizer*. Para além de uma cólera que refreia suas ameaças, para além de uma maledicência que prefere ficar à espreita ou insinuar, há uma reserva mental diante do inexprimível e esta não se deve tanto à falta de ânimo, mas, sim, ao sentido poético e à entrevisão de um mistério. Assim é, segundo Plotino, o êxtase místico de um sábio que, tendo dispensado todo discurso, *pánta lógon apheís*, não ousa mais proferir uma única palavra, *oud' án hòlōs phthénxasthai dýnaito*[28]. Toda a música, que faz calar as palavras e cessar os ruídos, pode ser, em certas circunstâncias, uma reticência do discurso. E a própria música, como já vimos, exprime-se, algumas vezes, não exaustivamente, mas de modo alusivo e a meias palavras: o *lógos* colocado em suspensão por Plotino e a "serenata interrompida" em Debussy são duas maneiras de trucidar a eloquência e duas manifestações do pudor humano diante do indizível. E o que nos dizem de subentendido as reticências? Elas nos dizem: "completem vocês mesmos, pois já falei o bastante". Como Arkel, elas nos sussurram que a alma humana é bastante silenciosa: "Agora, ela precisa de silêncio."[29] Em oposição ao *lógos* por demais eloquente que tudo quer dizer e de tudo pretende falar, elas escolhem sugerir e nos aconselham, de mansinho, a partir em silêncio, *siōpēsantas deî apeltheîn*[30].

---

[28] πάντα λόγον ἀφείς; οὐδ' ἄν ὅλως φθέγξασθαι δύναιτο. Plotino, *Enéada* VI 8, 19.
[29] Debussy, *Pelléas et Mélisande*, V, n. 2.
[30] Plotino, *Enéada* VI 8, 11. [Palavras de Plotino já citadas, supra, p. 131. (N. da T.)]

LOUIS AUBERT.
"Silence" (*Crépuscules d'automne*, n. 3), Compassos 46-52.

O silêncio musical, dizíamos, não é vazio e, com efeito, não é somente "cessação", mas também "atenuação". Como reticência ou desenvolvimento interrompido, exprime um desejo de retornar ao silêncio o mais rapidamente possível; como intensidade atenuada, é um jogo com o quase-nada no limiar do inaudível. Escutem com redobrada atenção! Embora ainda seja audível, o pianíssimo é a forma *quase* insensível do suprassensível: assim, ele *mal* se revela sensível. Na fronteira do material e do imaterial, do físico e do transfísico, o quase-nada[31] designa a existência mínima além da qual estaria a inexistência, o nada (*rien*) puro e simples. Os grandes mestres do pianíssimo, Fauré, Debussy e Albéniz, movem-se no limite do ruído e do silêncio, na zona fronteiriça na qual aqueles que possuem ouvidos apurados percebem os sons infinitesimais da micromúsica. Mão alguma é suficientemente leve, suficientemente imponderável para obter do teclado os infrassons e os ultrassons captados pelo divino "Jerez" de Albéniz: até mesmo dedos de arcanjo seriam excessivamente pesados para esse toque imaterial, para essa arte de roçar,

---

[31] *Presque-rien*: Debussy, *Pelléas et Mélisande*, fim do primeiro ato; "Cloches à travers les feuilles" (*Images* II, n. 1); fim de "Mouvement" (*Images* I, n. 3); fim de *Jeux*; fim de "Brouillards" (*Prelúdios* II, n. 1). *Plus rien*: fim de *Lindaraja*; fim de "Colloque sentimental" (*Fêtes galantes*, n. 3); "De grève" (*Proses lyriques*, n. 2).

para esse contato mais leve que uma tangência. Ao fim de "Fête-Dieu à Séville", a música converte-se num silêncio sobrenatural, num misterioso silêncio... Gabriel Fauré, que é o poeta da meia-luz e da penumbra, convida-nos, como Michelangelo e Maurice Maeterlinck, a falar baixo: "bem baixinho", estas são as últimas palavras do poema de Verlaine "C'est l'extase langoureuse" e praticamente as últimas de *Pelléas et Mélisande*. "Impregnemos nosso amor / Desse silêncio profundo", é o que nos diz uma das *Fêtes galantes*, "En sourdine", na noite dos frêmitos e dos sussurros[32]. A fim de surpreender os segredos da vida e da morte, o homem vigia apaixonadamente o nascimento e a extinção do ruído, assim como, para surpreender as mensagens da aurora e do crepúsculo, espreita o "limiar indistinto no qual da noite devém a aurora"[33] e o momento no qual o dia se transforma em trevas. Se a primeira e a última estrofe de "Les Djinns" correspondem aos dois silêncios que constituem os limites anterior e ulterior da música, a segunda e a penúltima estrofe antes representariam os dois pianíssimos, as duas músicas infinitesimais: não os dois nadas (*néants*), mas os dois quase-nadas (*presque-rien*), ou seja, as duas passagens que são, retrospectivamente, passagem de nada (*rien*) a algo:

> *Dans la plaine*
> *Naît un bruit,*
> *C'est l'haleine*
> *De la nuit*[34]

e passagem de algo a nada (*rien*):

> *Ce bruit vague*
> *Qui s'endort*
> *C'est la plainte*

---

32 Referência ao poema de Verlaine (*Fêtes galantes*, n. 21), musicado por diversos compositores, como Debussy, Fauré e Reynaldo Hahn. (N. da T.)
33 Fauré, "La Messagère" (*Le Jardin clos*, Op. 106, n. 3).
34 "Na planície, / Um ruído / É a treva / Que respira." Tradução de Betty Vidigal. (N. da T.)

> *Presque éteinte*
> *D'une sainte*
> *Pour un mort.*[35]

Por um lado, Debussy procura apreender o instante liminar da percepção a partir do qual o silêncio se torna música. Chamemos de "pianíssimo antecedente" a eclosão da música quase inaudível que se dá a partir do "silêncio antecedente". No início de *La Mer* ("Da aurora ao meio-dia sobre o mar"), um bruaá se eleva das profundezas misteriosas nas quais a música é fermentada em improviso... O silêncio do mar, vale dizer, não é mais vazio que o silêncio do deserto:

> *Murmure immense*
> *Et qui pourtant est du silence*[36],

diz Lerberghe, o poeta de Gabriel Fauré, já nas primeiras linhas de *La Chanson d'Ève*[37]. Todo o leque de possibilidades musicais agita-se nesse rumor indiferenciado, nessa vibrante nebulosa na qual as vozes das águas e dos ventos permanecem indistintas. O outro limiar dá acesso ao nada (*néant*) terminal. Graduando ao infinito as nuanças do imperceptível, Debussy costuma atenuar seus *decrescendi* até o ponto de o quase-nada e o nada (*rien*) se tornarem indiscerníveis. À peine, *estinto*, *perdendosi*... De maneira assintomática, a música aproxima-se desse limite extremo para além do qual resta o silêncio: as vibrações da orquestra, pouco a pouco amortecidas, acabarão por se apagar no nada (*néant*), como expiram no pianíssimo letal os últimos compassos de "La Mort rôde", uma das *Heures dolentes* de Gabriel Dupont[38]. O início e o fim do primeiro dos *Noturnos* para orquestra, "Nuages", é um frêmito imaterial, um deslizar silencioso, um tremular de penas: as asas dos anjos, acariciando a penugem das

---

[35] "O som vago / Que já dorme / É a vaga / Junto à orla / É o choro / Quase findo / De uma santa / Por quem morre." (N. da T.)

[36] "Murmúrio imenso / Todo ele, contudo, silêncio." (N. da T.)

[37] Fauré, "Paradis" (título dado pelo compositor), de *La Chanson d'Ève*, Op. 95, n. 1.

[38] Dupont, "La Mort rôde" (*Les Heures dolentes*, n. 11).

nuvens, fazem mais barulho que os tremulantes arcos desses violinos. Três, quatro, mil ou mesmo cem mil *p* não dariam mais que uma frágil ideia desse pianíssimo infinitesimal. Mélisande, no fim do quinto ato, dissolve-se no silêncio como as nuvens do primeiro *Noturno*: ela mesma nuvem e, como "o hálito da noite", brisa leve, a impalpável, a imponderável Mélisande vai perdendo-se, desfiando-se, aniquilando-se, até retornar ao não ser. A quase inexistente apaga-se, enfim, no sussurro de seu *perdendosi*. Nesse mesmo *perdendosi*, extingue-se bruscamente o prelúdio intitulado "Brouillards", expira a tão vã rotação que Debussy denomina "Mouvement" e se esvaem, enfim, as "Exquises danseuses". A agonizante do quinto ato – se não for "refinada dançarina" – é verdadeiramente nuvem e bruma: como uma bolha de sabão que estoura ao menor contato, o "pequeno ser silencioso" desaparece por completo, repentinamente apagado pela morte. No fim do segundo movimento da *Sinfonia Fausto*, o tema faustiano do entusiasmo, transfigurado pelo amor de Margarida, expira em Lá bemol maior numa sonoridade tão sobrenatural e sublime que parece vinda de outro mundo. Não seriam Margarida e Mélisande irmãs em matéria de inocência? Um simples sopro ou, como diz Ivan Bunin sobre a jovem morta Olga Mechtcherskaïa, *uma respiração suave*[39]: é tudo o que resta da "Berceuse", Op. 72, n. 2, de Tchaikóvski, quando a arrebatadora vertigem do sono tiver naufragado a consciência. Sem dúvida, as últimas linhas do admirável relato de Bunin seriam aplicáveis à transparente Mélisande: "Agora a leve respiração dissipou-se no universo, no céu nublado, no vento frio dessa primavera."

Se o silêncio favorece a transmissão de uma "mensagem", isto se dá, em primeiro lugar, porque a negação silenciosa suprime ou atenua o campo mais estrepitoso da experiência. A busca do silêncio é a busca de um para além metaempírico ou suprassensível mais essencial que a existência marcada por estrondos e rugidos: prepara-nos, portanto, senão a conhecer, ao menos a receber a verdade. Esta quimera de um para além sobrevive a todas as decepções. Para os gregos,

---

[39] "Respiração Suave" (1916), conto de Ivan Bunin. Cf. Schoenberg, "Wie ein Hauch" (Como um hálito), fim de *Sechs Kleine Klavierstücke*, Op. 19, n. 6; Debussy, fim de "Colloque sentimental" (*Fêtes galantes*, n. 3); Liszt, *Sinfonia Fausto*, segundo movimento.

povo visual, a fenomenalidade óptica era, de longe, a mais exuberante e atraente: desse modo, a preocupação científica por uma verdade inteligível teve neles a ideia de uma conversão ao invisível. Mesmo a harmonia suprassensível é, para Heráclito, uma harmonia *invisível*! Certamente, no Livro VI de *A República*, insiste-se no paralelismo da visão e da intuição, enquanto o mito da Caverna é um convite para optar pelo caminho da luz. Contudo, trata-se, justamente, apenas de uma alegoria! Para além da luz do Sol, coisa vista, Platão entrevê a verdade do Bem, coisa sabida, mais luminosa que a luz. E, se for verdade que a "contemplação" platônica possui sempre alguma relação com um espetáculo, a própria ideia é uma "forma" somente em sentido figurado. Isto explica, em *O Banquete*, o paradoxo de uma beleza suprassensível e supravisível. Sistematizando a hipérbole, Plotino mira uma sobre-essência "amorfa" e "aplástica" para além das aparências coloridas. Todavia, seria um exagero pretender que os gregos não teriam de algum modo especulado um mistério inaudível para além das aparências acústicas. Platão já experimenta a vaidade da retórica e foge dos clamores da ágora: a dialética do diálogo, que abrevia o discurso contínuo e fragmenta os longos pronunciamentos dos reitores não é, como a "serenata interrompida", uma espécie de silêncio? Não é o diálogo um discurso contínuo interrompido, decepado, fragmentado? A ironia é, por sua vez, uma questão à espera de uma resposta, uma interrogação suspensa sobre um silêncio. Górgias perora, mas Sócrates escuta... Talvez seja o caso de aqui recordar que Satie, sugestivamente autor de um *Sócrates*, concede com frequência a sua frase o aspecto de "uma doce pergunta"[40]. Federico Mompou, em cuja obra o laconismo e o pudor à prolixidade chegam às raias da fobia, também nutre predileção pela forma interrogativa. Walter Pater[41] refletiu, com profundidade, sobre a admiração que sentia Platão pelos apotegmas e sentenças *rhémata brakhéa*[42] dos

---

40 Satie, *Les Fils des Étoiles*; *Gnossiennes*, n. 1; Mompou, *Deux dialogues*, n. 1; "Jeu" (*Scènes d'enfants*, n. 2-4).
41 W. Pater, *Platon et le platonisme*, p. 235-236, 264.
42 ῥήματα βραχέα ("breves palavras"). Platão, *Protágoras* 342 e: *rhēma áxion lógou* (ῥῆμα ἄξιον λόγου/"uma palavra digna de nota"), 343 a: *axiomnēmoneúta* (ἀξιομνημονεύτα/"dignas de menção").

lacedemônios. Nessas breves frases, o filósofo, praticando senão o aforismo, ao menos o diálogo, reconhecia sua sobriedade e sua aversão pela embriaguez verbal, o que o levava a aplaudir de algum modo a repressão da parolagem ateniense.

Atravessará, nos neoplatônicos, uma profunda desconfiança em relação ao *lógos*. O tratado "Sobre a Contemplação", de Plotino, leva o paradoxo a seu ápice ao buscar, contraditoriamente, um "verbo mudo", *lógos siōpōn*[43]. A partir daqui, não cabe mais questionar: basta compreender e calar-se, *ekhrēn mèn mē erōtân, allà syniénai kaì autòn siōpēi, hōsper egō siōpō kaì ouk eíthismai légein*[44]. Sem ousar proferir uma única palavra, o sábio lança-se em direção a Deus após ter dispensado o verbo[45]. Quanto a Dionísio Areopagita, em imagem que identifica o mistério invisível com o mistério inaudível, este nos aponta, para além da luz radiante, "a Treva mais que luminosa do Silêncio"[46]: pois a negra escuridão é a fonte do esplendor resplandecente. "Um pensamento, quando expresso, é uma mentira", escreve o grande poeta russo Tiútchev[47]. O sentimento do inexprimível não torna mudos aqueles que o experimentam? A esse respeito, a desconfiança bergsoniana em relação à linguagem conecta-se, portanto, à filosofia apofática. E a algazarra não só impõe, como tela opaca, um obstáculo à verdade, impedindo que esta se comunique, mas pode ser ainda, em si mesma, um princípio de sedução e de engano diabólico: ela não somente diverte, mas perverte. Ulisses, personagem alegórica dos mistérios, tapa os próprios ouvidos para não ouvir as Sereias do erro, ou seja, para assim tornar-se surdo às melodiosas toadas e à pérfida tentação: a música das Sereias, além de ruído que distrai, diverte ou dissipa, é impedimento para a reflexão e arte de seduzir fraudulenta. A balbúrdia da feira contenta-se em cobrir ou embaçar nosso diálogo silencioso com a razão, *ho entòs tēs psykhēs pròs hautēn diálogos áneu phōnēs gigómenos, logo eirēménos [...] sigēi*

---

43 λόγος σιωπῶν; Plotino, *Enéada* III 8, 6.
44 ἐχρῆν μὲν μὴ ἐρωτᾶν, ἀλλὰ συνιέναι και; αὐτὸν σιωπῇ, ὥσπερ ἐγώ; σιωπῶν και; οὐκ εἴθισμαι λέγειν; Idem, *Enéada* III 8, 4. Cf. VI 8, 11: μηδὲν ζητεῖν ("nada indagar/buscar").
45 Idem, *Enéada* VI 8, 19.
46 Pseudo-Dionísio Areopagita, *Teologia Mística* 997 b (Capítulo I).
47 Poema *Silentium* (1830). F. Steppoune, *La Tragédie de la création*; *La Tragédie de la conscience mystique*; S. L. Frank, *Zhivoe Znanie*.

pròs hautón[48]. No entanto, o concerto das Sereias não é uma balbúrdia, as encantadoras em tocaia ao longo da rota de Ítaca – rota da verdade – desejam nos desencaminhar, extraviar-nos de nossa rota, desviar-nos da via reta. Lembramos que a evidência da luz ilumina as presenças, manifestando a coexistência dos seres e permitindo a comunicação entre eles, porém, quando as imagens são miragens, converte-se ela em engano. De modo análogo, a palavra é responsável por colocar os homens em relação, contudo, quando serve à mentira, isola-os uns dos outros. A palavra, arma de dois gumes, exprime o sentido e descarrila a intelecção, significa e desfigura, carrega o sentido e inibe o pensamento.

Mas ainda resta algo a ser dito. Dentre todas as aparências, é a aparência sonora a mais vã: mais vã que a inflação espacial, mais vã que a capa de Arlequim a evocar uma existência multicor, mais vazia que um amontoado de cores gritantes ou chamativamente escandalosas. Muito barulho por nada! A aparência óptica faz volume, pois é especiosa e inconsistente, parece ser diferente e até mais do que realmente é. Ao menos o blefe da existência sobrevive ao instante, ainda que murche, cedo ou tarde... Mesmo um reflexo na água subsiste além do instante! Contudo, o caráter vão do ruído é duas vezes vão, uma vez que, para prolongar-se, precisa ser continuamente renovado, caso contrário, achatar-se-ia e recairia no silêncio. Portanto, ele é, de fato, vaidade de uma vaidade, *vanitas vanitatis*, vaidade ao quadrado! Se a existência espacial é vaidade, o evento sonoro é vaidade das vaidades: como um modismo efêmero, exige ser constantemente mantido. O som ressoa no tempo e desinfla de imediato, caso não seja inflado novamente e sem cessar, como o fragor de um trompete se interrompe quando o instrumento deixa de ser soprado. Para fazê-lo retumbar, será necessário exaurir o fôlego até o fim dos séculos? Uma música grandiloquente, semelhante aos brados de um homem em cólera, é uma forma tola de ênfase, que soa vazia e nada contém além de vento. Se a ênfase frívola confunde, de modo ingênuo, o volume e a realidade,

---

[48] ὁ ἐντὸς τῆς ψυχῆς πρὸς αὑτὴν διάλογος ἄνευ φωνῆς γιγόμενος, λόγος εἰρημένος [...] σιγῇ πρὸς αὑτόν ("este é um diálogo interior e silencioso da alma com si mesma, um diálogo que se expressa... em silêncio com si mesmo"). Platão, *Sofista* 263 e; *Teeteto* 190 a; *Filebo* 38 e. [Período construído pelo filósofo francês a partir de colagem das passagens citadas. (N. da T.)]

tomando a aparência pela essência, a lítotes é, por sua vez, a tomada de consciência de uma desproporção na qual devemos reconhecer o quiasma paradoxal e a desconcertante ironia da existência: não há proporcionalidade regular entre a importância real de um ser e seu volume sensível, entre seu peso ontológico e seu volume fenomenológico. O grau de ser desse ser nem sempre é diretamente proporcional a seu brilho fenomênico. Não, o mais importante não é necessariamente aquele que possui ares de importância. "Sua força surpreende as criancinhas [...] transporta uma pedra enorme, cem vezes maior que ele (é uma pedra-pomes)."[49] O humor, em Satie, não serviria para desinchar a megalomania da gloriosa aparência? A redundância que deseja se tornar tão avantajada quanto um boi acaba se reduzindo a seu estado de rã original. Mais particularmente: o ruído, que ocupava todo o espaço com sua obstrutiva presença, terá sido uma existência sem consistência, perenidade ou densidade. As coisas verdadeiramente importantes fazem menos barulho que as existências barulhentas, insolentes e fanfarronas! Neste sentido, a lítotes, que não é inocente, opõe-se ao discurso enfático como a seriedade à futilidade. Deus, diz a Escritura, não chega com o estrondo do relâmpago, mas, sim, com a suavidade de uma brisa leve[50], ou como a Escritura não diz e adoraríamos dizer, evocando uma vez mais *Pelléas e Mélisande*: Deus chega na ponta dos pés, furtivamente, em pianíssimo, assim como a morte no quinto ato; é um quase-nada, um sopro imperceptível e mais leve, se possível, que a respiração de Olga Mechtcherskaïa... "Arkel: Eu nada vi. Tens certeza? [...] Eu nada ouvi... Tão rápido, tão rápido... De repente... Ela vai embora sem nada dizer [...] Agora, ela precisa de silêncio."[51] Muitos acontecimentos e mutações radicais assemelham-se, neste sentido, ao profundo labor da morte e se cumprem silenciosamente, na clandestinidade de um quase-nada: o

---

[49] Satie, "Le Porteur de grosses pierres" (*Chapitres tournés en tous sens*, n. 2).
[50] Referência à manifestação de Deus ao profeta Elias, no monte Horebe (1Rs 19,11-13). A imagem da "brisa suave" em que se realiza esta teofania será cara a Jankélévitch justamente por aludir à intimidade, ao inapreensível, à sutileza e à brevidade, atributos característicos ao quase-nada (*presque-rien*). (N. da T.)
[51] Passagem anteriormente citada, em versão abreviada, extraída de: Debussy, *Pelléas et Mélisande*, V, n. 2. Ver supra, p. 191. (N. da T.)

pensamento em atividade não faz barulho e tampouco os amantes, quando absorvidos em seu misterioso colóquio de silêncio. É assim que, tecendo um elogio à "taciturnidade" destes, Francisco de Sales observa: "Embora não tenham nada a dizer de secreto, os amantes se comprazem em dizê-lo secretamente."[52]

Considerado sob seu aspecto positivo, o silêncio favorece uma concentração particularmente atenta. Como teria dito o diálogo *Fédon*, ele é a condição do "recolhimento". Não se deve apenas criar a escuridão, mas também fazer silêncio para ouvir essas "vozes interiores" da reflexão que Nicolas Malebranche denomina Verbo das inteligências. O autor das *Meditações Cristãs e Metafísicas* não compara a atenção a uma "prece natural" que pede a graça da verdade suprassensível? Os homens recolhidos ouvem no silêncio como os nictalopes enxergam na escuridão. O próprio Plotino, que, no entanto, dispensa o *lógos* barulhento, Plotino, autor de um *Perì theōrías*, busca o silêncio não para nele auscultar um verbo inaudível, uma palavra sobrenatural, uma voz secreta, mas para nele contemplar um espetáculo (*théama*; *theōrēma*[53]). É na Bíblia que a audição, algumas vezes, prevalece sobre a visão, que Deus, de tempos em tempos, revela-se ao homem como Palavra. Escuta, Israel! Se ninguém jamais viu a Deus, alguns puderam ouvi-lo[54]... *Skótos, gnóphos, phōnē megálē*[55], diz o *Deuteronômio*: não é do meio da nuvem que Deus proclama a lei[56]? O silêncio é o que nos permite ouvir *outra voz*, uma voz que fala *outra língua*, uma voz proveniente de *outro lugar*... Essa língua desconhecida de uma voz desconhecida, essa *vox ignota*, esconde-se atrás do silêncio como o silêncio se esconde atrás dos ruídos superficiais do cotidiano. Mediante uma

---

52 S. Francisco de Sales, *Tratado do Amor de Deus*, VI, 1.
53 Plotino, Enéada III 8, 4 e VI 8, 19 *theásetai* (θεάσεται, "contemplará"); *idôn* (ἰδών, "tendo visto" ou "tendo considerado").
54 Jo 1,18: *Theòn oudeìs heōraken pōpote* (Θεὸν οὐδείς ἑώρακεν πώποτε: "Ninguém jamais viu a Deus"). 1Jo 4,12: *Theòn oudeìs pōpote tethéatai* (Θεὸν οὐδεὶς πώποτε τεθέαται: "Ninguém nunca contemplou a Deus"). Contudo, em Jo 5,37: *oúte phōnēn autoû pōpote akēkóate oúte eídos autoû heōrakate* (οὔτε φωνὴν αὐτοῦ πώποτε ἀκηκόατε οὔτε εἶδος αὐτοῦ ἑωράκατε: "nunca ouvistes sua voz nem vistes sua figura")... Ex 33,20; Dt 5,22.
55 Σκότος, γνόφος, φωνὴ μεγάλη ("Escuridão, nuvem espessa, grande voz"). Dt 5,22.
56 Ex 24,15-25,1. (N. da T.)

espécie de dialética cada vez mais profunda, o homem atento escava através da espessura do ruído que o envolve para descobrir as camadas transparentes do silêncio e, em seguida, penetra indefinidamente na profundidade do silêncio para descobrir a mais secreta de todas as músicas. O silêncio está para além do ruído, mas a "harmonia invisível", a harmonia críptica ou esotérica, está para além do próprio silêncio. Imagine a expressão contraída daqueles que captam uma mensagem quase imperceptível vinda de algum planeta distante: com o coração palpitando, retêm a respiração para perceber o criptograma, o sinal desconhecido, o suspiro que chega até eles por meio do silêncio dos espaços infinitos. Na verdade, a "mensagem musical" não é uma mensagem metafísica: ao menos, só o é em termos metafóricos e, de certo modo, pneumáticos. Essa voz de outra ordem não procede de outro mundo, menos ainda do além-mundo! Essa voz distante não provém, literalmente, de regiões distantes... De onde vem essa voz desconhecida? Vem do tempo interior do homem, assim como da natureza exterior. O silêncio, por um lado, faz aparecer o contraponto latente das vozes passadas e vindouras, ofuscado pelo tumulto do presente, e, por outro, revela a voz inaudível da ausência, recoberta pela algazarra ensurdecedora das presenças.

E quanto à música, silêncio audível, é próprio sobretudo a ela buscar o pianíssimo da lembrança que sussurra, como um amigo distante, ao ouvido mental do homem. Mostramos aqui como a música, linguagem do devir, também se apresentava como a linguagem das lembranças e como a memória servia para tornar a expressão evasiva. "Ricordanza", encanto das lembranças! Atravessada por longos silêncios, as *Valses oubliées* de Franz Liszt surgem nas brumas da memória. O prelúdio de Debussy "Des pas sur la neige", meditação vagarosa sobre os vestígios de uma presença que já se foi, fala-nos, em voz baixa, de uma nostalgia da ausência e de um consternado pesar. O "Colloque sentimental" evoca coisas antigas, passadas, distantes, irreversíveis e que nunca mais haverão de ser, antes de se reabsorverem no nada de uma noite de inverno. O ouvido mental recebe não somente a confiança das coisas já passadas, mas a profecia das coisas que estão por vir e ainda em curso, coisas prometidas, ansiadas e apaixonadamente esperadas. É sobre o futuro que nos fala a ópera de Rimski-Korsakov, *A Lenda da Cidade Invisível de Kitej e a Jovem Frevônia*: no profundo silêncio da noite, em meio às vastas solidões que circundam o Volga, o ouvido da alma e o ouvido do corpo escutam os sinos distantes. Este rumor longínquo forma-se não nas profundezas da reminiscência e do passado misterioso, mas, sim, no horizonte de um futuro ambíguo, que coincide com a Kitej celeste de nossa esperança. Somente quando se aquieta o tumulto ensurdecedor da Kitej cotidiana, cidade sensível, tão barulhenta quanto um mercado de Limoges[57], o homem é capaz de ouvir os carrilhões da cidade invisível. Cidade invisível, mas não inaudível!

Contudo, o silêncio não só permite a evocação de lembranças passadas e a escuta dos sinos de Páscoas futuras, mas ainda intensifica os ruídos infinitesimais da multipresença universal. Tiútchev expressou tal intensificação em termos admiráveis: assim como a noite descortina as estrelas no céu, o cair do tumulto característico à vigília torna patente o canto mágico da interioridade e as imagens oníricas da fantasia. Não obstante, além da música subjetiva, a noite também desvela os ruídos secretos da existência cósmica. Do mesmo modo que o silêncio, a noite revela ao homem a trilha sonora infrassensível da natureza. Ao silêncio opressor do meio-dia fazem eco as incontáveis vozes que povoam o silêncio da meia-noite: o sussurro[58] de um bicho noturno, a queda de uma gota de orvalho, o suspiro de um fiapo de relva. É tarde: um sino ao longe escande as horas da noite; uma fonte palreia, à meia-voz, ao fundo do parque escuro; a brisa agoniza, bem baixinho, estalando as folhas secas. "Poder-se-ia ouvir a água a dormir."[59] Poder-se-ia ouvir a relva a germinar. Como no fim do quarto ato de *Pelléas et Mélisande*, alguém, não se sabe bem onde, vagueia, margeando o clarão do luar. Abra os ouvidos para o vasto frêmito de élitros que recobre o jardim noturno de Maurice Ravel, no fim de *L'Enfant et les sortilèges*... Em "Ruídos Noturnos", Béla Bartók escuta o zumbido mecânico dos insetos e até mesmo o pássaro que bica, com golpes ritmados, o tronco

---

[57] Mussórgski, "O Mercado de Limoges" (*Quadros de uma Exposição*, n. 12).
[58] Bartók, *Mikrokosmos*, II, n. 63, "Sussurro".
[59] Debussy, *Pelléas et Mélisande*, II, n. 1.

de uma árvore. A esses sons sucede o canto grave dos homens, que, interrompendo o rumor animal e vegetal, eleva-se ao longe nas trevas. Vozes suprassensíveis e vozes infrassensíveis são algo de outro e de ordem completamente distinta dos ruídos do dia. Assim como os clarividentes e os extralúcidos – graças a uma segunda visão, que é intuição – veem no escuro as essências invisíveis escondidas por trás das existências visíveis, o silêncio desenvolve uma espécie de segunda audição, um apuro do ouvido pelo qual somos capazes de perceber os mais leves murmúrios da brisa e da noite. O silêncio é bom condutor: transmite ao homem os subentendidos que se ocultam sob a coisa ouvida, faz chegar a ele as vozes do mistério universal.

A música restaura suas forças nas fontes do silêncio... Mas em que sentido? Em primeiro lugar, devemos desconfiar das metáforas ópticas e da enganosa simetria das sensações a fim de apreciar devidamente o silêncio. Isto porque, em torno dele, há toda uma retórica, que de metafísica só conserva as pretensões. O silêncio é a noite das palavras? A noite é o silêncio da luz? Evidentemente, estas não são mais que maneiras de dizer... Com frequência, atribui-se ao silêncio a qualidade do ruído que, por contraste, tal silêncio faz aparecer, ruído que efetua um corte sobre o silêncio e, portanto, perturba-o: o "murmúrio imenso" do qual fala *La Chanson d'Ève* confunde-se com o próprio silêncio que o tornou perceptível. É neste sentido que Gabriel Dupont escreve uma canção sobre "o silêncio da água"[60]. Não é o ruído da noite, transcrito por Bartók, o *ruído do silêncio*[61]? E nós mesmos não falávamos aqui de um diálogo que se identifica com o silêncio ou de um silêncio derivado da braquilogia? Além disso, a ideia de um silêncio ensurdecedor não nos parece tão condizente com a teologia negativa do Areopagita quanto o paradoxo de uma treva ofuscante? Sobretudo, devemos resistir à tentação maniqueísta de hipostasiar o silêncio. O silêncio, que não é um "menor ser", nem uma degradação ou uma rarefação do ruído, nem um caráter privativo ou negativo do meio sonoro (como a enfermidade de um

---

[60] Dupont, "Le Silence de l'eau", sobre poema de Fernand Gregh. (N. da T.)
[61] Debussy, *Pelléas et Mélisande*, II, n. 3.

homem afônico), não é muito menos uma positividade invertida. Ele é, a sua maneira, plenitude e veículo pelo qual temos acesso a algo de outro: sob a plenitude banal e atarefada da vida cotidiana, permite-nos descobrir uma plenitude mais densa, uma plenitude inspiradora, diversamente povoada, habitada por outras vozes; logo, o silêncio é capaz de inverter a trivial relação entre o cheio e o vazio. Assim como a lítotes não é inexpressiva, mas alusiva, ou, dito de outra forma, assim como o "*espressivo* inexpressivo" não é uma expressão reduzida, mas, em seu gênero, uma eloquência contida, o silêncio não é um não ser, mas algo de outro que o ser. A outra voz, a voz que o silêncio nos faz ouvir, chama-se Música. Deixando de lado as metáforas vãs, pode-se então dizer: o silêncio é o deserto no qual a música floresce, e a própria música, flor do deserto, é como um silêncio misterioso. Reminiscência ou profecia, a música e o silêncio que a recobre pertencem ao mundo aqui de baixo. Não obstante, se não nos revela os segredos do além, essa voz pode lembrar ao homem o mistério que traz consigo. Se ninguém possui ouvidos suficientemente apurados para captar as mensagens do outro mundo, todos são capazes de ouvir o "romance" sem palavras nem significação específica que chamamos de música; todos são capazes de compreender essa voz cativante na qual, enfim, nada há a compreender, nada há a concluir, e que nos fala, sem palavras, sobre nosso destino. Isaías dizia, a respeito da solidão[62]: ela florirá como os lírios; crescerá e germinará por todas as partes; celebrará em transbordante alegria e louvores; a glória do Líbano lhe será dada, bem como o resplendor do Carmelo e de Saron. Agora, cabe a nós dizer do silêncio o que o profeta dizia da solidão! Este também exultará e as rosas de Saron florirão sobre a terra nua. As areias do silêncio cobrir-se-ão de águas-vivas, o deserto árido do silêncio povoar-se-á de sussurros e rumorejos de asas, de cânticos inefáveis. Na solidão em que vivia Fevrônia, assim como na alegre algazarra cotidiana, algumas vezes ouviremos os sinos balbuciantes, os sinos da cidade do silêncio que suavemente palpitam no fundo da noite.

---

62 Is 35, 1-2; 6-7 (N. da T.).

Bibliografia

Referências Utilizadas na Obra Original

ALAIN. *Préliminaires à l'esthétique*. Paris: Gallimard, 1939.
ARISTÓTELES. *A Política*. Tradução de Nestor Silveira. São Paulo: Folha de S. Paulo, 2010.
____. *Metafísica* (livro I e livro II); *Ética a Nicômaco*; *Poética*. Tradução de Vicenzo Cocco et al. São Paulo: Abril Cultural, 1984. Coleção Os Pensadores.
____. *Physique (I-IV)*, tome premier. Texte établi et traduit par Henri Carteron. Paris: Les Belles Lettres, 1952.
ARRIANO FLÁVIO. *O Encheirídion de Epicteto*. Edição bilíngue. Tradução do texto grego e notas de Aldo Dinucci; Alfredo Julien. Texto e notas de Aldo Dinucci; Alfredo Julien. São Cristóvão: Universidade Federal de Sergipe, 2012.
BAYER, Raymond. *Traité d'Esthétique*. Paris: Armand Collin, 1956.
____. *Léonard da Vinci: la grâce*. Paris: Félix Alcan, 1933.
BERGSON, Henri. *La Pensée et le mouvant : essais et conférences*. Paris: Félix Alcan, 1934. (Tradução brasileira: *O Pensamento e o Movente: Ensaios e Conferências*. Tradução de Bento Prado Neto. São Paulo: Martins Fontes, 2006)
____. *Deux sources de la morale et de la religion*. Paris: Félix Alcan, 1932. (Tradução brasileira: *As Duas Fontes da Moral e da Religião*. Tradução de Nathanael C. Caixeiro. Rio de Janeiro: Zahar, 1978)
____. *Essai sur les données immédiates de la conscience*. Paris: Félix Alcan, 1889. (Tradução portuguesa: *Ensaio Sobre os Dados Imediatos da Consciência*. Tradução de João da Silva Gama. Lisboa: Edições 70, 1988)
BOYER, Paul. *Chez Tolstoï: entretiens à Iasnaïa Poliana*. Paris: Institut d'Études Slaves de l'Université de Paris, 1950.
BRELET, Gisèle. *L'Interprétation créatrice: Essai sur l'exécution musicale*. Paris: Presses Universitaires de France, 1951.
____. *Le Temps musical*. 2 v. Paris: Presses Universitaires de France, 1949.

BREMOND, Henri. *La Poésie pure: avec un débat sur la poésie par Robert de Souza*. Paris: Bernard Grasset, 1926.

_____. *Prière et poésie*. Paris: Grasset, 1926.

CASSOU, Jean. *Le Janus ou de la Création*. Paris: Caractères, 1957.

_____. *Trois poètes: Rilke; Milosz; Machado*. Paris: Plon, 1954.

_____. *La Rose et le vin: poème suivis d'un commentaire*. Paris: Caractères, 1952.

_____. *Situation de l'art moderne*. Paris: De Minuit, 1950.

CHANTAVOINE, Jean. *Beethoven*. Paris: Le Bon Plaisir, 1948.

COMBARIEU, Jules. *La Musique et la magie; études sur les origines populaires de l'art musical; son influence et sa fonction dans les sociétés*. Paris: Alphonse Picard et fils, 1909.

D'OLIVET, Antoine Fabre. *La Musique: expliquée comme science et comme art et considérée dans ses rapports analogiques avec les mystères religieux, la mythologie ancienne et l'histoire de la terre*. Paris: L'Emancipatrice, 1928.

DEBUSSY, Claude. *Monsieur Croche antidilettante*. Paris: Gallimard, 1927.

DUKAS, Paul. *Les Écrits de Paul Dukas sur la musique*. Réunis et présentés par Gustave Samazeuilh. Paris: SEFI, 1948.

EMMANUEL, Maurice. *Pelléas et Mélisande de Claude Debussy: étude et analyse*. Paris: Mellottée, 1926.

FAURÉ, Gabriel. *Lettres intimes*. Présentées par Philippe Fauré-Fremiet. Paris: La Colombe, 1951.

FAURÉ-FREMIET, Philippe. *Gabriel Fauré*. Paris: Albin Michel, 1957.

_____. "La Genèse de Pénélope". In: Le centenaire de Gabriel Fauré. *Revue musicale*, 1945.

_____. *Pensée et recréation*. Paris: Félix Alcan, 1934.

FRANCISCO DE SALES, Santo. *Tratado do Amor de Deus*. Petrópolis: Vozes, 1955.

FRANK, Semyon L. *The Living Knowledge (Zhivoe Znanie)*. Berlin: Obelisk, 1923.

GERVAIS, Françoise. Étude comparée des langages harmoniques de Fauré et de Debussy. Thèse doctorale. Sorbonne, 1954.

GORKI, Maxime. *Trois russes: L. N. Tolstoi; A. Tchekov; Leonid Andreev*. Paris: Gallimard, 1935.

HUXLEY, Aldous. *Music at Night: and other Essays Including Vulgarity in Literature*. London: Chatto & Windus, 1949.

LASSERRE, Pierre. *Les Idées de Nietzsche sur la musique*. Paris: Société du Mercure de France, 1907.

MICHELET, Jules. *Bible de l'humanité*. Paris: F. Chamerot, 1864. (Tradução brasileira: *A Bíblia da Humanidade: Mitologias da Índia, Pérsia, Grécia e Egito*. Tradução de Romualdo J. Sister. 2.ed. reform. Rio de Janeiro: Prestígio, 2002)

MIGOT, Georges. *Lexique de quelques termes utilisés en musique, avec de commentaires pouvant servir à la compréhension de cet art*. Paris: Didier, 1947.

NIETZSCHE, Friedrich Wilhelm. *O Viajante e Sua Sombra*. Tradução de Antonio Carlos Braga e Ciro Mioranza. São Paulo: Escala, 2007.

_____. *Nietzsche's Werke*. Zweite Abtheilung. Band IX. (Erste Band der zweiten Abtheilung) Nachgelassene Werke von Friedrich Nietzsche. Aus den Jahren 1869-1872. Leipzig: Druck und Verlag von C. G. Naumann, 1896.

PATER, Walter. *Platon et le platonisme*. Traduit de l'anglais par le docteur Samuel Jankélévitch. Paris: Payot, 1923.

PÍNDARO. *Tome II: Pytiques*. Texte établi et traduit par Aimé Puech. 3ème édition revue et corrigée. Paris: Les Belles Lettres, 1955.

PLATÃO. *Filebo*. Texto estabelecido e anotado por John Burnett. Tradução, apresentação e notas: Fernando Muniz. Rio de Janeiro/São Paulo: PUC-Rio/Loyola, 2012.

____. *Fédon*. Texto grego: John Burnet; tradução: Carlos Alberto Nunes; editor convidado: Plinio Martins Filho; coordenação: Benedito Nunes e Victor Sales Pinheiro. 3. ed. v. 2. Belém: UFPA, 2011.

____. *Fedro*. Texto grego: John Burnet; tradução: Carlos Alberto Nunes; editor convidado: Plinio Martins Filho; coordenação: Benedito Nunes e Victor Sales Pinheiro. 3. ed. v. 3. Belém: UFPA, 2011.

____. *O Banquete*. Texto grego: John Burnet; tradução: Carlos Alberto Nunes; editor convidado: Plinio Martins Filho; coordenação: Benedito Nunes e Victor Sales Pinheiro. 3. ed. v. 1. Belém: UFPA, 2011.

____. *Diálogos I: Teeteto (ou Do Conhecimento); Sofista (ou Do Ser); Protágoras (ou Sofistas)*. Tradução,textos complementares e notas: Edson Bini. Bauru: Edipro, 2007.

____. *A República*. Tradução e notas de Maria Helena da Rocha Pereira. 5. ed. Lisboa: Fundação Calouste Gulbenkian, 1987.

____. *Diálogos: Leis e Epinomis*. Tradução de Carlos Alberto Nunes. Belém: UFPA, 1980. v. 12-13.

PLOTINO. *Ennéades*. Texte établi et traduit par Émile Brehier. 6 v. Paris: Les Belles Lettres, 1924-1938.

PRÉ-SOCRÁTICOS. *Os Pré-Socráticos: Fragmentos, Doxografia e Comentários*. Tradução: José Cavalcante de Souza et al. São Paulo: Abril Cultural, 1978. Coleção Os Pensadores.

PSEUDO-DIONÍSIO AREOPAGITA. *Teologia Mística*. Tradução de Marco Lucchesi. Rio de Janeiro: Fissus, 2005.

PÚSCHKIN, Alexandr. *Eugene Onegin*. Tradução de Dario Moreira de Castro Alves. Rio de Janeiro: Record, 2010.

REMIZOV, Alexis. "Les Couleurs". In: *Nouvelle Revue Française* (n. 27). Paris: Gallimard, 2 mars 1955.

ROLAND-MANUEL. *Sonate que me veux-tu? Réflexions sur les fins et les moyens de l'art musical*. Lausanne: Mermod, 1957.

ROLLAND, Romain. *Vie de Tolstoï*. Paris: Hachette, 1911.

SCHELLING, Friedrich Wilhelm Joseph. *Zur Geschichte der neueren Philosophie und Darstellung des philosophischen Empirismus*. Werke. t. X, 1856-1861.

SIOHAN, Robert. "Possibilités et limites de l'abstraction musicale". *Journal de Psychologie*, 1959.

____. *Horizons sonores: évolution actuelle de l'art musical*. Préface d'Étienne Souriau. Paris: Flammarion, 1956.

SOURIAU, Étienne. *La Correspondance des arts: Éléments d'esthétique comparée*. Paris: Flammarion, 1947.

____. *L'Abstraction sentimentale*. Paris: Hachette, 1925.

STEPPOUNE, Fedor. *La Tragédie de la conscience mystique*. Paris: "Logos" russe, 1911-1912.

____. *La Tragédie de la création*. Paris: "Logos" russe, 1910.

STRAVÍNSKI, Ígor Fiódorovitch. *Poétique musicale*. Paris: J. B. Janin, 1945. (Tradução brasileira: *Poética Musical em 6 Lições*. Rio de Janeiro: Jorge Zahar, 1996.)

____. *Chroniques de ma vie*. 2 v. Paris: Denoël et Steele, 1935.

TAGORE, Rabindranath. *O Jardineiro*. Tradução de Guilherme de Almeida. 2. ed. Rio de Janeiro: José Olympio, 1943.

TOLSTÓI, Lev. *O Que É Arte?: A Polêmica Visão do Autor de "Guerra e Paz"*. Tradução de Bete Torii. 2. ed. Rio de Janeiro: Nova Fronteira, 2016.

____. *O Reino de Deus Está em Vós*. Tradução de Celina Portocarrero. Rio de Janeiro: BestBolso, 2011.

____. *A Sonata a Kreutzer*. Tradução, posfácio e notas por Boris Schnaiderman. 2. ed. São Paulo: Editora 34, 2010, 115 p.

____. *Ressurreição*. Tradução de Rubens Figueiredo. São Paulo: Cosac Naify, 2010.

____. *A Morte de Ivan Ilitch*. Tradução de Boris Schnaiderman. São Paulo: Editora 34, 2006.

____. *Le Cadavre vivant précédé de Et la lumière luit dans les ténèbres*. Traduit par André Markowi. Paris: Corti, 2000.

VALÉRY, Paul. *Variété V*. Paris: Gallimard, 1945.

Referências Utilizadas nas Notas da Tradução

EMMONS, Shirlee; LEWIS, Wilbur Watkin. *Researching the Song: a Lexicon*. New York: Oxford University, 2006.

FUBINI, Enrico. *L'estetica musicale dal Settecento a oggi*. Torino: Giulio Einaudi, 2001.

JANKÉLÉVITCH, Vladimir. *Primeiras e Últimas Páginas*. Prefácio, notas e bibliografia: Françoise Schwab. Trad. Maria Lúcia Pereira. Campinas: Papirus, 1995. (Travessia do Século)

____. "Le Nocturne". In: *La Musique et les heures*. Paris: Seuil, 1988.

____. *Le Je-ne-sais-quoi et le Presque rien*. v.2. La Méconnaissance; Le Malentendu. Paris: Seuil, 1980.

____. *De la musique au silence: Fauré et l'inexprimable*, v. 1. Paris: Plon, 1974.

____. *L'Irréversible et la nostalgie*. Paris: Flammarion, 1974.

____. *Debussy et le mystère*. Neuchâtel: Baconnière, 1949. (Être et Penser, Cahiers de Philosophie, 28)

____. *Bergson*. Paris: Félix Alcan, 1931.

____; BERLOWITZ, Béatrice. *Quelque part dans l'inachevé*. Paris: Gallimard, 1978.

JIMENEZ, Marc. *O Que É Estética?* Tradução de M. L. Moretto. São Leopoldo: UNISINOS, 1999.

JOÃO DA CRUZ, São. *Obras Completas*. Organização geral: Frei Patrício Sciadini, OCD. Tradução das Carmelitas Descalças de Fátima (Portugal), Carmelitas Descalças do Convento de Santa Teresa (Rio de Janeiro) et al. Petrópolis: Vozes, 1996.

LAVIGNAC, Albert; LAURENCIE, Lionel de la (ed.). *Encyclopédie de la musique et dictionnaire du Conservatoire*. Deuxième Partie: Technique – Esthétique – Pédagogie. Paris: Delagrave, 1925.

LISCIANI-PETRINI, Enrica. *Charis: Essai sur Jankélévitch*. Traduction d'Antoine Bocquet. Paris/Milano: Vrin/Mimesis, 2013.

ORTEGA Y GASSET, José. *La Deshumanización del Arte y Otros Ensayos de Estética*. 14. ed. Madrid: Alianza, 2002.

OTTO, Rudolf. *O Sagrado*. Tradução: João Gama. Lisboa: 70, 2005.

PASCAL, Blaise. *Les Pensées: classées selon les indications manuscrites de Pascal*. Préfacées et annotées par Francis Kaplan. Paris: Cerf, 2005. (Tradução brasileira: *Pensamentos*.

Edição, apresentação e notas de Louis Lafuma; tradução de Mario Laranjeira; revisão técnica de Franklin Leopoldo e Silva. São Paulo: Martins Fontes, 2005.)

SCHOPENHAUER, Arthur. *O Mundo Como Vontade e Representação.* Tradução de M. F. Sá Correia. Rio de Janeiro: Contraponto, 2001.

SILESIUS, Angelus. *O Peregrino Querubínico.* São Paulo: Loyola, 1996.

Índice de Compositores

ALBÉNIZ, Isaac (1860-1909) 13, 20, 28, 57, 98, 100, 107, 115, 137, 138, 159, 161, 162, 163, 187, 192
ALEXANDROV, Anatoli Nikolaievitch (1888-1982) 100, 106, 108
ARENSKI, Anton Stepanovitch (1861-1906) 100, 137, 145
AUBERT, Louis (1877-1968) 82, 192

BALAKIREV, Mily Alexeievitch (1837-1910) 51, 82, 112, 128, 161, 162
BARTÓK, Béla (1881-1945) 13, 65, 66, 78, 82, 83, 85, 86, 89, 90, 92, 93, 114, 128, 137, 139, 157, 159, 161, 183, 186, 202, 203
BEETHOVEN, Ludwig van (1770-1827) 32, 41, 43, 67
BIZET, Georges (1838-1875) 57, 66, 137
BORDES, Charles (1863-1909) 140
BORODIN, Alexander Porfirevitch (1833-1887) 111, 128, 152, 183
BOURGAULT-DUCOUDRAY, Louis-Albert (1840-1910) 100

CHABRIER, Emmanuel (1841-1894) 134, 152, 170, 185
CHAUSSON, Ernest (1855-1899) 172
CHOPIN, Frédéric (1810-1849) 21, 43, 55, 57, 90, 92, 110, 147, 176
CIMAROSA, Domenico (1749-1801) 172

DAQUIN, Louis-Claude (1694-1772) 81
DEBUSSY, Claude (1862-1918) 13, 17, 19, 21, 40, 43, 47, 51, 65, 68, 73, 78, 79, 80, 84, 85, 86, 91, 94, 97, 98, 99, 100, 103, 105, 106, 108, 109, 110, 115, 120, 121, 128, 137, 142, 149, 152, 153, 157, 161, 163, 181, 182, 183, 185, 186, 187, 188, 191, 192, 193, 194, 195, 199, 201, 202, 203
DE FALLA, Manuel (1876-1946) 91, 99, 108

DUKAS, Paul (1865-1935) 77, 86, 99, 128
DUPONT, Gabriel (1878-1914) 82, 83, 84, 85, 94, 194, 203
DVOŘÁK, Antonín (1841-1904) 47, 64, 78

EMMANUEL, Maurice (1862-1938) 17, 81, 97, 120, 134, 152

FAURÉ, Gabriel (1845-1924) 16, 21, 34, 39, 42, 43, 47, 53, 66, 67, 68, 84, 92, 94, 95, 97, 99, 101, 102, 105, 106, 109, 111, 122, 123, 125, 128, 129, 130, 131, 133, 134, 141, 142, 145, 146, 147, 149, 150, 151, 152, 153, 154, 155, 157, 158, 159, 160, 161, 162, 163, 164, 165, 169, 170, 176, 185, 192, 193, 194
FIBICH, Zdeněk (1850-1900) 143
FRANCK, César (1822-1890) 66, 68, 113

GERSHWIN, George (1898-1937) 81

IBERT, Jacques (1890-1962) 108

JANAČEK, Leoš (1854-1928) 69, 70, 79, 82, 87, 91, 120, 162

KŒCHLIN, Charles (1867-1950) 97, 188
KŘENEK, Ernst (1900-1991) 87

LALO, Édouard (1823-1892) 111, 112
LIADOV, Anatoli Konstantinovitch (1855-1914) 100, 106, 137
LIAPUNOV, Serguêi Mikhailovitch (1859-1924) 103, 137

LISZT, Franz (1811-1886) 19, 40, 47, 49, 52, 74, 81, 84, 86, 90, 91, 92, 100, 103, 104, 107, 108, 111, 112, 115, 129, 143, 183, 184, 195, 201

MAGNARD, Albéric (1865-1914) 149
MAHLER, Gustav (1860-1911) 39, 98
MARTINŮ, Bohuslav (1890-1959) 90
MEDTNER, Nikolai Karlovitch (1880-1951) 103, 137
MENDELSSOHN, Felix (1809-1847) 113, 160
MESSAGER, André (1853-1929) 118
MESSIAEN, Olivier (1908-1992) 81
MIASKÓVSKI, Nikolai Iakolevitch (1881-1950) 100, 103, 106, 108
MIGOT, Georges (1891-1976) 66, 69, 157, 161
MILHAUD, Darius (1892-1974) 57, 89, 93, 94, 98, 137
MOMPOU, Federico (1893-1987) 16, 20, 53, 66, 79, 94, 100, 116, 137, 176, 190, 196
MOSSOLOV, Alexander Vasilievitch (1900-1973) 81
MUSSÓRGSKI, Modest Petrovitch (1839-1881) 13, 47, 64, 65, 80, 81, 85, 86, 91, 98, 113, 114, 128, 137, 138, 141, 143, 153, 157, 183, 202

NIN, Joaquín (1879-1949) 81
NOVÁK, Vitězslav (1870-1949) 82, 85, 100, 106, 111, 137

POULENC, Francis (1899-1963) 93, 94, 98, 106
PROKÓFIEV, Serguêi Sergueievitch (1891-1953) 40, 78, 81, 86, 89, 91, 92, 94, 100, 103, 114, 128, 134, 137, 141, 157, 159, 172

RACHMÂNINOV, Serguêi Vasilievitch (1873-1943) 67, 100, 112, 137, 170, 185
RAMEAU, Jean-Philippe (1683-1764) 128, 156
RAVEL, Maurice (1875-1937) 13, 16, 65, 66, 67, 74, 79, 82, 83, 85, 90, 91, 94, 95, 96, 98, 99, 108, 117, 137, 138, 153, 159, 169, 172, 176, 177, 183, 190, 202
REGER, Max (1873-1916) 78, 104
RIMSKI-KORSAKOV, Nikolai Andreievitch (1844-1908) 13, 47, 51, 58, 67, 69, 78, 81, 112, 115, 124, 128, 136, 137, 142, 169, 174, 185, 202

ROGER-DUCASSE, Jean (1873-1954) 100
ROLAND-MANUEL, Alexis (1891-1966) 54, 58, 71, 77, 82, 110, 111
ROPARTZ, Guy (1864-1955) 100
ROUSSEL, Albert (1869-1937) 53, 81, 97, 100, 115, 122

SAINT-SAËNS, Camille (1835-1921) 81, 97
SATIE, Erik (1866-1925) 69, 79, 90, 91, 93, 94, 95, 96, 97, 99, 102, 114, 116, 137, 140, 142, 149, 151, 174, 190, 196, 199
SCARLATTI, Domenico (1685-1757) 172
SCHOENBERG, Arnold (1874-1951) 128, 195
SCHUMANN, Robert (1810-1856) 39, 67, 78, 90, 143
SCRIABIN, Alexander Nikolaievitch (1872-1915) 21, 28, 43, 92, 106, 142, 156, 168
SHCHERBATCHEV, Nikolai (1853-1922) 140
SHOSTAKÓVITCH, Dmítri Dmítriyevitch (1906-1975) 40, 81
SIOHAN, Robert (1894-1985) 110, 113, 120, 139, 140
SMETANA, Bedřich (1824-1884) 66, 105
STRAUSS, Richard (1864-1949) 13, 39, 103, 104
STRAVÍNSKI, Ígor Fiódorovitch (1882-1971) 53, 54, 69, 74, 77, 79, 81, 89, 91, 97, 125, 128, 137, 147, 149, 152
SUK, Josef (1874-1935) 100, 106, 145, 146, 188
SZYMANÓVSKI, Karol (1882-1937) 85, 92

TANSMAN, Alexandre (1897-1986) 16, 90, 92, 114, 137
TCHAIKÓVSKI, Pietr Ílitch (1840-1893) 62, 64, 66, 77, 78, 90, 98, 100, 120, 144, 153, 170, 171, 172, 195
TURINA, Joaquín (1882-1949) 66, 114, 141

VILLA-LOBOS, Heitor (1887-1959) 40, 64, 69, 83, 100
VUILLEMIN, Louis (1879-1929) 65, 81, 85, 97, 180

WAGNER, Wilhelm Richard (1813-1883) 32, 33, 39, 55
WOLF, Hugo (1860-1903) 66

Índice de Exemplos Musicais

FAURÉ, Gabriel. *Balada em Fá Sustenido Maior*, Op. 19, Compassos 79-85 122
FAURÉ, Gabriel. "Le Plus doux chemin", Compassos 10-12; 28-33...155
FAURÉ, Gabriel. Compassos iniciais de: "Clair de lune"; "Le Jardin de Dolly";
    Pénélope, I, n. 4; "Agnus Dei"; *Serenata Para Piano e Violoncelo*, Op. 98 162
FAURÉ, Gabriel. *Noturno n. 6*, compassos 49-50; "Ofertório", Compassos 26-28 164
FAURÉ, Gabriel. *Noturno n. 6*, compassos 40-43; *Noturno n. 5*, Compassos 37-39 165
TCHAIKÓVSKI, Piótr Ílitch. *Dumka*, Op. 59, Compassos 82-83 171
AUBERT, Louis. "Silence" (*Crépuscules d'automne*, n. 3), Compassos 46-52............................192

Sobre o Tradutor

CLOVIS SALGADO GONTIJO
é professor assistente da Faculdade Jesuíta de Filosofia e Teologia-FAJE formado em Música e Filosofia. Doutor em Estética e Teoria da Arte pela Faculdade de Artes da Universidade do Chile (2014), teve sua tese publicada, pelas edições Loyola, sob o título *Ressonâncias Noturnas: Do Indizível ao Inefável* (2017). Contribuiu para a *Revista Família Cristã* com artigos dedicados a possíveis conexões entre arte e espiritualidade e hoje coordena o projeto de pesquisa O Inefável nas Experiências Espiritual e Estética, vinculado ao Programa de Pós-Graduação em Filosofia da FAJE. Além de trabalhos acadêmicos, voltados sobretudo para a mística, a filosofia da música e o pensamento de Vladimir Jankélévitch, procura aplicar seus conhecimentos em projetos ligados à formação de público e à sensibilização estética.

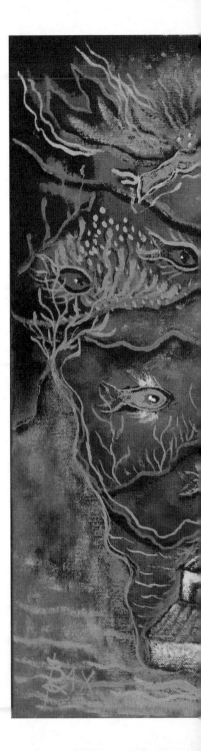

IMAGEM: Petrônio Bax, *Paisagem Submersa I*.

Este livro foi impresso
na cidade de São Paulo,
nas oficinas da Mark Press
Brasil, em outubro de 2018,
para a Editora Perspectiva.